一問一答シリーズ

一問一答
●
平成26年
改正会社法
〔第2版〕

法務省民事局商事課長
（前法務省大臣官房参事官）
坂本三郎
●
編著

商事法務

●第2版はしがき

　本書の初版の発刊後、2015年1月23日に「会社法の一部を改正する法律の施行期日を定める政令」（平成27年政令第16号）が公布され、「会社法の一部を改正する法律」（平成26年法律第90号。以下「改正法」といいます。）の施行日が同年5月1日と定められました。また、改正法の施行等に伴う会社法施行規則、会社計算規則等の改正をその内容とする「会社法施行規則等の一部を改正する省令」（平成27年法務省令第6号。以下「改正省令」といいます。）が2015年2月6日に公布されました。

　改正法は、会社法施行規則、会社計算規則等の法務省令に多くの事項を委任していることから、改正法の全体像を理解するためには、改正省令の内容も理解することが必要です。そこで、「改正法の内容・趣旨をご理解いただき、改正法を適正かつ円滑に運用していただくために」改正の内容等を解説する（初版のはしがき）という本書の目的に合致するよう、本書を改正省令の内容を盛り込んだ改正法の全体像を解説するものとするため、改訂することとしました。改訂に当たっては、既存の問について大幅に加筆・修正を行うとともに、必要に応じて新しい問を追加することとしています。

　本書の執筆は、法務省民事局においてこれらの政省令の立案事務等に関与した堀越健二民事局付、辰巳郁弁護士（前民事局付）、渡辺邦広弁護士（前民事局付）、増田靖史公認会計士（前民事局調査員）、三浦富士雄主任、原川直也係員が分担して行い、全体の調整を私が行いました。なお、意見にわたる部分は、筆者らの個人的見解です。

　本書の初版に引き続き、第2版の刊行についても、株式会社商事法務の岩佐智樹氏に大変お世話になりました。心より感謝申し上げます。

　本書が、初版同様、会社法の運用に携わる多くの方々において幅広く利用され、改正法の全体像をご理解いただくための一助となれば幸いです。

2015年7月

　　法務省民事局商事課長（前法務省大臣官房参事官（民事担当））　坂本　三郎

●はしがき

　平成 26 年（2014 年）6 月 20 日、第 186 回国会（常会）において、「会社法の一部を改正する法律」（平成 26 年法律第 90 号。以下「改正法」といいます。）が「会社法の一部を改正する法律の施行に伴う関係法律の整備等に関する法律」（平成 26 年法律第 91 号）とともに成立し、同月 27 日に公布されました。

　改正法は、コーポレート・ガバナンスの強化および親子会社に関する規律等の整備に関する事項を中心に、監査等委員会設置会社制度の創設、社外取締役を置くことが相当でない理由の説明義務の新設、社外取締役等の要件の厳格化、多重代表訴訟制度の創設、組織再編等の差止請求の拡充等、会社法制全体にわたって多数の項目の改正を行ったものであり、会社実務に大きな影響を与えるものと思われます。

　本書は、会社実務に関係する多くの方々に改正法の内容・趣旨をご理解いただき、改正法を適正かつ円滑に運用していただくために、改正の内容・趣旨等を一問一答の形式により、簡潔かつ平易な表現で解説するものです。

　本書の執筆は、法務省民事局において立案事務に関与した髙木弘明弁護士（前民事局付）、本條裕東京地裁判事（前民事局付）、宮崎雅之東京地検検事（前民事局付）、内田修平弁護士（前民事局付）、塚本英巨弁護士（前民事局付）、辰巳郁民事局付、渡辺邦広民事局付、山下和哉民事局付、若山政行係長、上田博章主任、村上裕貴係員が分担して行い、全体の調整を私が行いました。なお、意見にわたる部分は、筆者らの個人的見解です。

　改正法は、法制審議会会社法制部会の委員・幹事・関係官、調査員として立案に関与していただいた後藤元東京大学准教授その他多くの方々のご指導とご協力によって成立しました。この場を借りて、改めて御礼申し上げます。

　また、本書の刊行に当たって大変お世話になった株式会社商事法務の岩佐智樹氏に心より感謝申し上げます。

　本書が会社法の運用に携わる多くの方々に幅広く利用され、改正法の理解の一助となれば幸いです。

　2014 年 10 月

　　　　　　　　　法務省大臣官房参事官（民事担当）　坂本　三郎

●凡　例

1　本書中、法令の条文等を引用する場合に用いた略語は、次のとおりです。

改正法	会社法の一部を改正する法律（平成 26 年法律第 90 号）
整備法	会社法の一部を改正する法律の施行に伴う関係法律の整備等に関する法律（平成 26 年法律第 91 号）
振替法	社債、株式等の振替に関する法律（平成 13 年法律第 75 号）
会社法整備法	会社法の施行に伴う関係法律の整備等に関する法律（平成 17 年法律第 87 号）
改正省令	会社法施行規則等の一部を改正する省令（平成 27 年法務省令第 6 号）
施行規則	会社法施行規則（平成 18 年法務省令第 12 号）
計算規則	会社計算規則（平成 18 年法務省令第 13 号）
要綱	会社法制の見直しに関する要綱（平成 24 年 9 月 7 日法制審議会総会決定）

2　本書中、引用されている条文の番号は、特に断らない限り、改正法、整備法または改正省令による改正後のものです。また、会社法（平成 17 年法律第 86 号）の条文の番号については、法律名を略しています。

vi　もくじ

・・・

一問一答　平成26年改正会社法〔第2版〕

もくじ

第1編　総　　論

Q1　なぜ今回の会社法制の見直しが行われたのですか。　2

Q2　改正法では、どのような改正がされたのですか。　3

Q3　整備法では、どのような改正がされたのですか。　4

Q4　改正法案の国会提出に至るまでの経緯は、どのようなものでしたか。　5

Q5　国会における審議状況は、どのようなものでしたか。　7

Q6　国会における修正は、どのようなものでしたか。　8

Q7　改正法では、法制審議会の答申からどのような点が変更されていますか。　9

Q8　改正法の成立後、施行に至るまでの経緯は、どのようなものでしたか。　11

Q9　改正法附則第25条（検討条項）の趣旨は、何ですか。　13

Q10　改正法附則第25条の「所要の措置」として、どのようなものを講ずることになるのですか。　14

第2編　コーポレート・ガバナンスの強化に関する改正

第1章　取締役会の監督機能の強化

第1　監査等委員会設置会社制度

[1　概　要]

Q11　監査等委員会設置会社制度の概要は、どのようなものですか。　16

Q12　監査等委員会設置会社制度を創設することとした理由は、何ですか。　18

Q13　監査役設置会社および指名委員会等設置会社と監査等委員会設置会社とを選択制にした理由は、何ですか。　20

Q14　新たな機関の名称を「監査等委員会」とした理由は、何ですか。　21

Q15　「委員会」および「委員会設置会社」の名称を、それぞれ、「指名委員会等」および「指名委員会等設置会社」に変更した理由は、何ですか。　23

[2　監査等委員会設置会社に置かれる機関等]

Q16　監査等委員会設置会社にはどのような機関が置かれるのですか。　24

Q17　監査等委員会設置会社は、監査役を置いてはならないこととした理由は、何ですか。　25

もくじ　vii

Q18　監査等委員会設置会社は、大会社であるかどうかにかかわらず、会計監査人を置かなければならないこととした理由は、何ですか。　26

Q19　指名委員会等設置会社は、監査等委員会を置くことができないこととした理由は、何ですか。　27

Q20　監査等委員会設置会社が任意に指名や報酬に関する委員会を置くことはできますか。　28

Q21　監査等委員会設置会社に執行役を置くこととしていない理由は、何ですか。　29

［3　監査等委員である取締役の選解任等──監査等委員会の独立性確保］

Q22　監査等委員会の業務執行者からの独立性を確保するための仕組みの概要は、どのようなものですか。　30

Q23　監査等委員会設置会社の取締役のうち、監査等委員である取締役以外の取締役の任期を1年とし、他方で、監査等委員である取締役の任期は、2年とし、かつ、その短縮を認めないこととした理由は、何ですか。　33

Q24　監査等委員会設置会社については、公開会社でない株式会社であっても、定款によって、取締役の任期を伸長することはできないこととした理由は、何ですか。　35

［4　監査等委員会の組織構成］

Q25　監査等委員会の組織構成は、どのようなものですか。　36

Q26　監査等委員の中から常勤の監査等委員を選定することを義務付けないこととした理由は、何ですか。　38

［5　監査等委員会および各監査等委員の職務・権限］

Q27　監査等委員会および各監査等委員の職務・権限は、どのようなものですか。　40

Q28　監査等委員である取締役以外の取締役の人事についての株主総会における意見陳述権を監査等委員会に付与した理由は、何ですか。　42

Q29　監査等委員は、取締役が株主総会に提出しようとする議案等について法令・定款違反等があると認めるときは、その旨を株主総会に報告しなければならないこととした理由は、何ですか。　44

Q30　取締役との利益相反取引について監査等委員会が承認した場合には、第423条第3項の任務懈怠の推定規定を適用しないこととした理由は、何ですか。　45

viii　もくじ

[6　監査等委員会の運営等]

Q31　監査等委員会の運営方法は、どのようなものですか。　47

Q32　監査等委員会と取締役会との関係は、どのようなものですか。　49

Q33　監査等委員会の議事録につき、指名委員会等の議事録に関する規律と異なり、監査役会の議事録に関する規律と同様、監査等委員である取締役以外の取締役の閲覧・謄写権を認めないこととし、また、監査等委員に限らず役員の責任を追及する必要があることを債権者による閲覧・謄写の要件とすることとした理由は、何ですか。　51

[7　監査等委員会設置会社の取締役会の権限等]

Q34　監査等委員会設置会社の取締役会の職務および権限の概要は、どのようなものですか。　53

Q35　監査等委員会設置会社の取締役会は、経営の基本方針を決定しなければならないこととした理由は、何ですか。　54

Q36　監査等委員会設置会社の取締役会は、①「監査等委員会の職務の執行のため必要なものとして法務省令で定める事項」および②「取締役の職務の執行が法令及び定款に適合することを確保するための体制その他株式会社の業務並びに当該株式会社及びその子会社から成る企業集団の業務の適正を確保するために必要なものとして法務省令で定める体制の整備」を決定しなければならないこととした理由は、何ですか。　55

Q37　指名委員会等設置会社とは異なり、監査等委員会設置会社の取締役会は、第399条の13第1項各号に掲げる職務の執行を取締役に委任することができない旨の規定（第416条第3項参照）がない理由は、何ですか。　57

Q38　監査等委員会設置会社の取締役会は、原則として、重要な業務執行の決定を取締役に委任することができないこととした理由は、何ですか。　59

Q39　特別取締役による取締役会の決議の制度（第373条）について、監査等委員会設置会社に対する適用関係は、どうなっていますか。　60

Q40　一定の場合には、監査等委員会設置会社の取締役会は、その決議によって、重要な業務執行の決定を取締役に委任することができることとした理由は、何ですか。　62

Q41　監査等委員会設置会社の取締役の過半数が社外取締役である場合には、監査等委員会設置会社の取締役会は、その決議によって、重要な業務執行の決定を取締役に委任することができることとした理由は、何ですか。　63

Q42　監査等委員会設置会社は、取締役会の決議によって重要な業務執行の決定

もくじ ix

の全部または一部を取締役に委任することができる旨を定款で定めることが
できることとした理由は、何ですか。 64

Q43 監査等委員会設置会社において、①取締役の過半数が社外取締役である場
合または②取締役会の決議によって重要な業務執行の決定を取締役に委任す
ることができる旨の定款の定めを置く場合であっても、取締役に決定の委任
をすることができない業務執行には、どのようなものがありますか。 66

Q44 取締役等による監査等委員会への報告の省略を認めた理由は、何です
か。 69

Q45 監査等委員会設置会社においては、取締役会の招集権者の定めがある場合
であっても、監査等委員会が選定する監査等委員は、取締役会を招集するこ
とができることとした理由は、何ですか。 70

［8 登記・罰則］

Q46 監査等委員会設置会社の登記事項の概要は、どのようなものですか。 71

Q47 監査等委員会設置会社において、社外取締役を監査等委員である取締役の
過半数に選任しなかった場合、どのような制裁が課されるのですか。 73

［9 監査等委員会設置会社への移行等］

Q48 既存の株式会社が監査等委員会設置会社に移行するために必要となる手続
の概要は、どのようなものですか。 74

Q49 監査等委員会設置会社として株式会社を設立するために必要となる手続の
概要は、どのようなものですか。 76

Q50 既存の株式会社が、改正法の施行前の株主総会において、監査等委員会を
置く旨の定款の変更をして、施行時から監査等委員会設置会社となることは
できますか。 78

Q51 委員会設置会社に関する経過措置の内容は、どのようなものですか。 79

第2 社外取締役を置くことが相当でない理由の説明義務

Q52 社外取締役の選任を義務付けることとしなかった理由は、何ですか。 81

Q53 社外取締役の選任の義務付けに代わる規律の概要は、どのようなものです
か。 83

Q54 上場会社等が社外取締役を置いていない場合には、取締役は、定時株主総
会において、「社外取締役を置くことが相当でない理由」を説明しなければ
ならないという、法制審議会の答申にはない規律を設けた理由は、何です
か。 84

Q55 「社外取締役を置くことが相当でない理由」についての説明義務の規律の

対象となる株式会社を、公開会社かつ大会社である監査役会設置会社のうち、その発行する株式について有価証券報告書の提出義務を負うものに限定した理由は、何ですか。　86

Q56　「社外取締役を置くことが相当でない理由」の説明が必要な株式会社かどうかは、どの時点を基準にして判断されるのですか。　88

Q57　「社外取締役を置くことが相当でない理由」があると認められるのは、どのような場合ですか。　91

Q58　改正法において、取締役の選任議案を上程する株主総会ではなく、その有無にかかわらず毎事業年度に関する定時株主総会で「社外取締役を置くことが相当でない理由」を説明しなければならないこととした理由は、何ですか。　93

Q59　法務省令での対応を含めると、「社外取締役を置くことが相当でない理由」を、定時株主総会、事業報告および株主総会参考書類という3つの場面で説明しなければならないこととなりますが、それぞれの規律には、どのような意義があるのですか。　94

Q60　事業年度の末日において社外取締役を置いていない上場会社等の取締役が、定時株主総会において、「社外取締役を置くことが相当でない理由」を説明しなかった場合の効果は、どのようなものですか。　96

Q61　事業年度の末日において社外取締役を置いていない上場会社等の取締役が、定時株主総会において、「社外取締役を置くことが相当でない理由」を説明したが、当該説明が不合理または不十分であった場合の効果は、どのようなものですか。　98

Q62　「社外取締役を置くことが相当でない理由」は、いつの定時株主総会から説明する必要がありますか。　100

第3　社外取締役等の要件等

［1　社外取締役・社外監査役の要件の厳格化等］

Q63　社外取締役および社外監査役の要件の改正の概要は、どのようなものですか。　101

Q64　「子会社等」の定義を新設した理由は、何ですか。　106

Q65　「親会社等」の定義を新設した理由は、何ですか。　108

Q66　取締役として就任する前の株式会社との関係に係る社外取締役の要件（過去要件）を原則として10年間に限定することとした理由（第2条第15号イの趣旨）は、何ですか。　110

Q67 取締役への就任の前 10 年間の株式会社との関係によっては、更にその前 10 年間の株式会社との関係を社外取締役の要件としている理由（第 2 条第 15 号ロの趣旨）は、何ですか。　112

Q68 親会社等の関係者は社外取締役となることができないこととした理由（第 2 条第 15 号ハの趣旨）は、何ですか。　115

Q69 いわゆる兄弟会社の業務執行取締役等は社外取締役となることができないこととした理由（第 2 条第 15 号ニの趣旨）は、何ですか。　117

Q70 株式会社の取締役等の近親者は社外取締役になることができないこととした理由（第 2 条第 15 号ホの趣旨）は、何ですか。　119

Q71 第 2 条第 15 号ホが、使用人については、重要な使用人に限って、その近親者は社外取締役となることができないこととしている理由は、何ですか。　121

Q72 第 2 条第 16 号ハが、株式会社の親会社等の監査役は当該株式会社の社外監査役になることができないこととしている理由は、何ですか。　122

Q73 社外取締役または社外監査役の要件として、株式会社の重要な取引先の関係者でないことを追加しなかった理由は、何ですか。　123

Q74 社外取締役および社外監査役の要件に関する経過措置の内容は、どのようなものですか。　125

［2　社外取締役等の要件の変更に伴う取締役等の責任の一部免除に関する規定の改正］

Q75 最低責任限度額を区別する基準を、社外取締役であるかどうかではなく、業務執行取締役等であるかどうかで区別することとした理由は、何ですか。　128

Q76 社外取締役または社外監査役に限らず、業務執行取締役等以外の取締役または監査役は、いわゆる責任限定契約を締結することができることとした理由は、何ですか。　129

Q77 責任限定契約を締結した株式会社の非業務執行取締役等である取締役がその子会社の業務執行取締役等に就任したとしても、当該責任限定契約は、その効力を失わないこととしている理由は、何ですか。　132

Q78 責任限定契約を締結することができる取締役または監査役を社外取締役または社外監査役に限らないこととすることに伴う登記事項の改正の概要は、どのようなものですか。　133

Q79 最低責任限度額および責任限定契約に関する規定の改正に伴う経過措置の内容は、どのようなものですか。　134

xii　もくじ

Q80　改正前の第911条第3項第25号および第26号を削ることに伴う経過措置の内容は、どのようなものですか。　135

第2章　会計監査人の選解任等に関する議案の内容の決定

Q81　監査役設置会社においては、会計監査人の選任および解任ならびに会計監査人を再任しないことに関する議案の内容は監査役（監査役会設置会社にあっては、監査役会）が決定することとした理由は、何ですか。　136

Q82　会計監査人の報酬等の決定について、監査役等の権限としなかった理由は、何ですか。　138

Q83　会計監査人の選解任等に関する議案の内容の決定についての経過措置の内容は、どのようなものですか。　140

第3章　資金調達の場面におけるコーポレート・ガバナンスの在り方

第1　支配株主の異動を伴う募集株式の発行等

Q84　公開会社における募集株式の割当て等に関する規律の見直しの概要は、どのようなものですか。　141

Q85　引受人に関する情報の開示等が必要となる募集株式の割当て等の範囲は、どのようなものですか。　143

Q86　特定引受人についての情報開示に関する規律の概要は、どのようなものですか。　145

Q87　特定引受人に対する募集株式の割当て等について株主総会の承認を要するのは、どのような場合ですか。　147

Q88　公開会社における募集新株予約権の割当て等に関する規律の見直しの概要は、どのようなものですか。　149

Q89　支配株主の異動を伴う募集株式または募集新株予約権の割当て等に関する規律についての経過措置の内容は、どのようなものですか。　152

第2　仮装払込みによる募集株式の発行等

Q90　払込み等の仮装に関する規律の見直しの概要は、どのようなものですか。　153

Q91　出資の履行を仮装した募集株式の引受人は、どのような義務を負いますか。　155

Q92　募集株式の引受人が出資の履行を仮装することに関与した取締役等は、どのような義務を負いますか。　157

もくじ　xiii

Q93 出資の履行の仮装によって発行された株式に関する法律関係は、どのようになりますか。　159

Q94 株式会社の設立に際して出資の履行が仮装された場合における規律の概要は、どのようなものですか。　161

Q95 新株予約権に係る払込み等が仮装された場合における規律の概要は、どのようなものですか。　164

Q96 払込み等の仮装に関する経過措置の内容は、どのようなものですか。　167

第3 新株予約権無償割当てに関する割当ての通知

Q97 新株予約権無償割当てについての改正の概要は、どのようなものですか。　168

Q98 新株予約権無償割当てにおいて、割当ての通知が新株予約権の行使期間の末日の2週間前より遅れてされた場合、どの範囲の株主に当該行使期間の延長の効果が及ぶことになりますか。　170

Q99 新株予約権無償割当てに関する割当ての通知の改正についての経過措置の内容は、どのようなものですか。　171

第3編　親子会社に関する規律の整備

第1章　親会社株主の保護等

第1 多重代表訴訟制度等

［1　多重代表訴訟制度（特定責任追及の訴えの制度）］

Q100 いわゆる多重代表訴訟制度の概要は、どのようなものですか。　174

Q101 いわゆる多重代表訴訟制度を創設することとした理由は、何ですか。　176

Q102 「最終完全親会社等」の株主が特定責任追及の訴えの提起を請求することができることとした理由は、何ですか。　177

Q103 「完全親会社等」とは、どのようなものですか。　179

Q104 最終完全親会社等が公開会社である場合には、特定責任追及の訴えの提起を請求することができる最終完全親会社等の株主について、6か月前から引き続き最終完全親会社等の株式を保有することを要件とした理由は、何ですか。　180

Q105 最終完全親会社等の株主が特定責任追及の訴えの提起の請求をするためには、総株主の議決権の100分の1以上の議決権または発行済株式の100分の1以上の株式を有することを要することとした理由は、何ですか。　181

xiv　もくじ

Q106 振替株式の株主が特定責任追及の訴えの提起を請求するためには、個別株主通知が必要になりますか。　182

Q107 多重代表訴訟については、第847条第1項ただし書に規定する場合と同様のものに加えて、「当該最終完全親会社等に損害を加えることを目的とする場合」や「当該特定責任の原因となった事実によって当該最終完全親会社等に損害が生じていない場合」にも、特定責任追及の訴えの提起を請求することができないこととした理由は、何ですか。　183

Q108 発起人等以外の者を相手方とする責任追及等の訴えについては多重代表訴訟制度の対象としなかった理由は、何ですか。　185

Q109 最終完全親会社等の株主による追及の対象となる株式会社の発起人等の責任を、一定の重要な完全子会社の発起人等の責任（特定責任）に限定した理由は、何ですか。　186

Q110 株式会社の外国の子会社の役員は、多重代表訴訟制度の対象となりますか。　189

Q111 第847条の3第5項の趣旨は、何ですか。　190

Q112 最終完全親会社等の株主が特定責任追及の訴えの提起を請求してから自ら訴えを提起するに至るまでの手続の概要は、どのようなものですか。　191

Q113 その免除に株式会社の総株主の同意を得ることが必要とされる特定責任を免除するには、最終完全親会社等の総株主の同意をも要することとした趣旨は、何ですか。　193

Q114 多重代表訴訟制度の創設に伴い、株式会社の役員等の損害賠償責任を株主総会の決議によって一部免除すること（第425条）については、どのような改正がされましたか。　195

Q115 多重代表訴訟制度の創設に伴い、株式会社の定款の定めに基づく取締役の過半数の同意または取締役会の決議による当該株式会社の役員等の責任の一部免除（第426条）については、どのような改正がされましたか。　197

Q116 多重代表訴訟制度の創設に伴い、いわゆる責任限定契約（第427条第1項）に基づく株式会社の役員等の責任の限定については、どのような改正がされましたか。　199

［2　旧株主による責任追及等の訴えの制度］

Q117 旧株主による責任追及等の訴えの制度の概要は、どのようなものですか。　200

Q118 旧株主による責任追及等の訴えの制度を創設した理由は、何ですか。　201

Q119　公開会社については、責任追及等の訴えの提起を請求することができる旧株主について、株式交換等の効力が生じた日の6か月前から当該日まで引き続き株式会社の株主であったことを要件とした理由は、何ですか。　203

Q120　旧株主は、株式交換等の効力が生じた時までにその原因となった事実が生じた責任または義務に係る責任追及等の訴えに限って、その提起を請求することができることとした理由は、何ですか。　204

Q121　旧株主による責任追及等の訴えの制度について、①吸収合併により吸収合併存続会社の株式を取得した場合および②新設合併により新設合併設立会社の株式を取得した場合を、旧株主が提訴請求をすることができる場合として挙げていない理由は、何ですか。　205

Q122　旧株主による責任追及等の訴えについては、「当該株式交換等完全子会社に損害を加えることを目的とする場合」に加えて、株式交換等に係る「完全親会社に損害を加えることを目的とする場合」にも、提訴請求をすることができないこととした理由は、何ですか。　207

Q123　第847条の2第3項から第5項までの趣旨は、何ですか。　208

Q124　旧株主が責任追及等の訴えの提起を請求してから自ら当該訴えを提起するに至るまでの手続の概要は、どのようなものですか。　210

Q125　第847条の2第9項の趣旨は、何ですか。　212

［3　旧株主による責任追及等の訴えおよび特定責任追及の訴えに係る訴訟手続等］

Q126　旧株主による責任追及等の訴えや特定責任追及の訴えの対象となる責任について、株式交換等完全親会社または最終完全親会社等が責任追及等の訴えを提起する場合には、当該訴えについて監査役等がこれらの会社を代表することとした理由は、何ですか。　215

Q127　監査役設置会社等が、旧株主または最終完全親会社等の株主から提訴請求を受ける場合には、監査役等が株式会社を代表することとした理由は、何ですか。　217

Q128　株式交換等完全親会社または最終完全親会社等が第849条第6項または第7項の規定による通知を受ける場合には、監査役等がこれらの会社を代表することとした理由は、何ですか。　218

Q129　責任追及等の訴えの訴訟費用等に関して、第847条第6項から第8項までを削り、第847条の4を新設した趣旨は、何ですか。　219

Q130　責任追及等の訴えの管轄に関する第848条の改正の趣旨は、何ですか。　220

Q131　適格旧株主や最終完全親会社等の株主は、共同訴訟人として、または当事

者の一方を補助するため、責任追及等の訴えに係る訴訟に参加することができることとした理由は、何ですか。　221

Q132　株式交換等完全親会社および最終完全親会社等は、株式会社等の株主でない場合であっても、当事者の一方を補助するため、それぞれ、適格旧株主が提起した責任追及等の訴えに係る訴訟および当該最終完全親会社等の株主が提起した特定責任追及の訴えに係る訴訟に参加することができることとした理由は、何ですか。　222

Q133　株式交換等完全親会社や最終完全親会社等が、その株式交換等完全子会社または当該株式会社の取締役等を補助するため、責任追及等の訴えに係る訴訟に参加するには、各監査役等の同意を得なければならないこととした理由は、何ですか。　224

Q134　株式会社に株式交換等完全親会社または最終完全親会社等がある場合における責任追及等の訴えに係る公告または通知に関する手続の特則は、どのようなものですか。　225

Q135　第850条第4項の改正の趣旨は、何ですか。　227

Q136　第852条の改正の趣旨は、何ですか。　228

Q137　第853条第1項の改正の趣旨は、何ですか。　229

［4　利益供与に係る規律等の見直し］

Q138　適格旧株主または最終完全親会社等の株主の権利の行使に関する利益の供与に係る規律の見直しの概要は、どのようなものですか。　230

Q139　第968条第1項第4号および第5号の改正の趣旨は、何ですか。　232

［5　経過措置］

Q140　責任追及等の訴えに関する経過措置の内容は、どのようなものですか。　233

第2　内部統制システム（企業集団における業務の適正を確保するための体制）

Q141　いわゆる内部統制システムについて、株式会社およびその子会社から成る企業集団の業務の適正を確保するために必要な体制を法律で規定することとした趣旨は、何ですか。　235

Q142　改正前の法務省令では、「当該株式会社並びにその親会社及び子会社から成る企業集団における業務の適正を確保するための体制」と規定されていたのに対して、改正法では、「株式会社及びその子会社から成る企業集団の業務の適正を確保するため」に必要な体制としており、「親会社」を含めていないのは、なぜですか。　238

Q143　株式会社は、その子会社を管理・監督しなければならない旨の明文の規定

もくじ　xvii

を設けることとしなかったのは、なぜですか。　239

第3　親会社による子会社の株式等の譲渡

Q144　株式会社によるその子会社の株式等の譲渡について、一定の場合には、株主総会の承認を受けなければならないこととした理由は、何ですか。　241

Q145　子会社の株式等の譲渡につき株主総会の決議による承認が必要な場合として、譲り渡す株式等の帳簿価額が当該株式会社の総資産額の5分の1を超える場合とした理由は、何ですか。　243

Q146　子会社の株式等の譲渡につき株主総会の決議による承認が必要な場合として、株式会社が、効力発生日においてその子会社の議決権の総数の過半数の議決権を有しないときとし、当該株式会社が親会社でなくなるときとしなかった理由は、何ですか。　245

Q147　子会社の株式等の譲渡に関する経過措置の内容は、どのようなものですか。　246

第4　子会社少数株主等の保護

Q148　子会社少数株主等を保護するために、どのような規律を設けていますか。　247

第2章　キャッシュ・アウト

第1　特別支配株主の株式等売渡請求

Q149　株式等売渡請求制度の概要は、どのようなものですか。　250

Q150　株式等売渡請求制度を創設することとした理由は、何ですか。　252

Q151　株式等売渡請求の法的性質およびその効力は、どのようなものですか。　254

Q152　株式等売渡請求により株式等を売り渡すこととなる株主等の利益は、どのようにして確保されるのですか。　255

Q153　対象会社が公開会社でない場合にも株式等売渡請求を認める理由は、何ですか。　256

Q154　清算株式会社を対象会社とする株式等売渡請求をすることができないこととした理由は、何ですか。　257

Q155　株式等売渡請求をすることができるのは、どのような者ですか。　258

Q156　特別支配株主の議決権保有要件は、どの時点で満たされている必要がありますか。　260

Q157　株式だけでなく、新株予約権についても売渡請求をすることを認める理由は、何ですか。　262

xviii　もくじ

Q158　株式売渡請求と併せてする場合に限って新株予約権売渡請求を認める理由は、何ですか。　263

Q159　株式等売渡請求の相手方および対象となる株式等は、どのようなものですか。　264

Q160　株式等売渡請求の手続の概要は、どのようなものですか。　266

Q161　株式等売渡請求について、対象会社の承認を受けなければならないこととした理由は、何ですか。　271

Q162　取締役（会）が株式等売渡請求を承認するか否かを決定するに当たっては、どのような要素を考慮する必要があるのですか。　272

Q163　対象会社が株式等売渡請求の承認をした場合における売渡株主等への通知等は、特別支配株主ではなく対象会社がしなければならないこととした理由は、何ですか。　274

Q164　対象会社が株式等売渡請求を承認した場合の売渡株主に対する通知については、公告をもって代えることができないこととした理由は、何ですか。　275

Q165　対象会社が株式等売渡請求を承認した場合における通知または公告の費用を特別支配株主の負担とすることとした理由は、何ですか。　276

Q166　株式等売渡請求の撤回の手続の概要は、どのようなものですか。　277

Q167　株式等売渡請求の撤回は、どのような場合にすることができるのですか。　278

Q168　売渡株式等に係る株券等の取扱いは、どのようになるのですか。　280

Q169　売渡株式等の売買価格に不服がある売渡株主等は、どのような方法を採ることができるのですか。　282

Q170　売渡株式等の対価が支払われない場合、売渡株主等は、どのような方法で救済を求めることができるのですか。　283

Q171　売渡株式等の取得の差止請求の制度の概要は、どのようなものですか。　285

Q172　売渡株式等の売買価格の決定の申立ての制度の概要は、どのようなものですか。　287

Q173　売渡株式等の取得の無効の訴えの制度の概要は、どのようなものですか。　289

Q174　株式等売渡請求制度の創設に伴い、株式および新株予約権の質入れ関係の規定は、どのように整備されるのですか。　291

第2　全部取得条項付種類株式の取得

Q175　全部取得条項付種類株式の取得手続についての改正の概要は、どのような

もくじ　xix

ものですか。　292

Q176　全部取得条項付種類株式の取得について、事前開示手続や事後開示手続を
新設した理由および開示事項の概要は、どのようなものですか。　293

Q177　全部取得条項付種類株式の取得の価格の決定の申立期間を、取得日の20
日前の日から取得日の前日までの間としたのは、なぜですか。　296

Q178　株式会社は、全部取得条項付種類株式の株主に対して、取得日の20日前
までに全部取得条項付種類株式を取得する旨の通知または公告をしなければ
ならないこととしたのは、なぜですか。　297

Q179　取得対価を取得する全部取得条項付種類株式の株主から、取得の価格の決
定の申立てをした株主を除いたのは、なぜですか。　298

Q180　全部取得条項付種類株式の取得に関する規律の見直しについての経過措置
の内容は、どのようなものですか。　299

第3　株式の併合により端数となる株式の買取請求等

Q181　株式の併合により端数となる株式の株主を保護するための規律の見直しの
概要は、どのようなものですか。　300

Q182　株式の併合における情報開示に関する規律の見直しの概要は、どのような
ものですか。　302

Q183　株式の併合における反対株主の株式買取請求の制度の概要は、どのような
ものですか。　305

Q184　単元株式数を定款で定めている場合には、当該単元株式数に併合の割合を
乗じて得た数に1に満たない端数が生ずるときに限って、株式買取請求を認
めることとしたのは、なぜですか。　308

Q185　株式の併合に関する経過措置の内容は、どのようなものですか。　309

第4　株主総会等の決議の取消しの訴えの原告適格

Q186　株主総会等の決議取消しの訴えの原告適格についての改正の概要は、どの
ようなものですか。　310

第3章　組織再編における株式買取請求等

第1　株式買取請求の撤回の制限の実効化

Q187　株式買取請求の撤回の制限を実効化するための改正の概要は、どのような
ものですか。　311

Q188　振替株式の発行者が買取口座の開設をしなければならないのは、どのよう
な場合ですか。　314

Q189 反対株主が買取口座への振替の申請をせずに行った株式買取請求の効力は、どうなるのですか。 315

Q190 買取口座への振替の申請をする場合であっても、株式買取請求を行うことについて個別株主通知をする必要があるのですか。 316

Q191 買取口座については、加入者がこれに記載または記録がされた振替株式についての権利を適法に有するものとの推定が働かないこととしたのは、なぜですか。 317

Q192 総株主通知または個別株主通知においては、買取口座に記載または記録がされている株式につき、誰を株主として通知がされるのですか。 318

Q193 株式買取請求に係る株式の買取りの効力が生ずる時まで、振替株式の発行者が買取口座から自己の口座に振替をすることができないこととしたのは、なぜですか。 319

Q194 株式買取請求をした株主が当該株式買取請求を撤回し、会社がこれを承諾した場合には、買取口座に記載または記録がされている株式は、どのように取り扱われるのですか。 320

Q195 買取口座から振替をすることができる口座や買取口座への振替の申請をすることができる者を制限したのは、なぜですか。 321

Q196 単元未満株式の株式買取請求をしようとする場合には、買取口座に振替の申請をすることを要しないこととしたのは、なぜですか。 322

Q197 買取口座に記載または記録がされた振替新株予約権付社債に係る証明書の交付に関する改正の内容は、どのようなものですか。 323

Q198 株券が発行されている株式について株式買取請求をしようとするときは、当該株式の株主は、当該株式に係る株券を提出しなければならないこととしたのは、なぜですか。 325

Q199 株券が発行されている株式について株式買取請求をしようとする場合には、当該株式に係る株券を提出しなければならないこととするにもかかわらず、当該株券と引換えに当該株式買取請求に係る株式の代金を支払わなければならないこととする改正前の第786条第6項（改正後の同条第7項）等を削除しなかったのは、なぜですか。 327

Q200 株式買取請求に係る株式については、第133条の規定の適用を除外し、株主名簿の書換えの請求をすることができないこととしたのは、なぜですか。 328

もくじ　xxi

第2　株式買取請求に係る株式等の買取りの効力が生ずる時

Q201　存続株式会社等についても、株式買取請求に係る株式等の買取りの効力が
生ずる時を代金支払時から効力発生日に改めたのは、なぜですか。　329

第3　株式等に係る価格決定前の支払制度（仮払制度）

Q202　株式買取請求に係る株式等について、価格決定前の支払制度（いわゆる仮
払制度）を新設したのは、なぜですか。　331

第4　簡易組織再編、略式組織再編等における株式買取請求

Q203　存続株式会社等において簡易組織再編の要件を満たす場合に反対株主が株
式買取請求権を有しないこととしたのは、なぜですか。　333

Q204　略式組織再編または略式事業譲渡の要件を満たす場合に、株式買取請求を
することができる株主から特別支配会社を除くこととしたのは、なぜです
か。　334

第5　経過措置

Q205　株式買取請求権に関する規律の見直しに係る経過措置の内容は、どのよう
なものですか。　335

第4章　組織再編等の差止請求

Q206　組織再編等の差止請求に係る規定を新設する理由は、何ですか。　337

Q207　差止請求の要件である「法令又は定款」の違反には、取締役の善管注意義
務・忠実義務の違反や、組織再編の対価が不相当である場合も含まれるので
すか。　339

Q208　組織再編等の差止請求に関する経過措置の内容は、どのようなものです
か。　340

第5章　会社分割等における債権者の保護

第1　分割会社に知れていない債権者の保護

Q209　分割会社に知れていない債権者の保護に関する改正（第759条第2項・第
3項等の改正）の概要は、どのようなものですか。　341

第2　詐害的な会社分割等における債権者の保護

Q210　詐害的な会社分割に対応する規定（第759条第4項等）を設けた趣旨は、
何ですか。　344

Q211　吸収分割承継会社が承継されない債権者を害すべき事実を知らなかったと
きは、当該債権者は、当該吸収分割承継会社に対して、債務の履行を請求す

xxii　もくじ

ることができないこととした理由は、何ですか。　346

Q212　吸収分割の場合とは異なり、詐害的な新設分割の場合には、新設分割設立会社の主観を要件としなかった理由は、何ですか。　347

Q213　承継されない債権者の吸収分割承継会社に対する債務の履行の請求は、「承継した財産の価額を限度として」することができることとした理由は、何ですか。　348

Q214　第759条第5項の規定を設けた趣旨は、何ですか。　350

Q215　第759条第6項の規定を設けた趣旨は、何ですか。　351

Q216　第759条第7項の規定を設けた趣旨は、何ですか。　352

Q217　承継されない債権者が第759条第4項の請求権を行使し、承継会社等から弁済を受けた後に、分割会社について破産手続開始等の決定がされた場合について、破産手続等との調整規定を設けなかった理由は、何ですか。　354

Q218　第759条第4項の請求権と民法上の詐害行為取消権との競合が問題となる場面（例えば、承継されない債権者が同項の請求権を行使する一方、他の承継されない債権者が会社分割について民法上の詐害行為取消権を行使して吸収分割承継会社に現物返還や価額賠償を請求する場合等）について、調整規定を設けなかった理由は、何ですか。　355

Q219　会社法に詐害的な会社分割に対応する規定（第759条第4項等）が設けられることにより、詐害的な会社分割について、民法上の詐害行為取消権を行使することができないこととなるのですか。　356

Q220　詐害的な会社分割等に対応する規定を新設したことに伴う経過措置の内容は、どのようなものですか。　357

第4編　その他

［1　発行可能株式総数に関する規律］

Q221　公開会社でない株式会社が定款を変更して公開会社となる場合には、当該定款の変更後の発行可能株式総数は、当該定款の変更が効力を生じた時における発行済株式の総数の4倍を超えることができないこととした理由は、何ですか。　360

Q222　株式の併合の効力発生日における発行可能株式総数は、効力発生日における発行済株式の総数の4倍を超えることができないこととした理由は、何ですか。　361

Q223　新設合併、新設分割または株式移転における設立株式会社の設立時発行株

もくじ　xxiii

式の総数は、発行可能株式総数の4分の1を下ることができないこととした
理由は、何ですか。　362

Q224　発行可能株式総数に関する規定の改正に伴う経過措置の内容は、どのよう
なものですか。　363

[2　株主名簿等の閲覧等の請求の拒絶事由]

Q225　株主名簿の閲覧または謄写の請求の拒絶事由から、請求者が株式会社の業
務と実質的に競争関係にある事業を営み、またはこれに従事するものである
とき（改正前の第125条第3項第3号）を削ることとした理由は、何です
か。　364

[3　募集株式が譲渡制限株式である場合等の総数引受契約]

Q226　募集株式を引き受けようとする者がその総数の引受けを行う契約を締結す
る場合において、当該募集株式が譲渡制限株式であるときは、株式会社は、
株主総会（取締役会設置会社にあっては、取締役会）の決議によって、当該
契約の承認を受けなければならないこととした理由は、何ですか。　365

[4　人的分割における準備金の計上]

Q227　吸収分割株式会社が、吸収分割の効力発生日に当該吸収分割の対価として
交付を受けた吸収分割承継会社の株式または持分のみを配当財産として剰余
金の配当をする場合には、準備金の計上を要しないこととした理由は、何で
すか。　367

[5　株式移転の無効の訴えの原告適格]

Q228　株式移転の無効の訴えを提起することができる者に、株式移転により設立
する株式会社の破産管財人および株式移転について承認をしなかった債権者
を追加することとした理由は、何ですか。　368

[6　監査役の監査の範囲に関する登記]

Q229　監査役設置会社が監査役の監査の範囲を会計に関するものに限定する旨の
定款の定めがある株式会社である場合には、その旨を登記事項に追加するこ
ととした理由は、何ですか。　370

Q230　監査役の監査の範囲を会計に関するものに限定する旨の定款の定めがある
ものとみなされる特例有限会社については、当該定款の定めがある特例有限
会社である旨を登記事項とはしていない理由は、何ですか。　372

Q231　監査役の監査の範囲の限定に係る登記に関する経過措置の内容は、どのよ
うなものですか。　373

［7　特別口座の移管］

Q232　特別口座の移管を認めることとした理由は、何ですか。　374

Q233　特別口座を移管するためには、どのような手続を行う必要がありますか。　376

［8　金融商品取引法上の規制に違反した者による議決権行使の差止請求を設けなかった理由］

Q234　金融商品取引法上の規制に違反した者による議決権行使の差止請求（要綱第3部第1）につき、改正法に規定を設けなかった理由は、何ですか。　378

［9　改正省令によるその他の改正事項］

Q235　改正省令では、いわゆる内部統制システムの整備に関する規定について、監査を支える体制や監査役による使用人からの情報収集に関する体制に係る規定の充実・具体化等を図るために、どのような改正がされましたか。　379

Q236　改正省令による株主総会参考書類記載事項の改正およびその経過措置の概要は、どのようなものですか。　382

Q237　改正省令による事業報告およびその附属明細書の記載事項の改正およびその経過措置の概要は、どのようなものですか。　386

Q238　ウェブ開示によるみなし提供事項の拡大に係る改正の概要は、どのようなものですか。　389

Q239　企業結合に関する会計基準等の改正に伴う改正省令による計算規則の規定の整備の概要は、どのようなものですか。　394

Q240　企業結合に関する会計基準等の改正に伴う計算規則の規定の整備についての経過措置の内容は、どのようなものですか。　397

資料　会社法制の見直しに関する要綱　399

事項索引　427

第1編

総　論

Q1 なぜ今回の会社法制の見直しが行われたのですか。

A 1 会社法は、2005年に成立し、2006年から施行されていますが、会社法におけるコーポレート・ガバナンスについては、経営者から独立した社外取締役の機能を活用するなど、取締役に対する監査・監督の在り方を見直すべきである等の指摘がされていました。このような指摘がされた背景には、日本企業では、十分なコーポレート・ガバナンスが行われておらず、このことが、外国企業と比較して日本企業の収益力が低く、株価も低迷している原因となっているという、内外の投資家の不信感があると考えられます。

また、我が国の会社法制においては、従前から親子会社に関する規律の整備が不十分であるとの指摘がされており、2005年の会社法案の国会審議においても、衆参両議院の法務委員会の採決に当たって、「親子会社関係に係る取締役等の責任の在り方等、いわゆる企業結合法制について、検討を行うこと。」との附帯決議がされる等、その整備の必要性が継続的に指摘されていました。

さらに、会社法の各規定についても、実務の工夫により会社法の制定時には想定していなかった活用がされ、それが定着してきたこと等に伴い、制度間の整合性を検討する必要も生じていました。

2 そこで、改正法は、コーポレート・ガバナンスの強化および親子会社に関する規律等の整備を図るために、会社法の一部を改正するものです。

この改正により、日本企業に対する内外の投資家からの信頼が高まることとなり、日本企業に対する投資が促進され、ひいては、日本経済の成長に寄与することが期待されます。

Q2 改正法では、どのような改正がされたのですか。

A 　1　改正法は、コーポレート・ガバナンスの強化および親子会社に関する規律等の整備を目的とするものであり、改正の内容も、大きくはこの 2 つに分けることができます（Q1 参照）。

2　コーポレート・ガバナンスの強化

コーポレート・ガバナンスの強化を図るため、まず、社外取締役の機能を活用することとしています。そのための主な改正点としては、

① 　新たな機関設計である監査等委員会設置会社制度の創設（Q11 以下参照）

② 　社外取締役を選任しない場合の社外取締役を置くことが相当でない理由の株主総会における説明義務の新設（Q54 以下参照）

③ 　社外取締役等の要件の厳格化（Q63 以下参照）

が挙げられます。

また、会計監査人の独立性を強化するための改正点としては、

④ 　会計監査人の選解任等に関する議案の内容の決定権を監査役または監査役会に付与すること（Q81 参照）

が挙げられます。

3　親子会社に関する規律の整備

親子会社に関する規律の整備のための主な改正点としては、

⑤ 　完全親会社の株主がその完全子会社の取締役等の責任を追及する訴えを提起することを認める多重代表訴訟制度の創設（Q100 以下参照）

⑥ 　株主による合併等の組織再編の差止請求制度の拡充（Q206 以下参照）

⑦ 　詐害的な会社分割により害される債権者の保護規定の創設（Q210 以下参照）

等が挙げられます。

Q3 整備法では、どのような改正がされたのですか。

A　1　整備法は、改正法の施行に伴い、商法など 96 の関係法律に所要の整備等を行うものであり、整備法による改正点は多岐にわたりますが、そのうち、要綱に挙げられていたものは以下のとおりです。

2　詐害的な営業譲渡について、詐害的な会社分割等における債権者の保護規定（Q210 以下参照）と同様の規定を設けることとしています（商法第 18 条の 2)。

3　株式買取請求等の撤回の制限をより実効化するため、振替法を改正し、買取口座の制度を創設しています（振替法第 155 条、第 183 条、第 215 条。Q187 以下参照）。

4　振替法を改正し、振替株式等に関する特別口座の移管の手続を設けることとしています（振替法第 133 条の 2、第 169 条の 2、第 198 条の 2。Q232 以下参照）。

Q4

改正法案の国会提出に至るまでの経緯は、どのようなものでしたか。

A 1 2010年2月24日に開催された法制審議会第162回会議において、法務大臣から法制審議会に対し、「会社法制について、会社が社会的、経済的に重要な役割を果たしていることに照らして会社を取り巻く幅広い利害関係者からの一層の信頼を確保する観点から、企業統治の在り方や親子会社に関する規律等を見直す必要があると思われるので、その要綱を示されたい。」との諮問（諮問第91号）がされました。これを受けて法制審議会に会社法制部会（部会長・岩原紳作東京大学教授（当時。現早稲田大学教授））が設置されました。そして、同部会における審議は、同年4月28日から開始されました。

会社法制部会は、途中、東日本大震災の影響による中断を経ながら、議論を重ね、2011年12月7日に開催された第16回会議で「会社法制の見直しに関する中間試案」を取りまとめました。この中間試案については、同月14日から2012年1月31日までの間、パブリック・コメントの手続が行われ、団体から119通、個人から72通、合計191通の意見が寄せられました。

会社法制部会は、これらの意見をも参考にして更に審議を重ね、2012年8月1日に開催された第24回会議において、「会社法制の見直しに関する要綱案」を取りまとめるに至りました。同部会では、この要綱案を取りまとめるに当たって、「金融商品取引所の規則において、上場会社は取締役である独立役員を一人以上確保するよう努める旨の規律を設ける必要がある。」との附帯決議を行いました。そして、同年9月7日に開催された法制審議会第167回会議において、同要綱案どおりの内容で、「会社法制の見直しに関する要綱」（巻末資料）が取りまとめられ、同日、法務大臣に答申がされました。また、法制審議会は、要綱の取りまとめに際して、同部会と同一の内容の附帯決議を行いました（巻末資料）。

2 この答申を受けて、法務省民事局では、早期の法案提出を目指して作業を進めましたが、当時の国会の状況や法務省が提出を予定していた他の法案との関係等から、2012年の臨時国会、2013年の通常国会と続けて法案の提出が見送られました。

その間、会社法の改正については、「日本再興戦略―JAPAN is BACK―」（2013年6月14日閣議決定）において「会社法を改正し、外部の視点から、社内のしがらみや利害関係に縛られず監督できる社外取締役の導入を促進する。」との記載がされ、また、自由民主党日本経済再生本部の中間提言（2013年5月10日）においても「公開会社に関しては、少なくとも一人の独立社外取締役導入を確実なものとするよう、政府において年内に適切な施策を講じることを要請する。」との記載がされる等、早期の法案提出が求められていました。

3　このような状況を踏まえて、法務省は、2013年秋の臨時国会（第185回国会）への法案提出を目指し、更に準備を進めました。法案の国会提出に際しての自由民主党および公明党の法案審査では、特に自由民主党政務調査会法務部会において、コーポレート・ガバナンスの強化、とりわけ社外取締役の選任義務付けについての議論が重ねられ、その議論を踏まえ、法案に「社外取締役を置くことが相当でない理由」の株主総会における説明義務に係る規定（第327条の2）および検討条項（改正法附則第25条）を追加しました。

このような経過を経て、2013年11月29日、会社法の一部を改正する法律案（閣法第22号）および会社法の一部を改正する法律の施行に伴う関係法律の整備等に関する法律案（閣法第23号）が閣議決定され、同日、第185回国会（臨時会）に提出されました（同国会においては、その会期末近くに両法案が提出されたこともあって、実質的な審議はされず、継続審議となりました。）。

なお、両法案が国会に提出された2013年11月29日には、東京証券取引所においても、上記の法制審議会における附帯決議を受けた上場制度の見直しについてのパブリック・コメント手続が開始されました。その後、同取引所は、「上場内国株券の発行者は、取締役である独立役員を少なくとも1名以上確保するよう努めなければならない。」と定める有価証券上場規程の改正を行い（同規程第445条の4）、この改正規程は2014年2月10日から施行されています（Q53参照）。

Q5
国会における審議状況は、どのようなものでしたか。

A 1 改正法案および整備法案は、第186回国会（常会）におい
て、2014年1月24日、衆議院法務委員会に付託されました。同委
員会においては、同年4月8日に提案理由説明が行われた後、同月11日お
よび16日に質疑、同月18日に参考人質疑、同月23日に最終の質疑がさ
れ、社外取締役の選任義務付けの是非を含むコーポレート・ガバナンスの強
化のための施策に関する議論を中心に審議が行われました。同日の同委員会
においては、自由民主党および公明党の共同提案に係る修正案および日本維
新の会の提案に係る修正案による一部修正の上で（Q6参照）、両法案はいず
れも全会一致で可決されました（なお、採決に際し、附帯決議はされませんで
した。また、両法案と併せて審議されていた民主党提出に係る一定の株式会社に
ついて社外取締役の選任を義務付ける旨の会社法改正法案（衆法第15号）につい
ては、否決されました。）。そして、両法案は、同月25日、衆議院本会議におい
いて賛成多数で可決され、参議院に送付されました。

2 参議院においては、改正法案および整備法案は、2014年5月7日、
法務委員会に付託されました。同委員会では、同月8日に両法案の提案理由
説明が行われた後、同月13日に質疑および参考人質疑が、同月15日および
20日に質疑がされた後、他の法案等の審議を挟みつつ、同年6月12日およ
び19日にも質疑がされました。同委員会においては、改正法案により新設
される株式等売渡請求制度（第179条以下）における少数株主保護の施策を
中心に審議が行われました。そして、19日の同委員会において、改正法案
および整備法案は、賛成多数で可決されました（なお、採決に際し、附帯決議
はされませんでした。また、両法案と併せて審議されていた民主党等の提出に係
る一定の株式会社について社外取締役の選任を義務付ける旨の会社法改正法案
（参法第10号）については、採決がされませんでした。）。そして、両法案は、
同月20日、参議院本会議において賛成多数で可決され、成立しました。

3 改正法は平成26年法律第90号として、また、整備法は平成26年法
律第91号として、いずれも、2014年6月27日、官報（号外第144号）によ
り公布されました。

Q6　国会における修正は、どのようなものでしたか。

A　衆議院における一部修正は、①改正法案および整備法案の提出が2013年で成立が2014年となる見込みとなったことに伴い、両法案中でその法律番号が「平成二十五年法律第〇〇〇号」とされているところを「平成二十六年法律第〇〇〇号」とする等の自由民主党および公明党の共同提案に係る修正案によるものと、②整備法案について、水俣病被害者の救済及び水俣病問題の解決に関する特別措置法の一部を改正する規定を追加する旨の日本維新の会の提案に係る修正案によるものです。

Q7 改正法では、法制審議会の答申からどのような点が変更されていますか。

A 1 改正法は、法制審議会から法務大臣に答申された要綱の内容に概ね沿ったものですが、いくつかの点で、要綱とは実質的内容が異なっています。

2 まず、要綱には挙げられていませんでしたが、改正法で規定が設けられたものとして、次のものがあります。

① 要綱では、監査役会設置会社（公開会社であり、かつ、大会社であるものに限ります。）のうち、その発行する株式について有価証券報告書を提出しなければならない株式会社において、社外取締役が存しない場合には、社外取締役を置くことが相当でない理由を事業報告の内容とすることとされていましたが（要綱第1部第1、2（前注））、改正法では、これに加えて、取締役は、定時株主総会において、社外取締役を置くことが相当でない理由を説明しなければならないこととしています（第327条の2。Q54参照）。

② 旧株主による責任追及等の訴え（第847条の2）および最終完全親会社等の株主による特定責任追及の訴え（第847条の3）の各制度を創設することに伴い、適格旧株主または最終完全親会社等の株主の権利の行使に関し、財産上の利益の供与をしてはならないこととしています（第120条第1項、第970条第1項・第3項。Q138参照）。

③ 株式移転の無効の訴えを提起することができる者に、株式移転により設立する株式会社の破産管財人または株式移転について承認をしなかった債権者を追加しています（第828条第2項第12号。Q228参照）。

3 次に、要綱には挙げられていましたが、改正法で規定が設けられなかったものとして、次のものがあります。

④ 株式等売渡請求において、要綱では、売渡新株予約権に代えて交付される金銭の額等についての定めが新株予約権の内容として定められた条件に合致する売渡新株予約権については、売買価格の決定の申立てができないこととされていましたが（要綱第2部第2、1(3)②参照）、改正法では、これに関する規定は設けていません（第179条の8第1項参照。

Q172（注3）参照）。

⑤　要綱では、金融商品取引法上の規制に違反した者による議決権行使の差止請求が挙げられていましたが（要綱第3部第1）、改正法では、これに関する規定は設けていません（Q234参照）。

Q8 改正法の成立後、施行に至るまでの経緯は、どのようなものでしたか。

A 1 改正法は、コーポレート・ガバナンスの強化および親子会社に関する規律等の整備を図るものであって早期の施行が望まれました。その反面、改正の内容が多岐にわたるため、改正法成立後に行う必要がある法務省令の改正の内容も含めて、規律の内容の周知を図るとともに、規律の対象となる株式会社を始めとする関係者において、改正の内容に対応するための準備の期間を十分に取り、混乱を避ける必要がありました。

以上の点を踏まえ、改正法の施行日は、改正法附則第 1 条の委任に基づき、2015 年 1 月 23 日に公布された会社法の一部を改正する法律の施行期日を定める政令（平成 27 年政令第 16 号）により、同年 5 月 1 日と定められ、改正法は同日から施行されました。

2 また、法務省は、改正法および整備法の施行等に伴う施行規則、計算規則等の改正案について、2014 年 11 月 25 日から同年 12 月 25 日までの間、パブリック・コメントの手続を行った上^(注1)、改正省令（平成 27 年法務省令第 6 号）を制定し、2015 年 2 月 6 日に公布しました^(注2)。改正省令も、一部の改正規定を除き^(注3)、同年 5 月 1 日から施行されています（改正省令附則第 1 条）。

（注 1） パブリック・コメントの手続に対しては、計 40 通の意見が寄せられました。その意見の概要および意見に対する法務省の考え方については、電子政府の総合窓口（e-Gov）（http://search.e-gov.go.jp/servlet/Public）に掲載されています。

（注 2） 改正省令は、施行規則および計算規則のほか、電子公告規則（平成 18 年法務省令第 14 号）について、会社法の規定の形式的な号ずれに対応する改正をするとともに、一般社団法人及び一般財団法人に関する法律施行規則（平成 19 年法務省令第 28 号）について、整備法による一般社団法人及び一般財団法人に関する法律の改正等に伴う改正をしています。

（注 3） 改正省令による計算規則の改正のうち、企業結合に関する会計基準等の改正に伴う規定の整備（Q239 参照）については、改正省令の公布の日（2015 年 2 月 6 日）に施行することとしています（改正省令附則第 1 条第 1 号）。また、改正省令による施行規則の改正のうち、会計参与が税理士または税理士法人の補助者として当該税理士の税理士事

務所に勤務し、または当該税理士法人に所属し、税理士法第2条第3項に規定する業務に従事する者であるときは、その勤務する税理士事務所または当該税理士法人の事務所の場所の中から会計参与報告等備置場所を定めなければならないこととする改正（施行規則第103条第2項）については、同年4月1日に施行することとしています（改正省令附則第1条第2号）。

Q9 改正法附則第 25 条（検討条項）の趣旨は、何ですか。

A 1 改正法は、コーポレート・ガバナンスの強化を目的とするものです。しかし、コーポレート・ガバナンスに係る制度については、その性質上完全ということはあり得ず、我が国企業のコーポレート・ガバナンスの更なる前進を図るため、在るべきガバナンスの姿に向けた議論が今後も継続される必要がある旨の指摘もされています[注]。

このような指摘も踏まえると、コーポレート・ガバナンス、すなわち企業統治に係る制度の更なる改善を図るため、その在り方について今後も引き続き検討を加えていくこととするのが適切と考えられます。

2 そこで、改正法の附則に検討条項を設け、政府は、改正法の施行後 2 年を経過した場合において、社外取締役の選任状況その他の社会経済情勢の変化等を勘案し、企業統治に係る制度の在り方について検討を加え、必要があると認めるときは、その結果に基づいて、社外取締役を置くことの義務付け等所要の措置を講ずることとしています（改正法附則第 25 条）。

[注] 2012 年 8 月 1 日開催の法制審議会会社法制部会第 24 回会議（最終回）において、岩原紳作部会長は、同部会を締めくくるに当たって、「コーポレート・ガバナンスには、完全ということはあり得ないように思います。何よりも、新しい制度の下で、その精神に従った制度の運用の実を上げることによる、実務におけるガバナンスの質の向上への努力がまず必要と存じます。そして、我が国企業のコーポレート・ガバナンスの更なる前進を図るべく、今後も引き続き、在るべきガバナンスの姿に向けた御議論がされることを期待しております。コーポレート・ガバナンスについては、改善への不断の努力が必要と信ずるからでございます。」と述べています（同部会第 24 回会議議事録 9 頁）。

Q10 改正法附則第 25 条の「所要の措置」として、どのようなものを講ずることになるのですか。

A 改正法附則第 25 条において、「社外取締役を置くことの義務付け」を含む「所要の措置」は、改正法の施行後 2 年間の施行状況等を踏まえ、改正法の影響・効果等を検証した上で、「必要があると認めるとき」に講じられるものであり、現時点で、検討の結果講じられる具体的な措置が決まっているわけではありません。

第2編

コーポレート・ガバナンスの強化に関する改正

第1章 取締役会の監督機能の強化

第1 監査等委員会設置会社制度

1 概 要

Q11 監査等委員会設置会社制度の概要は、どのようなものですか。

A 1 監査等委員会設置会社制度は、代表取締役を始めとする業務執行者に対する監督機能を強化することを目的として、3人以上の取締役から成り、かつ、その過半数を社外取締役とする監査等委員会（第331条第6項）が監査を担うとともに、業務執行者を含む取締役の人事（指名および報酬）に関して、株主総会における意見陳述権を有することとする（第342条の2第4項、第361条第6項、第399条の2第3項第3号）新たな制度です。

2 監査等委員会設置会社となるかどうかは、株式会社が、その定款の定めによって選択することができます（第326条第2項）。

3 監査等委員会設置会社には、監査等委員会のほか、取締役会および会計監査人を必ず置かなければならないこととしています（第327条第1項第3号・第5項）。

他方で、監査等委員会設置会社では、監査等委員会が監査を担うこと（第399条の2第3項第1号）から、監査役を置いてはならないこととしています（第327条第4項）。

また、監査等委員会設置会社には、指名委員会等設置会社（改正前の名称は、委員会設置会社。第2条第12号。Q15参照）と異なり執行役は置かれず、代表取締役または取締役会の決議によって業務を執行する取締役として選定されたものが監査等委員会設置会社の業務を執行することとしています（第363条第1項）^(注)。

（注）　監査等委員会設置会社においても、取締役とは別に、いわゆる執行役員を置くことは可能です。執行役員は、執行役と異なり、会社法上の制度ではなく、一般的には、重要な使用人（第 399 条の 13 第 4 項第 3 号参照）に当たるものであって、実務上は、取締役会により選任され、代表取締役等の指揮の下で業務執行を分担して行う責任者として位置付けられています。

18　第1章　取締役会の監督機能の強化　第1　監査等委員会設置会社制度

Q12　監査等委員会設置会社制度を創設することとした理由は、何ですか。

A　1　改正前の会社法における主な機関設計としては、監査役設置会社および委員会設置会社（改正後の名称は、指名委員会等設置会社）がありましたが、株式会社の多くは、監査役設置会社でした。そして、監査役設置会社において取締役の職務の執行の監査を行う監査役（第381条第1項前段）については、これまでの商法の改正および会社法の制定に際して、度々その権限が強化されてきました。

　しかし、監査役は、代表取締役を始めとする業務執行者の選定および解職の権限を有しておらず、また、取締役会の決議における議決権を有していないことから、その監査機能の強化には限界があるとの指摘がされていました。

　2　次に、業務執行者に対する監督については、特に、上場会社について、社外取締役の機能を活用すべきであるとの指摘が強くされていました。これは、取締役会の決議において議決権を有する社外取締役には、業務執行者から独立した立場で、業務執行全般を評価し、これに基づき、取締役会における業務執行者の選定または解職の決定に関して議決権を行使すること等を通じて、業務執行者に対する監督を実効的に行うこと等[注1]を期待することができることによるものでした。

　しかし、改正前の会社法において、2人以上の社外取締役を必ず置くこととされ（第400条第1項・第3項）、その機能を制度上活用する機関設計である委員会設置会社については、これを採用する会社の数は、少数にとどまっていました[注2]。その原因としては、社外取締役が過半数を占める指名委員会および報酬委員会に、取締役候補者の指名や取締役および執行役の報酬の決定を委ねることへの抵抗感等があるとの指摘がされていました。

　また、監査役設置会社で任意に社外取締役を選任する上場会社の数は、増加傾向にはあるものの、大多数の上場会社で選任されているとまではいえない状況にありました[注3]。その原因としては、特に、2人以上の社外監査役の選任が義務付けられている監査役設置会社（第335条第3項）において、社外監査役に加えて社外取締役を選任することの重複感・負担感があるとの指摘がされていました。

3　そのため、業務執行者に対する監督機能を強化することを目的として、監査をする者が業務執行者の任免を含む取締役会の決議における議決権を有することとするとともに、重複感・負担感をできるだけ避けつつ社外取締役の機能を活用しやすくするための方策として、新たな機関設計を認める必要がありました。

そこで、改正法では、このような要請に応えるものとして、監査等委員会設置会社制度を創設することとしています。

すなわち、監査等委員会設置会社においては、社外取締役を中心とする取締役により構成される監査等委員会（第331条第6項）が取締役の職務の執行の監査を担う（第399条の2第3項第1号）とともに、取締役会の業務執行者に対する監督の中核に関わる業務執行者を含む取締役の人事（指名および報酬）について、株主総会における意見陳述権を有することとしています（第342条の2第4項、第361条第6項、第399条の2第3項第3号）。また、監査等委員会設置会社は、2人以上の社外取締役を置く必要がありますが（第331条第6項）、監査役を置くことはできませんから（第327条第4項）、社外監査役に加えて社外取締役を置くという重複感・負担感が生ずることはありません。

　（注1）　社外取締役には、業務執行の監督に関する機能として、とりわけ、本文に記載したような業務執行全般の監督機能のほか、利益相反の監督機能（①株式会社と業務執行者との間の利益相反を監督する機能および②株式会社と業務執行者以外の利害関係者との間の利益相反を監督する機能）を期待することができます。

　（注2）　今回の改正について法制審議会会社法制部会での議論が開始された2010年当時、東京証券取引所上場会社に占める委員会設置会社の割合は、2.2%にすぎませんでした（東京証券取引所『東証上場会社コーポレート・ガバナンス白書2011』15頁）。

　（注3）　2010年当時、東京証券取引所上場会社である監査役設置会社のうち、社外取締役を選任している会社の割合は、47.6%でした（東京証券取引所・前掲（注2）18頁）。

Q13 監査役設置会社および指名委員会等設置会社と監査等委員会設置会社とを選択制にした理由は、何ですか。

A 　1　監査等委員会設置会社制度は、業務執行者に対する監督機能の強化を図り、また、社外取締役の選任を促進しその機能を活用するために、会社の選択の幅を増やす趣旨で創設するものであり、これまでの監査役設置会社制度および指名委員会等設置会社制度の意義を否定するものではありません。

　特に、監査機能の強化に限界があるとの指摘（Q12参照）がされている監査役設置会社制度についても、業務執行に関与せず、業務執行（決定）機関から制度的に分離された監査専門機関が監査を行うという点にその本質・特徴があり、業務執行に対する監査・監督の在り方として、十分な合理性が認められます。そして、旧商法の数次にわたる改正および会社法の制定を経て、監査役の機能は大幅に強化されており、監査役制度によっても、企業統治の実効性を確保することができるものと評価することができます。

　2　また、一定の会社について監査等委員会設置会社に移行することを義務付けることとすると、莫大な社会的・経済的コストを要することにもなり得ます。

　3　そこで、改正法は、各社が、その実情に応じ、最適と考える機関設計を採用することができるように、監査役設置会社、監査等委員会設置会社または指名委員会等設置会社のいずれをも選択することができることとしています（第326条第2項）。

Q14

新たな機関の名称を「監査等委員会」とした理由は、何ですか。

A　1　新たな機関は、監査機関として設けられるものです。しかし、監査役設置会社の監査役や指名委員会等設置会社の監査委員会といった他の監査機関が監査機能しか有しないのと異なり、新たな機関は、監査機能にとどまらず、①業務執行者を含む取締役（新たな機関の構成員である取締役を除きます。）の人事（指名および報酬）に関する株主総会における意見陳述権を有し（第342条の2第4項、第361条第6項、第399条の2第3項第3号。Q28参照）、また、②利益相反取引につき取締役の任務懈怠を推定する規定は、当該取引につき監査等委員会の承認を受けたときは適用しない（第423条第4項。Q30参照）こととしている点において、監督機能をも担っています(注)。

そこで、新たな機関の名称については、監査機能だけでなく、このような監督機能をも担っているということを示す趣旨で、「監査等」の用語を用いることとしています。

2　また、新たな機関設計における取締役会は、業務執行者に対する監督機能を中心とするもの（いわゆるモニタリング・モデルの取締役会）として位置付けられます（Q35、Q40参照）。そして、そのようなモデルの取締役会を採用する指名委員会等設置会社や諸外国の機関設計においては、取締役によって構成される監査機関には「委員会」（committee）という名称が用いられています。さらに、新たな機関は、指名委員会等設置会社の監査委員会と同様に、会議体として組織的な監査を行うこととしているところ（Q36参照）、「委員会」という名称は、そのような新たな機関の在り方とも合致します。

以上のことから、新たな機関の名称に、「委員会」の用語を用いることとしています。

3　なお、要綱においては、新たな機関の名称は、仮称として「監査・監督委員会」とされていましたが（要綱第1部第1、1参照）、当該機関は、上記のとおり監督機能を有するものの、「取締役の職務の執行の監督」という取締役会の監督機能（第399条の13第1項第2号参照）全般を担うわけでは

ないことに鑑み、政府内における検討の結果、改正法においては、その名称を「監査等委員会」としています。

（注）「監査」（第381条第1項等）および「監督」（第362条第2項第2号等）という用語については、会社法上、その定義は定められておらず、学説上も、必ずしも明確に両者の概念上の区別がされているものではありません。もっとも、「監査」とは、業務執行の適法性を確保すること（違法・不正行為を防止すること）を主眼とし、「監督」とは、業務執行者の業績を評価し、業務執行の効率性を確保することを主眼とするものと考えられます。

1　概要　Q15　23

Q15 「委員会」および「委員会設置会社」の名称を、それぞれ、「指名委員会等」および「指名委員会等設置会社」に変更した理由は、何ですか。

A 1　改正前の第2条第12号は、指名委員会、監査委員会および報酬委員会の3つの委員会を「委員会」ということとし、また、これらの委員会を置く株式会社を「委員会設置会社」と定義していました。

　他方で、新たな機関の名称としては、その在り方等に照らして、「委員会」という用語を用いることが相当です（Q14参照）。しかし、委員会および委員会設置会社について改正前の名称を維持したまま、「監査等委員会」および「監査等委員会設置会社」という名称を会社法において新たに用いると、その名称中に、改正前の第2条第12号で定義される「委員会」および「委員会設置会社」という用語を含むこととなり、相当ではありません。

　そこで、改正法では、改正前の「委員会」および「委員会設置会社」の名称を変更することとしています。

　2　そして、変更後の名称としては、どのような種類の委員会を置く会社であるのかを認識しやすいものとするのが適切であるところ、第2条第12号では、3つの委員会の中で指名委員会が最初に挙げられています。そこで、指名委員会、監査委員会および報酬委員会の3つの委員会を「指名委員会等」ということとし、これらの委員会を置く株式会社の定義を「指名委員会等設置会社」に変更することとしています（第2条第12号。この名称の変更に伴う経過措置については、Q51参照）(注)。

　（注）　このように委員会設置会社の名称が指名委員会等設置会社に変更されることを受けて、改正法および改正省令では、所要の規定の整備を行うこととしています（第400条等、施行規則第111条）。なお、改正省令では、監査等委員会の議事録に、監査等委員以外で監査等委員会に出席した取締役の氏名も記載することとしていること（施行規則第110条の3第3項第5号。Q31（注3）参照）や、会社法上、指名委員会等に当該指名委員会等の委員以外の取締役が出席することも想定されていること（第411条第3項参照）を踏まえ、指名委員会等の議事録についても、当該指名委員会等の委員以外で指名委員会等に出席した取締役の氏名を記載することとしています（施行規則第111条第3項第5号）。

2 監査等委員会設置会社に置かれる機関等

Q16 監査等委員会設置会社にはどのような機関が置かれるのですか。

A 1 監査等委員会設置会社は、以下の機関を必ず置かなければいけません（第327条第1項第3号・第5項、第399条の13第3項）。

① 株主総会

② 取締役会

③ 代表取締役

④ 監査等委員会

⑤ 会計監査人

このほか、監査等委員会設置会社は、定款の定めによって、任意に、会計参与を置くことができます（第326条第2項）。

2 次に、監査等委員会設置会社は、取締役会設置会社です（第327条第1項第3号）から、取締役が少なくとも3人いることが必要です（第331条第5項）。

そして、監査等委員会設置会社では、監査等委員である取締役が少なくとも3人いることが必要であり（第331条第6項）、また、取締役の中から代表取締役を選定しなければならない（第399条の13第3項）ところ、監査等委員である取締役は代表取締役となることができない（第331条第3項、第399条の13第3項括弧書）ことから、結論として、監査等委員会設置会社においては、最低4人の取締役（監査等委員である取締役3人のほか、監査等委員である取締役以外の代表取締役となるべき取締役1人）を置く必要があることとなります。

Q17 監査等委員会設置会社は、監査役を置いてはならないこととした理由は、何ですか。

A 監査等委員会設置会社においては、監査等委員会が監査を担います（第399条の2第3項第1号）。したがって、監査等委員会設置会社に監査役制度を残すと、監査という同一の職務を担当する機関が二重に置かれることとなって、組織がいたずらに複雑になり、相互の権限の調整等も困難となります。

そのため、監査等委員会設置会社は、監査役を置いてはならないこととしています（第327条第4項）。

Q18　監査等委員会設置会社は、大会社であるかどうかにかかわらず、会計監査人を置かなければならないこととした理由は、何ですか。

A　1　監査等委員会は、指名委員会等設置会社の監査委員会と同様に、いわゆる内部統制システムを利用した組織的な監査を行うことを前提としています（Q36参照）。そして、内部統制システムの構築に当たっては、計算書類の適正性・信頼性の確保の観点から会計監査人が重要な役割を果たします。

2　また、監査等委員会設置会社は、業務執行者に対する監督機能を強化することを目的として新設されるものであるところ（Q12参照）、計算書類の承認機関である取締役会（第436条第3項）の構成員である取締役（すなわち、監査等委員である取締役）から構成される監査等委員会が監査を担うため、計算書類の適正性・信頼性の確保の観点から、取締役会から独立した第三者による監査をも受けることとするのが適切です。

3　そこで、監査等委員会設置会社は、指名委員会等設置会社と同様に、大会社（第2条第6号）であるかどうかにかかわらず[注]、会計監査人を置かなければならないこととしています（第327条第5項）。

　（注）　大会社は、会計監査人を必ず置かなければならないこととされています（第328条）が、指名委員会等設置会社は、大会社であるかどうかにかかわらず、会計監査人を必ず置かなければならないこととされています（第327条第5項）。このことは、改正前から変更ありません。

Q19 指名委員会等設置会社は、監査等委員会を置くことができないこととした理由は、何ですか。

A 監査等委員会設置会社と指名委員会等設置会社とは、全く別個の機関設計です。そのため、監査等委員会と指名委員会等（指名委員会、監査委員会および報酬委員会）の双方を置く株式会社を認めないこととする必要があります。

そこで、指名委員会等設置会社は、監査等委員会を置いてはならないこととしています（第327条第6項）。

Q20 監査等委員会設置会社が任意に指名や報酬に関する委員会を置くことはできますか。

A 監査等委員会設置会社が、法定の機関ではない任意の委員会として、指名や報酬に関する委員会を設け、また、その名称を「指名委員会」または「報酬委員会」とすることは妨げられません。

　もっとも、任意に置かれたこれらの委員会は、指名委員会等設置会社の指名委員会または報酬委員会とは異なるものであって、これらの委員会の権限等に関する規定（第404条等）は、適用されません。

Q21 監査等委員会設置会社に執行役を置くこととしていない理由は、何ですか。

A 1 指名委員会等設置会社は、業務執行者である執行役による機動的な業務執行を可能とするため、業務執行の決定の執行役への大幅な委任を認めるという機関設計です。そして、そのような大幅な委任を認めるには、取締役会の業務執行者からの独立性を確保し、取締役会による監督機能を強化する必要があることから、指名委員会等設置会社では、監査委員会のほか、指名委員会および報酬委員会を必ず置かなければならないこととしています。

2 これに対し、監査等委員会設置会社には、指名委員会および報酬委員会が置かれないことに鑑みれば、監査等委員会設置会社の業務を執行する者は、取締役会の決議のみによって選任される執行役（第402条第2項参照）ではなく、株主総会の決議で選任される取締役であることを要することとすることによって、その取締役としての地位の選任を通じて、その業務執行に関し、株主による監督を受けることとするのが適切です。そこで、監査等委員会設置会社においては、①代表取締役または②代表取締役以外の取締役であって、取締役会の決議によって取締役会設置会社の業務を執行する取締役として選定されたもの（第363条第1項各号）が業務を執行することとしています（いわゆる執行役員を置くことができることにつき、Q11（注）参照）。

30　第1章　取締役会の監督機能の強化　第1　監査等委員会設置会社制度

3　監査等委員である取締役の選解任等——監査等委員会の独立性確保

Q22　監査等委員会の業務執行者からの独立性を確保するための仕組みの概要は、どのようなものですか。

A　1　監査等委員会は、代表取締役等の業務執行者を始めとする取締役の職務の執行の監査をすることをその職務とするものであり（第399条の2第3項第1号）、その監査の実効性を確保するためには、監査等委員会の構成員である監査等委員である取締役の地位がそれ以外の取締役から独立している必要があります。そこで、監査役設置会社の監査役の独立性を確保するための仕組みを参考とした仕組みを設けることとしています。

2　まず、取締役の選任について、監査等委員会設置会社においては、監査等委員である取締役とそれ以外の取締役とを区別して株主総会の決議をしなければならないこととしています（第329条第2項）。その上で、監査役の選任に関する規律（第343条）に倣って、監査等委員会に、監査等委員である取締役の選任議案への同意権および監査等委員である取締役の選任の議題または議案の提案権を付与することとしています（第344条の2第1項・第2項）^(注1)。

また、監査等委員である取締役の解任については、監査役の解任（第343条第4項、第309条第2項第7号）と同様に、株主総会の特別決議によることとしています（第344条の2第3項、第309条第2項第7号）。

さらに、監査役（第345条第4項）と同様に、監査等委員である各取締役に、監査等委員である取締役の選解任または辞任についての株主総会における意見陳述権を付与する（第342条の2第1項）とともに、監査等委員である取締役を辞任した者に、株主総会における辞任に関する意見陳述権を付与する（同条第2項）等しています^(注2)。

3　次に、監査等委員である取締役の任期については、その独立性を確保するために、それ以外の取締役の任期よりも長い期間とする必要がある一方で、監査等委員である取締役も取締役会の構成員として業務執行の決定に関与しますから、監査役の任期（4年（第336条第1項））と同じ期間とするのは適切ではありません。

そこで、監査等委員である取締役の任期は、2年とし、かつ、定款または

株主総会の決議によるその短縮を認めないこととしています（第332条第1項・第4項）。これに対し、監査等委員である取締役以外の取締役の任期は、1年としています（同条第1項・第3項。Q23参照）。

4　さらに、取締役の報酬等に関する事項は、監査等委員である取締役とそれ以外の取締役とを区別して定款または株主総会の決議により定めなければならないこととしています（第361条第2項）。そして、監査等委員である個々の取締役の報酬等について定款の定めまたは株主総会の決議がないときは、当該報酬等は、個々の監査役の報酬等の決定（第387条第2項）と同様に、定款または株主総会の決議により定められた上限の範囲内において、監査等委員である取締役の協議によって定めることとしています（第361条第3項）。

また、監査役の意見陳述権（第387条第3項）と同様に、監査等委員である各取締役に、監査等委員である取締役の報酬等についての株主総会における意見陳述権を付与することとしています（第361条第5項）（注3）。

5　以上の点に加えて、監査等委員会については、監査等委員である取締役の過半数を、業務執行者から独立した社外取締役が占める（第331条第6項）こととすることによって、その業務執行者からの独立性を確保しています。

（注1）　これらのことを踏まえ、改正省令では、監査等委員である取締役以外の取締役の選任議案に関する株主総会参考書類記載事項を定める規定（施行規則第74条）とは別に、監査等委員である取締役の選任議案に関する株主総会参考書類記載事項を定める規定（施行規則第74条の3）を設けています。そして、その記載事項は、基本的に、監査役選任議案に関する株主総会参考書類記載事項（施行規則第76条）に倣った内容としています。その上で、監査等委員会は、独任制の機関である監査役と異なり、会議体として組織的な監査を行うため（Q36参照）、その構成員である監査等委員には「担当」があり得ることを踏まえて、候補者が現に当該株式会社の監査等委員である取締役であるときは、監査役候補者の場合と異なり（施行規則第76条第2項第3号参照）、当該株式会社における「地位」だけでなく「担当」も記載することとする（施行規則第74条の3第2項第3号）など、監査等委員である取締役の地位、職務等を踏まえて、記載事項の内容を変更しています（Q236参照）。

また、株主提案の取締役選任議案に関して株主から通知された場合に株主総会参考書類に記載する事項についても、監査等委員である取締役以外の取締役については施行規則第

74 条に規定する事項を、監査等委員である取締役については施行規則第 74 条の 3 に規定する事項を、それぞれ記載することとしています（施行規則第 93 条第 1 項第 4 号イ・ロ。Q236 参照）。

　（注 2）　これらのことを踏まえ、改正省令では、監査等委員である取締役以外の取締役の解任議案に関する株主総会参考書類記載事項を定める規定（施行規則第 78 条）とは別に、監査等委員である取締役の解任議案に関する株主総会参考書類記載事項を定める規定（施行規則第 78 条の 2）を設けています。そして、その記載事項は、監査役解任議案に関する記載事項（施行規則第 80 条）に倣った内容としています（Q236 参照）。また、公開会社における会社役員に関する事業報告記載事項（施行規則第 119 条第 2 号参照）として、辞任しまたは解任された会社役員がある場合において、監査等委員である取締役の辞任または解任についての監査等委員である取締役の意見等があるときは、監査役の辞任または解任についての監査役の意見等と同様に、その意見の内容等を開示することとしています（施行規則第 121 条第 7 号ロ・ハ。Q237 参照）。

　（注 3）　これらのことを踏まえ、改正省令では、監査等委員である取締役以外の取締役の報酬議案に関する株主総会参考書類記載事項を定める規定（施行規則第 82 条）とは別に、監査等委員である取締役の報酬議案に関する株主総会参考書類記載事項を定める規定（施行規則第 82 条の 2）を設けています。そして、その記載事項は、監査役の報酬議案に関する株主総会参考書類記載事項（施行規則第 84 条）に倣った内容としています（Q236 参照）。また、公開会社における会社役員または新株予約権等に関する事業報告記載事項（施行規則第 119 条第 2 号・第 4 号参照）についても、監査等委員会設置会社にあっては、①会社役員の報酬等につき、監査等委員である取締役とそれ以外の取締役とで区分して記載するとともに（施行規則第 121 条第 4 号イ。Q237 参照）、②会社役員が有する職務執行の対価として交付された新株予約権等（いわゆるストック・オプション）につき、監査等委員である取締役の保有分については、それ以外の取締役の保有分と区分して記載することとしています（施行規則第 123 条第 1 号イ〜ハ。Q237 参照）。

Q23

監査等委員会設置会社の取締役のうち、監査等委員である取締役以外の取締役の任期を1年とし、他方で、監査等委員である取締役の任期は、2年とし、かつ、その短縮を認めないこととした理由は、何ですか。

A　1　改正前の会社法では、委員会設置会社を除き、取締役の任期は、原則として2年とされていました（第332条第1項）。

2　取締役会設置会社では、株主総会の権限は、法律および定款に定めた事項に限定され（第295条第2項）、取締役の職務の執行に対する監督は、取締役会の職務とされ（第362条第2項第2号）、株主は、株主総会による取締役の選任を通じた監督を行うこととされています。しかし、監査等委員会設置会社は、取締役会設置会社ではあります（第327条第1項第3号）が、取締役会の構成員である取締役が監査機関の構成員を兼ねることに鑑みれば、取締役は、その選任を通じた株主による監督を、監査専門機関（監査役）を置く取締役会設置会社の取締役よりも頻繁に受けることとするのが適切です。

他方で、監査機関の構成員である監査等委員である取締役については、監査等委員会の監査機能および監督機能の実効性を確保するため、その身分保障を強化する必要があります。もっとも、監査等委員である取締役は、監査役と異なり、取締役会の構成員として業務執行の決定に関与しますから、監査等委員である取締役の選任を通じた株主による監督を受ける頻度は、監査役よりも多くする必要があります。

3　そこで、監査等委員である取締役以外の取締役の任期は、取締役の任期の原則よりも短い1年とする（第332条第3項）一方で、監査等委員である取締役の任期は、原則どおり2年とし、監査等委員である取締役以外の取締役の任期よりも長く、かつ、監査役の任期である4年（第336条第1項）よりも短いものとした上で、定款または株主総会の決議による短縮を認めないこととしています（第332条第4項）[(注)]。

（注）　改正前の第459条第1項は、取締役の任期が1年以内であることを要件の1つとして、剰余金の配当等に関する事項を取締役会で定めることができる旨を定款で定めることができるとしていました。そのため、同項を改正しないままで監査等委員である取締役

の任期を2年とすると、監査等委員会設置会社について、同項の適用が認められるかどうかが不明確となります。

　しかし、監査等委員会設置会社においては、あくまでも監査等の機能を担う取締役の任期が2年とされているにすぎず、業務の執行を担うことが想定される、監査等委員である取締役以外の取締役の任期は1年とされています（第332条第3項）。したがって、監査等委員会設置会社について、第459条第1項の適用を認めないこととする必要はありません。

　そこで、改正法では、第459条第1項を改正し、監査等委員会設置会社についても、同項に基づき、剰余金の配当等を取締役会が決定する旨を定款で定めることができることを明らかにしています。

Q24 監査等委員会設置会社については、公開会社でない株式会社であっても、定款によって、取締役の任期を伸長することはできないこととした理由は、何ですか。

A 1 公開会社でない株式会社においては、原則として、定款により、取締役の任期を10年まで伸長することができることとされています（第332条第2項）。これは、公開会社でない株式会社では、いわゆる所有と経営が一致している場合が多く、また、株主の変動が頻繁に生ずるわけではないため、業務執行に対する株主による監督を一定程度期待することができ、取締役の選任を通じた株主による監督を頻繁に受ける必要性が低いことによります。

2 これに対し、監査等委員会設置会社は、指名委員会等設置会社と同様に、取締役会を必ず置かなければならないこととし（第327条第1項第3号・第4号）、かつ、業務執行者（代表取締役等）に対する監督を行うことを中心とする機関として取締役会を位置付けるものであり、株主が業務執行を直接監督することを想定した機関設計とはしていません。そのため、監査等委員会設置会社については、公開会社であるかどうかにかかわらず、業務執行者である取締役（代表取締役等）およびこれを監督する取締役について、その取締役としての地位の選任を通じた株主による監督を頻繁に受ける必要があります。

そこで、監査等委員会設置会社については、公開会社でない株式会社であっても、定款によって、取締役の任期を伸長することはできないこととしています（第332条第2項括弧書）。

4 監査等委員会の組織構成

Q25 監査等委員会の組織構成は、どのようなものですか。

A 1 監査等委員は、取締役でなければならず（第399条の2第2項）、また、監査等委員である取締役は、3人以上で、その過半数は、社外取締役でなければならないこととしています（第331条第6項）[注1]。

これは、監査等委員会設置会社と同様に、会議体の委員会制度を採り、社外取締役の監督機能に期待する機関設計である指名委員会等設置会社において、各委員会は、それぞれ、3人以上の取締役によって構成され、かつ、各委員会の委員の過半数は、社外取締役でなければならないものとされていること（第400条第1項～第3項）に倣ったものです。

2 監査等委員である取締役は、それ以外の取締役とは区別して株主総会の決議によって選任（第329条第2項）および解任がされ（第339条第1項）、その解任は、株主総会の特別決議による（第344条の2第3項、第309条第2項第7号）こととしています[注2]（Q22参照）。これは、監査等委員である取締役の地位の独立性を確保するためです。

3 監査等委員である取締役は、監査等委員会設置会社またはその子会社の業務執行者等を兼ねることができないこととしています（第331条第3項）[注3]。これは、監査をする者と監査をされる者が同一であると、監査の適正を図ることができないためです。

なお、監査等委員会設置会社においては、代表取締役または取締役会の決議によって業務を執行する取締役として選定されたものが監査等委員会設置会社の業務を執行すること（第363条第1項各号。Q21参照）との均衡上、指名委員会等設置会社とは異なり（第331条第4項参照）、監査等委員である取締役以外の取締役が当該監査等委員会設置会社の支配人その他の使用人を兼ねることは、禁止していません（同条第3項参照）。

（注1） これを踏まえ、改正省令では、①施行規則上の定義語である「社外役員」の要件として、株式会社が、当該取締役を、監査等委員である社外取締役の法定の員数を満たすための社外取締役であるとしていることを加えるとともに（施行規則第2条第3項第5

号ロ(2))、②同じく施行規則上の定義語である「社外取締役候補者」の要件として、株式会社が、当該候補者を、当該員数を満たすための社外取締役であるものとする予定があることを加えることとしています（同項第7号ロ(2)）。

（注2）　このことから、監査等委員である取締役は、取締役としての地位と監査等委員会の委員としての地位とが不可分であり、監査等委員である取締役が、監査等委員のみを辞任し、取締役の地位にとどまることはできないこととなります。

なお、監査等委員である取締役の報酬等に関する事項も、それ以外の取締役の報酬等に関する事項とは区別して定款または株主総会の決議により定めなければならないこととし（第361条第2項）、また、監査等委員である取締役とそれ以外の取締役とでは任期も異なることとしています（第332条第1項・第3項・第4項）。そのため、取締役としての地位と監査等委員としての地位とを可分なものとしてしまうと、報酬等に関する事項の決定方法や任期についての調整規定が必要となり、規律が極めて複雑なものとなります。このような事態を避けるという観点からも、監査等委員である取締役について、取締役としての地位と監査等委員としての地位とを不可分とすることが適切です。

（注3）　具体的には、監査等委員会設置会社もしくはその子会社の業務執行取締役（①代表取締役、②取締役会の決議により業務を執行する取締役として選定されたもの、③株式会社の業務を執行したその他の取締役をいう。第2条第15号イ）もしくは支配人その他の使用人または当該子会社の会計参与もしくは執行役を兼ねることができないこととしています。

Q26 監査等委員の中から常勤の監査等委員を選定することを義務付けないこととした理由は、何ですか。

A 1 監査役会は、常勤の監査役を選定しなければならない（第390条第3項）のに対して、指名委員会等設置会社の監査委員会は、常勤の監査委員の選定を義務付けられていません。そして、改正法は、監査等委員会について、監査委員会と同様に、常勤の監査等委員の選定を義務付けないこととしています。

2 監査役会と監査委員会との間で上記のような違いがあるのは、監査役は、通常、自ら会社の業務・財産の調査等を行うという方法で監査を行うことが想定されているのに対して、監査委員会は、内部統制システムが適切に構築・運営されているかを監視し、必要に応じて内部統制部門に対して具体的指示を行うという方法で監査を行うことが想定されているためです。このような監査の手法の違いを踏まえ、監査委員会では、監査役会とは異なり、常勤の監査委員を義務付けることまではしなくとも、情報収集の点で問題がないと考えられています。したがって、監査等委員会についても、監査委員会と同様に内部統制システムを利用した監査を行うことが想定されていること（Q36参照）からすれば、常勤の監査等委員の選定を義務付けなくとも、情報収集の点で問題はないといえます。

また、仮に、監査等委員会について、常勤の監査等委員の選定を義務付けることとする場合には、監査等委員会と同様に内部統制システムを利用した監査を行う監査委員会についても、常勤の監査委員の選定を義務付けなければ、整合しないこととなります。しかしながら、平成14年の旧株式会社の監査等に関する商法の特例に関する法律の改正により「委員会等設置会社」を導入するに当たっては、米国におけるように監査委員の全員を社外取締役とする場合もあること等を考慮して、常勤の監査委員を置くことが義務付けられなかったとされており（始関正光編著『Q&A 平成14年改正商法』104頁以下（商事法務、2003年）参照）、これを改正しなければならないような事情も見当たりません。

以上を踏まえ、監査等委員会について、常勤の監査等委員の選定を義務付けることは適切でないことから、これを義務付けないこととしています。そ

のため、監査等委員会が、監査等委員の中から常勤の監査等委員を選定するかどうかは、その任意の判断に委ねられることとなります[注]。

 （注） なお、監査等委員会設置会社制度の創設に関する法制審議会会社法制部会の議論においては、監査を行う機関による社内の情報の把握につき常勤者が重要な役割を果たしているとの指摘がされたことを受け、監査等委員会設置会社につき、常勤の監査等委員の選定の有無およびその理由を事業報告において開示するとの意見が出され、同部会の支持を得ました。これを踏まえ、改正省令では、公開会社における会社役員に関する事業報告記載事項（施行規則第119条第2号参照）として、事業報告作成会社が当該事業年度の末日において監査等委員会設置会社である場合には、常勤の監査等委員の選定の有無およびその理由を開示することとしています（施行規則第121条第10号イ。Q237参照）。また、監査等委員会設置会社につきこれを開示するのであれば、監査等委員会と同様、内部統制システムが適切に構築・運営されているかを監視し、必要に応じて内部統制部門に対して具体的指示を行うという方法で監査を行うことが想定される指名委員会等設置会社における監査委員会（Q36参照）についても、同様に常勤の監査委員の選定の有無およびその理由を開示するのが相当ですから、事業報告作成会社が当該事業年度の末日において指名委員会等設置会社である場合にも、常勤の監査委員の選定の有無およびその理由を事業報告記載事項とすることとしています（同号ロ。Q237参照）。

5 監査等委員会および各監査等委員の職務・権限

Q27 監査等委員会および各監査等委員の職務・権限は、どのようなものですか。

A **1 監査等委員会の職務・権限**

(1) 監査等委員会の職務は、①取締役の職務の執行の監査および監査報告の作成、②株主総会に提出する会計監査人の選解任等に関する議案の内容の決定ならびに③業務執行者を含む取締役（監査等委員である取締役を除きます。）の人事（指名および報酬）についての監査等委員会の意見（第342条の2第4項、第361条第6項）の決定です（第399条の2第3項各号）。

これらの職務のうち、上記①および②の職務は、監査役および監査委員会の職務（第381条、改正後の第344条、第404条第2項各号）と同様のものですが(注1)、上記③の職務は、監査役や監査委員会にはない、監査等委員会独自の職務です（Q28参照）。

(2) また、一般に、取締役と会社との間の売買取引のように、取締役と会社との間の利益が相反する取引（第356条第1項第2号・第3号）によって会社に損害が生じたときは、一定の取締役につき任務懈怠を推定することとされているところ（第423条第3項）、監査等委員会設置会社においては、取締役（監査等委員であるものを除きます。）との利益相反取引について、監査等委員会が事前に承認した場合には、取締役の任務懈怠を推定しないこととしています（同条第4項）。これも、監査等委員会設置会社についてのみ認めている規律です（Q30参照）。

(3) さらに、監査等委員会は、監査等委員会設置会社の取締役等および子会社に対する報告徴求・業務財産調査権を有しており、監査等委員会が選定する監査等委員がこれらの権限を行使することとしています（第399条の3第1項・第2項）。これらの権限が個々の監査等委員に属するものとしていないのは、監査等委員会は、会議体として組織的な監査を行うためです（Q36参照）。この点は、指名委員会等設置会社の監査委員会と同様です（第405条第1項・第2項参照）(注2)。

(4) このほか、監査等委員会は、監査等委員会設置会社と取締役（監査等委員であるものを除きます。）との間の訴訟等に関し、監査等委員会設置会社

を代表する監査等委員を選定する権限（第399条の7）や、招集権者の定めがある場合であっても取締役会を招集することができる監査等委員を選定する権限（第399条の14）を有することとしています。これらも、指名委員会等設置会社における規律（第408条、第417条第1項）に倣ったものです。

2 各監査等委員の職務・権限

(1) 各監査等委員は、取締役が株主総会に提出しようとする議案等について法令または定款に違反していると認める場合等には、その旨を株主総会に報告しなければならないこととしています（第399条の5）。これは、監査役の義務（第384条）と同様の義務を定めるものです（Q29参照）。

(2) また、各監査等委員は、取締役による不正行為等があると認める場合には取締役会へ報告する義務を負うとともに（第399条の4）、取締役が法令または定款に違反する行為をしようとしている場合等には差止請求権を有することとしています（第399条の6）。これらの報告義務や差止請求権が、会議体である監査等委員会ではなく、個々の監査等委員に属することとしているのは、これらの報告や差止めは緊急性を有する場合が多いためです。この点は、指名委員会等設置会社の監査委員（第406条、第407条）と同様です。

（注1） これを踏まえ、改正省令では、公開会社における会社役員に関する事業報告記載事項（施行規則第119条第2号参照）として、①会社役員のうち監査等委員が財務および会計に関する相当程度の知見を有しているものであるときは、監査役等の場合と同様に、その事実を開示するとともに（施行規則第121条第9号。Q237参照）、②社外役員の活動状況として、監査等委員である社外役員については、監査役等の場合と同様に、監査等委員会への出席の状況も開示することとしています（施行規則第124条第1項第4号イ(2)。Q237参照）。

（注2） 監査等委員会が選定した監査等委員は、報告の徴収または調査に関する事項についての監査等委員会の決議があるときは、これに従わなければならないものとしている点（第399条の3第4項）も、監査委員会と同様です（第405条第4項参照）。

なお、監査等委員会は監査委員会と同様に会議体として組織的な監査を行うことを踏まえ、改正省令では、監査等委員会による事業報告等や計算関係書類の監査等に関し、監査委員会と同様の規定を整備することとしています（施行規則第130条の2、第132条、計算規則第125条、第128条の2、第130条第5項第3号等）。

Q28
監査等委員である取締役以外の取締役の人事についての株主総会における意見陳述権を監査等委員会に付与した理由は、何ですか。

A 1 監査等委員会設置会社における取締役会の職務は、①業務執行の決定、②取締役の職務の執行の監督ならびに③代表取締役の選定および解職です（第399条の13第1項各号）。

　すなわち、取締役会は、業務執行を決定し（上記①）、業務執行者（代表取締役等）が適切に業務を執行しているかどうかを含め、取締役の職務の執行を監督します（上記②）。そして、業務執行者による業務の執行が不適切な場合には、取締役会でこれを指摘して是正を求め、また、業務執行者の報酬の決定に際して報酬額を減額する等の措置をとり、さらに、その是正措置の究極的な在り方として、当該業務執行者を解職することになります（上記③）。

　2 この取締役会による是正措置として最も重要なものは、取締役会における業務執行者を含む取締役の人事の決定、すなわち、取締役候補者の指名、業務執行者の選定・解職（第399条の13第1項第3号参照）および取締役の報酬額の決定（株主総会に提出する報酬議案を決定すること（第361条、第298条第1項・第4項参照）または株主総会の授権に基づき取締役会において個別の取締役の報酬額を決定すること）です。取締役会は、これらの人事に関する権限を裏付けとして、業務執行者に対する監督を実効的に果たすことができることとなります。

　企業統治の実効性を確保する観点から、このような取締役会の業務執行者に対する監督の機能をいかに発揮するかが重要であるところ、業務執行者から独立し、自らは業務執行を行わない社外取締役には、業務執行全般の評価に基づき、取締役会における業務執行者の選定・解職の決定に関して議決権を行使すること等を通じて業務執行者を適切に監督することを期待することができます。

　3 そこで、社外取締役を中心として構成される監査等委員会が、代表取締役等の業務執行者を始めとする、監査等委員である取締役以外の取締役の選任、解任および辞任ならびに報酬等についての意見を決定し、監査等委員

会が選定する監査等委員が、株主総会において当該意見を述べることができることとしています（第342条の2第4項、第361条第6項、第399条の2第3項第3号）(注)。

　そして、監査等委員会が選定する監査等委員が、株主総会において業務執行者を含む取締役の人事についての監査等委員会の意見を述べることによって、監査等委員会の意見が広く株主に知られ、株主による議決権行使に影響を与え、株主総会における業務執行者を含む取締役の選解任および報酬等の決定を通じた株主による取締役に対する監督も実効的に行われることとなります。

　また、監査等委員である取締役は、取締役会における業務執行者を含む取締役の人事の決定に関する審議・決定に加わることとなります。そして、監査等委員会が、株主総会において、業務執行者を含む取締役の人事についての意見陳述権を有していることを背景として、監査等委員である取締役、とりわけ、その過半数を占める社外取締役は、取締役会における業務執行者を含む取締役の人事の決定について、主導的に関与することができることとなります。その結果、社外取締役は、社外取締役に期待される業務執行者に対する監督機能をより実効的に果たすことができることとなります。

　これにより、業務執行者に対する監督機能の強化が図られることとなります。

　（注）　これを踏まえ、改正省令では、監査等委員である取締役以外の取締役の選解任等または報酬等についての監査等委員会の意見の内容の概要を、監査等委員である取締役以外の取締役の選解任議案または報酬議案に関する株主総会参考書類記載事項とすることとしています（施行規則第74条第1項第3号、第78条第3号、第82条第1項第5号。Q236参照）。また、公開会社における会社役員に関する事業報告記載事項（施行規則第119条第2号参照）として、辞任しまたは解任された会社役員がある場合において、監査等委員である取締役以外の取締役の辞任または解任についての監査等委員会の意見があるときは、その意見の内容を開示することとしています（施行規則第121条第7号ロ。Q237参照）。

44 第1章 取締役会の監督機能の強化 第1 監査等委員会設置会社制度

Q29 監査等委員は、取締役が株主総会に提出しようとする議案等について法令・定款違反等があると認めるときは、その旨を株主総会に報告しなければならないこととした理由は、何ですか。

A 1 監査役設置会社の監査役は、取締役が株主総会に提出しようとする議案等を調査しなければならず、法令違反等があると認めるときは、その調査の結果を株主総会に報告しなければならないこととされています（第384条）。

2 これに対し、指名委員会等設置会社の監査委員会については、このような調査・報告義務に関する定めはありません。これは、監査委員は、取締役会の構成員でもありますから、取締役会による株主総会の招集の決定（第298条第4項）に当たり、取締役会の構成員として議案等を検討し、これに法令違反等があると認めるときは、株主総会への報告ではなく、第406条に基づく取締役会への報告等により対応することになるためです。

3 監査等委員会設置会社の監査等委員も、取締役会の構成員ですから、議案等を検討し、これに法令違反等があると認めるときは、取締役会への報告をしなければならないこと（第399条の4）は、監査委員と同じです。しかし、監査等委員会設置会社には、指名委員会等設置会社と異なり指名委員会および報酬委員会が置かれないことに鑑みれば、監査等委員には、監査役と同様、取締役会だけでなく株主総会にも報告する義務を課すことが適切と考えられます。そこで、監査役の調査・報告義務を定める第384条を参考として、監査等委員は、取締役が株主総会に提出しようとする議案、書類その他法務省令で定めるもの^(注)について法令もしくは定款に違反し、または著しく不当な事項があると認めるときは、取締役会への報告とは別に、その旨を株主総会に報告しなければならないこととしています（第399条の5）。

（注） 改正省令では、監査役の場合と同様に（施行規則第106条参照）、電磁的記録その他の資料を定めることとしています（施行規則第110条の2）。

Q30
取締役との利益相反取引について監査等委員会が承認した場合には、第423条第3項の任務懈怠の推定規定を適用しないこととした理由は、何ですか。

A 　1　取締役との利益相反取引（第356条第1項第2号・第3号の取引）によって株式会社に損害が生じたときは、当該取引を行った取締役等は、その任務を怠ったものと推定することとされています（第423条第3項）。

　他方で、監査等委員会は、その委員の過半数が社外取締役であるところ（第331条第6項）、社外取締役には、業務執行者から独立した立場で、株式会社と業務執行者との間の利益相反を監督する機能を期待することができます。

　そして、監査等委員会は、代表取締役等の業務執行者を始めとする、監査等委員である取締役以外の取締役の人事（指名および報酬）についての意見陳述権を有し（第342条の2第4項、第361条第6項、第399条の2第3項第3号）、業務執行者に対する監督機能も有しています（Q28参照）。

　そこで、このような監査等委員会が事前に利益相反取引を承認した場合には、第423条第3項の任務懈怠の推定規定を適用しないこととしています（同条第4項）^{(注1)(注2)(注3)}。

　なお、監査等委員会の判断の公正性を確保するため、この特則の適用対象となる利益相反取引に係る取締役から監査等委員であるものを除くこととしています（第423条第4項括弧書）。

　2　これに対して、監査役設置会社や指名委員会等設置会社については、このような特則は設けていません。これは、監査等委員会が監査等委員である取締役以外の取締役の人事についての意見陳述権を有し、業務執行者に対する監督機能を有しているのと異なり、監査役および監査委員会は、法律上、そのような監督機能を有しておらず、監査機能しか有しない監査機関であるためです（Q14参照）。

　（注1）　第423条第4項は、「第356条第1項第2号又は第3号に掲げる場合において、同項の取締役（監査等委員であるものを除く。）が当該取引につき監査等委員会の承

認を受けたとき」に、取締役の任務懈怠の推定規定を適用しないと定めているところ、「第356条第1項第2号又は第3号に掲げる場合」とは、取締役等が利益相反取引を「しようとするとき」ですから、第423条第4項は、監査等委員会が利益相反取引を事前に承認した場合の規律ということになります。

（注2）　取締役の任務懈怠の推定規定が適用されない結果、訴訟においては、取締役の責任を追及しようとする者が、当該取締役の任務懈怠を証明する必要が生ずることとなります。

（注3）　監査等委員会が利益相反取引を承認した場合であっても、取締役会による利益相反取引の承認（第365条第1項、第356条第1項第2号・第3号）が不要となるわけではありません。

6 監査等委員会の運営等

Q31　監査等委員会の運営方法は、どのようなものですか。

A　1　監査等委員会の運営方法は、基本的に、監査役会または指名委員会等の運営方法と同様です。

2　まず、監査等委員会は、各監査等委員が招集することによって開催される（第399条の8）こととし、取締役会の招集と異なり、監査等委員会を招集する監査等委員の限定は認めていません（第366条第1項ただし書参照）。また、当該招集の通知は、原則として、会日の1週間前までに、各監査等委員に発せられなければなりません（第399条の9第1項）が、監査等委員の全員の同意があるときは、招集手続を省略することができます（同条第2項）。これらの点は、基本的に、監査役会および指名委員会等の招集と同様です（第391条、第392条、第410条、第411条第1項・第2項参照）[注1]。

そして、取締役は、監査等委員会の要求があったときは、監査等委員会に出席し、監査等委員会が求めた事項について説明をしなければなりません（第399条の9第3項）。これは、監査等委員会がその職務を遂行する上で、監査等委員である取締役以外の取締役の説明を聴く必要が生ずることが想定されることによるものです。他方で、監査等委員でない取締役がいない状況での自由・闊達な議論をする機会を保障するため、監査等委員でない取締役には監査等委員会への出席権が認められていません。これらの点は、指名委員会等と執行役等の関係と同様です（第411条第3項参照）。

3　監査等委員会の決議は、議決に加わることができる監査等委員の過半数が出席し、その過半数をもって行われます（第399条の10第1項）。監査等委員会の定足数および決議要件を取締役会の決議によって加重することはできません[注2]。また、決議について特別利害関係を有する監査等委員は、議決に加わることができません（同条第2項）。

4　監査等委員会の議事については、法務省令[注3]で定めるところにより、議事録を作成し（第399条の10第3項〜第5項）、この議事録は、10年間本店に備え置かなければなりません（第399条の11第1項）。そして、監査等委員会設置会社の株主および親会社社員はその権利を行使するため必要

があるとき、また、監査等委員会設置会社の債権者は取締役または会計参与の責任を追及するため必要があるときは、それぞれ、裁判所の許可を得て、議事録の閲覧・謄写を請求することができます（同条第2項〜第4項）。

なお、監査等委員会の議事録については、監査等委員である取締役以外の取締役の閲覧・謄写権を認めないこととしています[注4]。

5　監査等委員は、その職務の執行（監査等委員会の職務の執行に関するものに限ります。）について、監査等委員会設置会社に対し、①費用の前払の請求、②支出をした費用および支出の日以後におけるその利息の償還の請求ならびに③負担した債務の債権者に対する弁済（当該債務が弁済期にない場合にあっては、相当の担保の提供）の請求をすることができ、当該監査等委員会設置会社は、当該請求に係る費用または債務が当該監査等委員の職務の執行に必要でないことを証明した場合を除き、これを拒むことができないこととしています（第399条の2第4項）。これは、監査役や指名委員会等の委員による費用等の請求（第388条、第404条第4項）と同様です。

　（注1）　もっとも、指名委員会等については、招集通知の発出から会日までの期間を取締役会の決議により短縮することが認められる（第411条第1項括弧書）のに対し、監査等委員会については、監査役会と同様に（第392条第1項参照）、招集通知の発出から会日までの期間の短縮は、取締役会の決議ではなく定款の定めによることとしています（第399条の9第1項。Q32参照）。

　（注2）　これに対し、指名委員会等設置会社の指名委員会等の定足数および決議要件は、取締役会の決議で加重することができます（第412条第1項。Q32参照）。

　（注3）　改正省令では、監査等委員会の議事録の作成について、指名委員会等の議事録の作成に係る規定（施行規則第111条）に倣った規定を設けることとしています（施行規則第110条の3）。なお、監査等委員でない取締役であっても、監査等委員会に出席し、監査等委員会が求めた事項について説明することが想定されること（第399条の9第3項参照）から、監査役会の議事録（施行規則第109条第3項第4号参照）と同様に、監査等委員会に出席した監査等委員でない取締役の氏名を監査等委員会の議事録の記載事項としています（施行規則第110条の3第3項第5号。なお、指名委員会等の議事録に同様の記載事項を加えることにつき、Q15（注）参照）。

　（注4）　これは、監査役会の議事録（第394条参照）と同様の取扱いであり、指名委員会等設置会社の指名委員会等の議事録について、当該指名委員会等の構成員でない取締役も閲覧・謄写権を有することとされている（第413条第2項）のとは異なります（Q33参照）。

Q32 監査等委員会と取締役会との関係は、どのようなものですか。

A 1 監査等委員会は、取締役会の構成員である取締役から構成されます。他方で、監査等委員会を構成する取締役、すなわち、監査等委員である取締役は、監査等委員である取締役以外の取締役とは区別して、株主総会の決議によって選任することとし（第329条第2項）、また、監査等委員である取締役の報酬等に関する事項も、監査等委員である取締役以外の取締役の報酬等に関する事項とは区別して、定款または株主総会の決議によって定めることとしています（第361条第2項。Q22参照）。

このような監査等委員である取締役の位置付けに鑑みると、監査等委員会は、指名委員会等設置会社の指名委員会等とは異なり[注]、取締役会の内部機関として位置付けることはできず、むしろ、取締役会から一定程度独立したものとして位置付けられ、この点において、監査役と類似した位置付けとなります。

このような位置付けに鑑み、監査等委員会と取締役会との関係に関する規律は、指名委員会等設置会社における監査委員会と取締役会との関係に関する規律とは異なることとしています。

2 まず、指名委員会等設置会社においては、指名委員会等がその委員の中から選定する者は、遅滞なく、当該指名委員会等の職務の執行の状況を取締役会に報告しなければならないこととされています（第417条第3項）。しかし、監査等委員会設置会社の監査等委員会については、代表取締役等の業務執行者を始めとする、監査等委員である取締役以外の取締役からの独立性を確保するため、同委員会から選定された監査等委員が遅滞なく職務の執行の状況を取締役会に報告しなければならないこととはしていません。このように監査機関の取締役会に対する職務の執行状況の報告義務がない点は、監査役（会）設置会社と同様です。

3 また、指名委員会等設置会社においては、指名委員会等の招集通知の発出から指名委員会等の会日の日までの期間を取締役会の決議により短縮することが認められ（第411条第1項括弧書）、また、指名委員会等の定足数および決議要件を取締役会の決議により加重することが認められています（第

412 条第 1 項各括弧書）。しかし、監査等委員会設置会社については、監査等委員である取締役以外の取締役からの監査等委員会の独立性を確保するため、監査役会の運営に関する規律（第 392 条第 1 項、第 393 条第 1 項）と同様に、監査等委員会の招集通知の発出から監査等委員会の会日の日までの期間の短縮は、取締役会の決議ではなく定款の定めによることとし（第 399 条の 9 第 1 項）、また、監査等委員会の定足数および決議要件の加重は認めないこととしています（第 399 条の 10 第 1 項参照）。

　4　さらに、指名委員会等設置会社の取締役は、指名委員会等の委員でない場合であっても、指名委員会等の議事録の閲覧・謄写権を有することとされています（第 413 条第 2 項）。しかし、監査等委員会設置会社については、監査等委員である取締役以外の取締役からの監査等委員会の独立性を確保するため、監査役会設置会社における監査役会の議事録に関する規律（取締役には監査役会の議事録の閲覧・謄写権は認められていません。第 394 条参照）と同様に、監査等委員である取締役以外の取締役には監査等委員会の議事録の閲覧・謄写権を認めないこととしています（Q33 参照）。

　（注）　指名委員会等設置会社における指名委員会等の委員は、株主総会が指名委員会等の委員である取締役として選任するのではなく、株主総会で選任された取締役の中から取締役会が委員として選定すること（第 400 条第 2 項）等に鑑みれば、指名委員会等は、取締役会の内部機関として位置付けることができます。

Q33
監査等委員会の議事録につき、指名委員会等の議事録に関する規律と異なり、監査役会の議事録に関する規律と同様、監査等委員である取締役以外の取締役の閲覧・謄写権を認めないこととし、また、監査等委員に限らず役員の責任を追及する必要があることを債権者による閲覧・謄写の要件とすることとした理由は、何ですか。

A
1　指名委員会等設置会社の指名委員会等の議事録について、指名委員会等設置会社の取締役は、その閲覧・謄写権を有することとされ（第413条第2項）、また、指名委員会等設置会社の債権者は、「委員」の責任を追及するため必要があるときは、裁判所の許可を得て、指名委員会等の議事録の閲覧・謄写の請求をすることができることとされています（同条第4項）。これは、指名委員会等は、あくまでも取締役会の内部機関として位置付けられることによるものです。

2　これに対し、監査等委員会設置会社の監査等委員会は、取締役会の構成員である取締役から構成されるものの、取締役会の内部機関であるとはいえず、むしろ、取締役会から一定程度独立したものとして位置付けられます（Q32参照）。そして、監査等委員会と同様に取締役会から独立した存在である監査役から構成される監査役会の議事録については、監査役会設置会社の取締役の閲覧・謄写権は認められておらず（第394条参照）、また、監査役会設置会社の債権者は、「役員」、すなわち、取締役、会計参与および監査役（第329条第1項）の責任を追及する必要があるときは、裁判所の許可を得て、閲覧・謄写の請求をすることができることとされています（第394条第3項）。

3　そこで、監査等委員会の議事録については、監査役会の議事録に関するこれらの規律に倣って、監査等委員である取締役以外の取締役の閲覧・謄写権を認めず、また、監査等委員会設置会社の債権者は、監査等委員の責任に限らず、「取締役又は会計参与」の責任を追及するため必要があるとき[注]は、裁判所の許可を得て、閲覧・謄写の請求をすることができることとしています（第399条の11第3項）。

（注）　「取締役」には、監査等委員である取締役を含むことから、債権者は、監査等委員である取締役の責任を追及するため必要があるときは、裁判所の許可を得て、監査等委員会の議事録の閲覧・謄写を請求することができます。

7 監査等委員会設置会社の取締役会の権限等

Q34
監査等委員会設置会社の取締役会の職務および権限の概要は、どのようなものですか。

A 1 監査等委員会設置会社の取締役会の職務は、①監査等委員会設置会社の業務執行の決定、②取締役の職務の執行の監督ならびに③代表取締役の選定および解職です（第399条の13第1項各号）。

そして、上記①に関して、(i)経営の基本方針、(ii)監査等委員会の職務の執行のため必要なものとして法務省令で定める事項、(iii)取締役の職務の執行が法令および定款に適合することを確保するための体制その他株式会社の業務ならびに当該株式会社およびその子会社から成る企業集団の業務の適正を確保するために必要なものとして法務省令で定める体制の整備は、必ず、監査等委員会設置会社の取締役会が定めなければならないこととしています（第399条の13第2項・第1項第1号イ～ハ。Q35、Q36参照）。

また、監査等委員会設置会社の取締役会は、取締役（監査等委員であるものを除きます。）の中から代表取締役を選定しなければならないこととしています（第399条の13第3項）。

2 監査等委員会設置会社の取締役会は、原則として、監査役会設置会社の場合（第362条第4項）と同様、重要な業務執行の決定を取締役に委任することはできないこととしています（第399条の13第4項。Q38参照）。また、監査等委員会設置会社には、原則として、特別取締役による取締役会の決議の制度を認めることとしています（第373条第1項。Q39参照）。

他方で、監査等委員会設置会社の取締役の過半数が社外取締役である場合には、監査等委員会設置会社の取締役会は、その決議によって、重要な業務執行（第399条の13第5項各号に列挙されている事項を除きます。）の決定を取締役に委任することができることとしています（同項。Q41参照）。

さらに、重要な業務執行（第399条の13第5項各号に列挙されている事項を除きます。）につき、取締役会の決議によって、その決定の全部または一部を取締役に委任することができる旨を定款で定めることにより、監査等委員会設置会社の取締役会は、その決議によって、当該重要な業務執行の決定を取締役に委任することができることとしています（同条第6項。Q42参照）。

54　第1章　取締役会の監督機能の強化　第1　監査等委員会設置会社制度

Q35 監査等委員会設置会社の取締役会は、経営の基本方針を決定しなければならないこととした理由は、何ですか。

A　1　監査等委員会設置会社制度を創設する趣旨は、業務執行者に対する監督機能の強化にあるところ（Q12参照）、これをより実効性のあるものとするためには、社外取締役を始めとする業務執行者を監督する者が、個別の業務執行の決定に逐一関与するのではなく、業務執行者の監督により専念することができるようにすることが望ましいといえます。そのため、監査等委員会設置会社の取締役会は、指名委員会等設置会社の取締役会と同様に、業務執行者に対する監督を中心とした取締役会（いわゆるモニタリング・モデルの取締役会）を指向することとしています（Q40参照）。

2　そこで、指名委員会等設置会社において、「経営の基本方針」を取締役会が決定しなければならないこととされていること（第416条第1項第1号・第2項）に倣って、監査等委員会設置会社の取締役会は、「経営の基本方針」、すなわち、取締役会および代表取締役等が業務執行の決定をし、取締役会が取締役の職務の執行を監督する際の基本方針の決定をしなければならないこととしています（第399条の13第1項第1号イ・第2項）。

Q36

監査等委員会設置会社の取締役会は、①「監査等委員会の職務の執行のため必要なものとして法務省令で定める事項」および②「取締役の職務の執行が法令及び定款に適合することを確保するための体制その他株式会社の業務並びに当該株式会社及びその子会社から成る企業集団の業務の適正を確保するために必要なものとして法務省令で定める体制の整備」を決定しなければならないこととした理由は、何ですか。

A

1　監査役は、独任制の機関として、通常、自ら会社の業務財産の調査等を行うという方法で監査を行うこととなります。

2　これに対し、監査等委員会は、指名委員会等設置会社の監査委員会と同様に、会議体であり、組織的な監査を行うこととなります。そして、監査等委員会は、監査を行うに際し、株式会社の業務の適正を確保するために必要な体制（いわゆる内部統制システム）を利用することを想定しています。すなわち、典型的には、監査等委員会は、内部統制システムが取締役会により適切に構築・運営されているかを監視し、他方で、当該内部統制システムを利用して監査に必要な情報を入手し、また、必要に応じて内部統制部門に対して具体的指示を行うという方法で監査を行うこととなります。

3　そこで、監査等委員会設置会社の取締役会は、監査等委員会設置会社が大会社であるかどうかにかかわらず^(注1)、内部統制システムの内容として、①「監査等委員会の職務の執行のため必要なものとして法務省令で定める事項」および②「取締役の職務の執行が法令及び定款に適合することを確保するための体制その他株式会社の業務並びに当該株式会社及びその子会社から成る企業集団の業務の適正を確保するために必要なものとして法務省令で定める体制の整備」を決定しなければならないこととしています（第399条の13第1項第1号ロ・ハ・第2項）^(注2)。

　（注1）　監査等委員会設置会社および指名委員会等設置会社以外の取締役会設置会社については、大会社であるもののみが、内部統制システムの整備について決定しなければならないこととされています（第362条第5項）。
　（注2）　改正省令では、(a)本文①の「法務省令で定める事項」および本文②の「法務省

令で定める体制」として、指名委員会等設置会社の内部統制システムの整備に関する規定（施行規則第112条）を参考にした規定を設けるとともに（施行規則第110条の4。Q141（注1）、Q235参照）、(b)監査等委員会設置会社において内部統制システムの整備についての決議がある場合についても、他の会社類型においてその決定または決議がある場合と同様、その決議の内容の概要等を事業報告の内容とすることとしています（施行規則第118条第2号。Q237参照）。

7　監査等委員会設置会社の取締役会の権限等　　Q37　　57

Q37
指名委員会等設置会社とは異なり、監査等委員会設置会社の取締役会は、第399条の13第1項各号に掲げる職務の執行を取締役に委任することができない旨の規定（第416条第3項参照）がない理由は、何ですか。

A　1　指名委員会等設置会社においては、業務執行と監督を分離するため、執行役が指名委員会等設置会社の業務を執行するものとされ（第418条第2号）、また、取締役会は、業務執行の決定を執行役に委任することができることとされています（第416条第4項本文）。他方で、指名委員会等設置会社の個々の取締役は、原則として、指名委員会等設置会社の業務を執行することができないこととされ（第415条）、会議体である取締役会の一員として、会社の基本的な事項を決定するとともに、取締役および執行役の職務の執行の監督に当たることとなります（第416条第1項）。したがって、指名委員会等設置会社の個々の取締役が取締役会の構成員としての立場以外の立場で指名委員会等設置会社の取締役会の職務を執行することは想定されないため、指名委員会等設置会社の業務執行の決定その他の第416条第1項各号に掲げる取締役会の職務の執行を取締役に委任することはできないこととされています（同条第3項）。

2　これに対し、監査等委員会設置会社においては、指名委員会等設置会社と異なり、執行役が置かれず、取締役の中から選定される代表取締役および業務を執行する取締役として選定されたものが監査等委員会設置会社の業務を執行し（第363条第1項。Q21参照）、また、個々の取締役が業務執行の決定の委任を取締役会から受けることとなります（第399条の13第4項〜第6項。Q38、Q40参照）。そのため、指名委員会等設置会社の取締役と異なり、監査等委員会設置会社の取締役は、取締役会の構成員としての立場以外の立場で業務執行の決定という取締役会の職務を執行することが想定されます。そして、これらの規律は、監査役会設置会社の規律と同様です（第362条第4項、第363条第1項）。

3　そこで、監査等委員会設置会社については、監査役会設置会社の規律に倣って、第416条第3項に相当する規定、すなわち、監査等委員会設置会社の取締役会が第399条の13第1項各号に掲げる職務の執行を取締役に委

任することができない旨の規定は、設けないこととしています[注1][注2]。

　（注1）　本文に記載したとおり、監査等委員会設置会社においては、取締役の中から選定される者が監査等委員会設置会社の業務を執行するため、指名委員会等設置会社についての第415条に相当する規定、すなわち、監査等委員会設置会社の取締役は、原則として、監査等委員会設置会社の業務を執行することができない旨の規定も設けていません。この点も、監査役会設置会社の規律に倣ったものです。

　（注2）　第416条第3項に相当する規定がない監査役会設置会社において第362条第2項第2号および第3号の職務（取締役の職務の執行の監督と代表取締役の選定・解職）につき取締役に委任することが認められないのと同様に、監査等委員会設置会社においても第399条の13第1項第2号および第3号の職務につき取締役に委任することはできません。

7 監査等委員会設置会社の取締役会の権限等 Q38 59

Q38
監査等委員会設置会社の取締役会は、原則として、重要な業務執行の決定を取締役に委任することができないこととした理由は、何ですか。

A 1 指名委員会等設置会社においては、業務執行者である執行役による機動的な業務執行を可能とするため、業務執行の決定を執行役に大幅に委任することが認められています（第416条第4項）。そして、そのような大幅な委任を認めるには、取締役会の業務執行者からの独立性を確保し、取締役会による監督の機能を強化する必要があることから、指名委員会等設置会社では、監査委員会のほか、指名委員会および報酬委員会を必ず置かなければならないこととされています。

2 これに対し、監査等委員会設置会社では、指名委員会および報酬委員会が置かれないことに鑑み、同じく指名委員会および報酬委員会が置かれない監査役会設置会社（第362条第4項参照）と同様に、取締役会は、原則として、重要な業務執行の決定を取締役に委任することができないこととしています（第399条の13第4項）[注]。

（注） 改正法では、監査等委員会設置会社の取締役会が取締役にその決定を委任することができない事項として、監査役設置会社の取締役会（第362条第4項第5号参照）と同様に、社債を引き受ける者の募集に関する重要な事項として法務省令で定める事項が挙げられています（第399条の13第4項第5号）。これを受け、改正省令では、当該重要な事項として、監査役設置会社における省令委任に基づく規定（施行規則第99条）と同様の規定を設けることとしています（施行規則第110条の5）。

60　第1章　取締役会の監督機能の強化　　第1　監査等委員会設置会社制度

Q39

特別取締役による取締役会の決議の制度（第373条）について、監査等委員会設置会社に対する適用関係は、どうなっていますか。

A　1　監査等委員会設置会社の取締役会は、監査役会設置会社の取締役会と同様に、原則として、重要な業務執行の決定を取締役に委任することができません（第399条の13第4項。Q38参照）。

　他方で、第373条に基づく特別取締役による取締役会の決議の制度の趣旨は、取締役会の専決事項のうち、重要な財産の処分および譲受けならびに多額の借財については、機動的な取締役会の決議を可能とする必要があるという点にあり、このことは、監査等委員会設置会社の取締役会にも当てはまります。

　そこで、監査等委員会設置会社においても、原則として、重要な財産の処分および譲受けならびに多額の借財について、特別取締役による取締役会の決議の制度を認めることとしています（第373条第1項）^(注)。

　2　もっとも、監査等委員会設置会社において、①取締役の過半数が社外取締役である場合（第399条の13第5項）および②取締役会の決議によって重要な業務執行の決定の全部または一部を取締役に委任することができる旨の定款の定めがある場合（同条第6項）には、いずれも、指名委員会等設置会社と同様に、業務執行者に対する業務執行の決定の委任を大幅に認めることとしています（Q40参照）。

　そのため、これらの場合における監査等委員会設置会社については、特別取締役による取締役会の決議の制度を認める必要性が乏しいことから、指名委員会等設置会社と同様に、当該制度を利用することはできないこととしています（第373条第1項）。

　(注)　監査等委員会設置会社においては、取締役会の招集権者（第366条参照）の定めがある場合であっても、監査等委員会が選定する監査等委員は、取締役会を招集することができることとしています（第399条の14。Q45参照）。しかし、重要な財産の処分および譲受けならびに多額の借財という、特別取締役による取締役会が決定権限を有する事項に鑑みると、特別取締役による取締役会について、監査等委員会による招集権限を認める

必要はありません。そのため、監査等委員会が選定する監査等委員による取締役会の招集を定める第399条の14は、特別取締役による取締役会については適用しないこととしています（第373条第4項）。

62 第1章 取締役会の監督機能の強化 第1 監査等委員会設置会社制度

Q40 一定の場合には、監査等委員会設置会社の取締役会は、その決議によって、重要な業務執行の決定を取締役に委任することができることとした理由は、何ですか。

A 1 監査等委員会設置会社においては、監査役会設置会社と同様（第362条第4項参照）、取締役会は、原則として、重要な業務執行の決定を取締役に委任することができないこととしています（第399条の13第4項。Q38参照）。

2 もっとも、監査等委員会設置会社制度を創設する趣旨は、業務執行者に対する監督機能の強化にあるところ（Q12参照）、これをより実効性のあるものとするためには、社外取締役を始めとする業務執行者を監督する者が、個別の業務執行の決定に逐一関与するのではなく、業務執行者の監督により専念することができるようにすることが望ましいといえます。このような観点からすると、監査等委員会設置会社の取締役会で決定すべき業務執行の範囲は、できるだけ狭くすることができるようにすることが適切です。

3 そこで、①監査等委員会設置会社の取締役の過半数が社外取締役である場合（Q41参照）または②取締役会の決議によって重要な業務執行の決定を取締役に委任することができる旨の定款の定めがある場合（Q42参照）には、取締役会の決議により、重要な業務執行の決定を大幅に取締役に委任することができることとしています（第399条の13第5項・第6項）。

このような規律を認めることによって、監査等委員会設置会社では、いわゆるモニタリング・モデル（業務執行者に対する監督を中心とした取締役会）をより強く指向した機関構成を採ることが可能となります。

7 監査等委員会設置会社の取締役会の権限等　Q41　63

Q41
監査等委員会設置会社の取締役の過半数が社外取締役である場合には、監査等委員会設置会社の取締役会は、その決議によって、重要な業務執行の決定を取締役に委任することができることとした理由は、何ですか。

A　1　監査等委員会設置会社の取締役の過半数が社外取締役である場合には、業務執行者からの独立性が制度的に担保された監査等委員会が取締役の人事（指名および報酬）についての株主総会における意見陳述権を有していること等と相まって（Q22、Q28参照）、指名委員会や報酬委員会がなくとも、取締役会の業務執行者からの独立性がその構成上担保されているということができます。そこで、この場合には、監査等委員会設置会社の取締役会は、その決議によって、重要な業務執行（第399条の13第5項各号に列挙されている事項を除きます。）の決定を取締役に委任することができることとしています（同項）。

2　このような規律が認められることによって、監査等委員会設置会社では、取締役会の構成の選択（取締役の過半数を社外取締役とする選択）を通じて、いわゆるモニタリング・モデル（業務執行者に対する監督を中心とした取締役会）をより強く指向した機関構成を採ることが可能となります。

64 第1章 取締役会の監督機能の強化 第1 監査等委員会設置会社制度

Q42
監査等委員会設置会社は、取締役会の決議によって重要な業務執行の決定の全部または一部を取締役に委任することができる旨を定款で定めることができることとした理由は、何ですか。

A
1 監査等委員会設置会社制度を創設する趣旨は、業務執行者に対する監督機能の強化にあるところ（Q12参照）、これをより実効性のあるものとするためには、社外取締役を始めとする業務執行者を監督する者が、個別の業務執行の決定に逐一関与するのではなく、業務執行者の監督により専念することができるようにすることが望ましいといえます。このような観点からすると、監査等委員会設置会社の取締役会で決定すべき業務執行の範囲は、できるだけ狭くすることができるようにすることが適切です（Q40参照）。

2 そして、監査等委員会設置会社については、監査等委員である取締役の選任に係る株主総会の決議および監査等委員である取締役の報酬等に関する事項の決定は、それ以外の取締役と区別して行わなければならないこととされ（第329条第2項、第361条第2項）、かつ、監査等委員である取締役の過半数を、業務執行者から独立した社外取締役が占めることとされる（第331条第6項）等、監査等委員会の業務執行者からの独立性が制度的に担保されています（Q22参照）。その上で、監査等委員会は、取締役会の業務執行者に対する監督の中核に関わる業務執行者を含む取締役の人事（指名および報酬）について、株主総会における意見陳述権を有するものとされており（第342条の2第4項、第361条第6項、第399条の2第3項第3号）、業務執行者に対する監督機能が強化されています（Q28参照）。

3 さらに、監査等委員会設置会社については、監査等委員である取締役以外の取締役の任期は、1年とされており（第332条第3項）、株主は、毎事業年度の定時株主総会において、当該取締役の選任を通じて、業務執行の決定を含む当該取締役の職務の執行の状況を監督することができます。

4 以上のように、監査等委員会設置会社では、監査等委員会の業務執行者からの独立性が制度的に担保され、取締役会の監督機能の実効性が確保されていること等に鑑みれば、各社の状況に応じた株主の判断によって[注]、

指名委員会等設置会社において業務執行者（執行役）への決定の委任が認められる業務執行の範囲（第416条第4項参照）と同程度まで、取締役会の決議による業務執行者への業務執行の決定の委任を認めるための制度的な基礎は整っているといえます。そこで、監査等委員会設置会社においては、定款の定めがあることを要件として、取締役会の決議により、重要な業務執行（第399条の13第5項各号に列挙されている事項を除きます。）の決定の全部または一部を取締役に委任することができることとしています（同条第6項）。

（注）　重要な業務執行の決定を取締役に委任することができるようにするためには定款の定めがあることを要することとしたのは、以下の理由によります。
①　モニタリング・モデルをより強く指向するかどうかは、会社の機関をどのように構成するかに関わることであるところ、会社法上、そのような機関設計は、定款に定められるのが一般的であること（第326条第2項参照）。
②　モニタリング・モデルを指向するとしても、どの範囲で業務執行の決定の委任を認めるのが適当かは、各社の状況によって様々であり得るので、取締役に決定を委任することができることとする重要な業務執行の範囲を含めて、株主の判断に係らしめることが相当であること。

66　第1章　取締役会の監督機能の強化　第1　監査等委員会設置会社制度

Q43
監査等委員会設置会社において、①取締役の過半数が社外取締役である場合または②取締役会の決議によって重要な業務執行の決定を取締役に委任することができる旨の定款の定めを置く場合であっても、取締役に決定の委任をすることができない業務執行には、どのようなものがありますか。

A　1　監査等委員会設置会社において、①取締役の過半数が社外取締役である場合または②取締役会の決議によって重要な業務執行の決定を取締役に委任することができる旨の定款の定めを置く場合であっても、取締役に決定の委任をすることができない取締役会の専決事項として、以下のものを第399条の13第5項各号に列挙しています[注]。これらの事項は、基本的には、指名委員会等設置会社において執行役にその決定を委任することができないもの（第416条第4項各号参照）と同じです。

　⑴　株式や新株予約権に関する事項として、譲渡制限株式または譲渡制限新株予約権の取得を承認するか否かの決定（第136条、第137条第1項、第262条、第263条第1項）、譲渡制限株式の指定買取人の指定（第140条第4項）、市場取引等により自己株式を取得する場合における取得株式数等の決定（第165条第3項）があります（第399条の13第5項第1号～第3号）。

　⑵　株主総会に関する事項として、株主総会の招集の決定（第298条第1項）および株主総会に提出する議案（監査等委員会がその内容の決定権限を有する、会計監査人の選解任および不再任に関するものを除きます。）の内容の決定があります（第399条の13第5項第4号・第5号）。

　⑶　取締役との間の利益相反に関する事項として、競業および取締役との利益相反取引の承認（第365条第1項、第356条第1項）ならびに定款の定めに基づく役員等の損害賠償責任の一部免除の決定（第399条の13第4項第6号）があります（同条第5項第6号・第9号）。

　⑷　監査等委員会設置会社の取締役会内部に関する事項として、取締役会の招集権者の決定（第366条第1項ただし書）および監査等委員会設置会社と監査等委員との間の訴訟において監査等委員会設置会社を代表する者の決定（第399条の7第1項第1号）があります（第399条の13第5項第7号・第8号）。

(5)　会社の計算に関する事項として、計算書類等の承認（第436条第3項、第441条第3項、第444条第5項）および中間配当の決定（第454条第5項）があります（第399条の13第5項第10号・第11号）。

(6)　組織再編等に関する事項として、事業譲渡等（第467条第1項）、合併、会社分割および株式交換（いずれも、監査等委員会設置会社の株主総会の承認を要しないものを除きます。）ならびに株式移転に関する事項の決定があります（第399条の13第5項第12号～第17号）。

2　監査等委員会設置会社と指名委員会等設置会社との間において、取締役または執行役に決定の委任をすることができない事項の相違点は、以下のとおりです。

(1)　指名委員会等設置会社においては、指名委員会が取締役および会計参与の選任および解任に関する議案の内容の決定権限を有していること（第404条第1項）、すなわち、取締役会が当該決定権限を有していないことに対応して、その内容の決定を執行役に委任することができない（すなわち、取締役会において決定しなければならない）株主総会の議案から、取締役および会計参与の選任および解任に関する議案が除かれています（第416条第4項第5号括弧書）。これに対し、監査等委員会設置会社においては、取締役および会計参与の選任および解任に関する議案も含めて、取締役会が株主総会の議案の内容の決定権限を有していることから、その内容の決定を取締役に委任することができない（すなわち、取締役会において決定しなければならない）株主総会の議案から、取締役および会計参与の選任および解任に関する議案を除外していません（第399条の13第5項第5号括弧書参照）。

(2)　指名委員会等設置会社においては、執行役が置かれること（第402条第1項）に伴い、執行役に関する取締役会の決定事項があるところ、執行役に関する競業および利益相反取引の承認（第419条第2項）、執行役の選任および解任（第402条第2項、第403条第1項）ならびに代表執行役の選定および解職（第420条第1項前段・第2項）については、執行役にその決定を委任することができないこととされています（第416条第4項第6号括弧書・第9号・第11号）。これに対し、監査等委員会設置会社においては、執行役を置くことはできないため、このような規定はありません。

(3)　指名委員会等設置会社においては、指名委員会等の委員の選定および

解職が取締役会の権限とされている（第400条第2項、第401条第1項）とこ
ろ、当該選定・解職の決定は、執行役に委任することができないものとされ
ています（第416条第4項第8号）。これに対し、監査等委員会設置会社にお
いては、監査等委員である取締役の選任および解任は、株主総会の権限とさ
れている（第329条第1項・第2項）ため、このような規定はありません。

　（注）　このほか、第399条の13第1項第1号イからハまでに掲げる事項（経営の基本
　方針等）ならびに代表取締役の選定および解職（同項第3号）も、取締役会の専決事項で
　あり、取締役にその決定の委任をすることができません（同条第2項・第3項参照）。ま
　た、取締役の職務の執行の監督（同条第1項第2号）についても、同様です（Q37（注2）
　参照）。

7 監査等委員会設置会社の取締役会の権限等　Q44　69

Q44 取締役等による監査等委員会への報告の省略を認めた理由は、何ですか。

A 　1　監査等委員会設置会社の取締役は、株式会社に著しい損害を及ぼすおそれのある事実があることを発見したときは、直ちに、当該事実を監査等委員会に報告しなければならないこととしています（第357条第3項）。

　また、会計参与および会計監査人は、それぞれ、その職務を行うに際して取締役の職務の執行に関し不正の行為等があることを発見したときは、遅滞なく、これを監査等委員会に報告しなければならないこととしています（第375条第3項、第397条第4項）。

　2　これらの報告義務は、監査等委員会が取締役の職務の執行を監査する上で必要な情報を入手するために課せられたものですが、監査等委員の全員に通知した場合には、監査等委員会への報告が行われたものと同視することができます。

　そこで、この場合には、取締役、会計参与および会計監査人による監査等委員会への報告の省略を認めることとしています（第399条の12）。これは、取締役会への報告の省略（第372条）、監査役会への報告の省略（第395条）および指名委員会等への報告の省略（第414条）等と同様のものです。

70　第1章　取締役会の監督機能の強化　第1　監査等委員会設置会社制度

Q45
監査等委員会設置会社においては、取締役会の招集権者の定めがある場合であっても、監査等委員会が選定する監査等委員は、取締役会を招集することができることとした理由は、何ですか。

A　　1　監査等委員会は、取締役に対し、監査等委員である取締役の選任を株主総会の目的とすることまたは監査等委員である取締役の選任に関する議案を株主総会に提出することを請求することができます（第344条の2第2項）。

　また、監査等委員会は、株主総会に提出する会計監査人の選解任および不再任に関する議案の内容を決定しなければなりません（第399条の2第3項第2号）。

　2　他方で、これらの内容の議題または議案を株主総会に提出するには、株主総会を招集しなければならないところ、株主総会の招集は、取締役会の専決事項である（第298条第4項、第399条の13第5項第4号）ため、取締役会を招集する必要が生じます[注]。

　そこで、監査等委員会設置会社においては、取締役会の招集権者（第366条参照）の定めがある場合であっても、監査等委員会が選定する監査等委員は、取締役会を招集することができることとしています（第399条の14）。

　3　なお、監査等委員は、取締役が不正の行為をし、もしくは当該行為をするおそれがあると認めるとき、または法令もしくは定款に違反する事実もしくは著しく不当な事実があると認めるときは、遅滞なく、その旨を取締役会に報告しなければならないこととしており（第399条の4）、この報告義務の履行との関係でも、第399条の14に基づく取締役会の招集権限が機能し得ます。

　（注）　取締役または取締役会は、①監査等委員会が監査等委員である取締役の選任を株主総会の目的とすることまたは監査等委員である取締役の選任に関する議案を株主総会に提出することを請求した場合には、当該請求に応じなければならず、また、②監査等委員会が会計監査人の選解任および不再任に関する議案の内容を決定した場合には、当該議案について決議するための株主総会の招集の決定をすべきこととなります（Q81参照）。

8 登記・罰則

Q46 監査等委員会設置会社の登記事項の概要は、どのようなものですか。

A 1 監査等委員会設置会社については、①監査等委員会設置会社である旨、②監査等委員である取締役およびそれ以外の取締役の氏名、③取締役のうち社外取締役であるものについて社外取締役である旨ならびに④第399条の13第6項の定款の定め（取締役会の決議によって重要な業務執行の決定の全部または一部を取締役に委任することができる旨の定め）があるときは、その旨を、それぞれ登記することとしています（第911条第3項第22号）。

上記①および③の事項をそれぞれ登記事項としている点（第911条第3項第22号柱書・同号ロ）は、指名委員会等設置会社について、指名委員会等設置会社である旨および取締役のうち社外取締役であるものについて社外取締役である旨をそれぞれ登記することとされていること（第911条第3項第23号）と同様です。

2 監査等委員である取締役については、取締役の地位と監査等委員の地位とが不可分であること（Q25（注2）参照）との関係で、その氏名に関する登記の方法についても、監査等委員である取締役以外の取締役と区別する必要があります。そこで、監査等委員会設置会社においては、上記②の事項を登記事項としています（第911条第3項第22号イ）。そして、これに伴い、同項第13号において、同号に基づきその氏名が登記事項とされる「取締役」から、監査等委員会設置会社の取締役を除くこととしています。

3 また、監査等委員会設置会社では、重要な業務執行につき、取締役会の決議によって、その決定の全部または一部を取締役に委任することができる旨の定款の定めがあることを要件として、取締役会は、その決議によって、当該定款の定めに係る重要な業務執行の決定を取締役に委任することができることとしています（第399条の13第6項）。このような定款の定めの有無は、どのような性質の取締役会を指向するかということに関わるものであり（Q42参照）、当該定款の定めが設けられているということは、機関設計に関するものということができることから、機関設計に関する公示（第

911 条第 3 項第 15 号以下）の一環として、上記④の事項を登記することとしています（同項第 22 号ハ）。

8 登記・罰則　Q47　73

Q47 監査等委員会設置会社において、社外取締役を監査等委員である取締役の過半数に選任しなかった場合、どのような制裁が課されるのですか。

A 1　監査等委員会設置会社においては、監査等委員である取締役は、3人以上で、その過半数は、社外取締役でなければならないこととしています（第331条第6項）。そして、監査等委員会設置会社がこれに違反し、社外取締役を監査等委員である取締役の過半数に選任しなかったときは、当該監査等委員会設置会社の取締役等は、100万円以下の過料に処せられます（第976条第19号の2）(注)。

これは、監査役会設置会社において、監査役は、3人以上で、そのうち半数以上は、社外監査役でなければならないものとされている（第335条第3項）ところ、社外監査役を監査役の半数以上に選任しなかったときは、当該監査役会設置会社の取締役等は、100万円以下の過料に処せられること（第976条第20号）と同様です。

2　なお、会社法または定款で定めた社外取締役の員数を欠いた監査等委員会が作成した監査報告は、手続的な瑕疵があるものと解されます（吉戒修一『平成5年・6年改正商法』226頁（商事法務研究会、1996年）、江頭憲治郎『株式会社法〔第6版〕』517頁（有斐閣、2015年）参照）。

（注）　監査等委員である取締役が法律または定款で定めた員数を欠くこととなった場合において、その選任手続をすることを怠ったときも、同様に、監査等委員会設置会社の取締役等は、100万円以下の過料に処せられます（第976条第22号）。

9　監査等委員会設置会社への移行等

Q48　既存の株式会社が監査等委員会設置会社に移行するために必要となる手続の概要は、どのようなものですか。

A　1　既存の株式会社が監査等委員会設置会社に移行するためには、まず、監査等委員会を置く旨の定款の変更をする必要があります（第326条第2項）。

　そして、監査等委員会を置く旨の定款の変更をした場合には、取締役の任期は、当該定款の変更の効力が生じた時に満了します（第332条第7項第1号）。したがって、監査等委員会を置く旨の定款の変更と併せて、株主総会において、監査等委員である取締役を少なくとも3人（その過半数は、社外取締役でなければなりません。）およびそれ以外の取締役（代表取締役となるべき取締役を含みます。）を少なくとも1人選任する必要があります^(注1)（Q16参照）。

　また、監査等委員会設置会社には、会計監査人を必ず置かなければならない（第327条第5項。Q18参照）ので、監査等委員会設置会社に移行しようとする株式会社が会計監査人設置会社でない場合には、さらに、株主総会において、会計監査人を置く旨の定款の変更および会計監査人の選任を行う必要があります。

　なお、監査等委員会設置会社は、監査役を置くことができず（第327条第4項。Q17参照）、監査等委員会を置く旨の定款の変更をした場合には、監査役の任期は、当該定款の変更の効力が生じた時に満了します（第336条第4項第2号）。したがって、監査等委員会設置会社に移行しようとする株式会社が監査役（会）を置く株式会社である場合には、株主総会において、監査役（会）を置く旨の定款の規定（第326条第2項参照）を削除する必要があります。

　また、監査等委員会設置会社に移行しようとする株式会社が指名委員会等設置会社である場合には、株主総会において、指名委員会等を置く旨の定款の規定（第326条第2項参照）を削除する必要があります^(注2)。この場合、取締役および執行役の任期は、当該定款の変更の効力が生じた時に満了します（第332条第7項第2号、第402条第8項）。

2　監査等委員会を置く旨の定款の変更の効力が生じた場合には、2週間以内に、本店の所在地において、変更の登記として、第911条第3項第22号に掲げる事項（Q46参照）の登記等[注3]をしなければなりません（第915条第1項）。

（注1）　監査等委員会設置会社は、取締役会を必ず置かなければならない（第327条第1項第3号）ので、監査等委員会設置会社に移行しようとする株式会社が取締役会設置会社でない場合には、さらに、株主総会において、取締役会を置く旨の定款の変更をする必要があります。

（注2）　指名委員会等設置会社は、監査等委員会を置くことができない（第327条第6項。Q19参照）ためです。

（注3）　第911条第3項第22号に掲げる事項の登記のほか、当該株式会社の状況に応じて、取締役および監査役の退任登記、監査役（会）設置会社の定めの廃止の登記、会計監査人設置会社の定めの設定の登記、会計監査人の就任登記、代表取締役の就任登記等を行う必要があります。

76　第1章　取締役会の監督機能の強化　第1　監査等委員会設置会社制度

Q49 監査等委員会設置会社として株式会社を設立するために必要となる手続の概要は、どのようなものですか。

A　1　監査等委員会設置会社の設立の手続は、それ以外の機関設計の株式会社の設立の手続と基本的には同様ですが、監査等委員会設置会社の設立の手続に固有の点として、①監査等委員会を置く旨の定款の定めが必要である点（第326条第2項）、②設立時監査等委員（株式会社の設立に際して監査等委員となる者をいいます。）である設立時取締役とそれ以外の設立時取締役とを区別して選任しなければならない点（第38条第2項、第88条第2項）^{(注1)(注2)}、③設立時監査等委員である設立時取締役は、3人以上で、その過半数は、社外取締役でなければならない点（第39条第3項、第331条第6項）、④発起設立の場合において、設立時監査等委員である設立時取締役を解任するときは、それ以外の設立時取締役を解任するときと異なり、発起人の議決権の3分の2以上に当たる多数をもって決定する必要がある点（第43条第1項）等があります。

2　なお、株式会社を設立するには、まず、原始定款を作成して、公証人の認証を受ける必要がある（第30条第1項）ところ、改正法の施行前に、監査等委員会を置く旨の定めのある原始定款を作成しても、当該施行前の段階では、公証人が当該原始定款を認証することができず、当該原始定款については、改正法の施行日以降に公証人の認証を受ける必要があります。したがって、改正法の施行前に公証人による原始定款の認証を受けた上で、改正法の施行と同時に監査等委員会設置会社である株式会社を新たに設立することはできません。

（注1）　これを踏まえ、改正省令では、設立時取締役選任議案に関する創立総会参考書類記載事項についても、設立時監査等委員である設立時取締役以外の設立時取締役については施行規則第74条に規定する事項を、設立時監査等委員である設立時取締役については施行規則第74条の3に規定する事項（Q22（注1）参照）を、それぞれ記載することとしています（施行規則第10条第1項第2号・第3号。Q236参照）。

（注2）　改正法は、新設合併または株式移転において新設会社が監査等委員会設置会社である場合にも、新設合併契約または株式移転計画における新設会社の設立時取締役の氏名は、設立時監査等委員である設立時取締役とそれ以外の設立時取締役とを区別して定め

なければならないこととしています（第753条第2項、第773条第2項）。これを踏まえ、改正省令では、新設合併契約承認議案および株式移転計画承認議案に関する株主総会参考書類についても、新設会社の取締役となる者に関する記載事項として、監査等委員である取締役となる者以外の者については施行規則第74条に規定する事項を、監査等委員である取締役となる者については施行規則第74条の3に規定する事項（Q22（注1）参照）を、それぞれ記載することとしています（施行規則第89条第4号・第5号、第91条第4号・第5号。Q236参照）。

78　第1章　取締役会の監督機能の強化　第1　監査等委員会設置会社制度

Q50 既存の株式会社が、改正法の施行前の株主総会において、監査等委員会を置く旨の定款の変更をして、施行時から監査等委員会設置会社となることはできますか。

A　1　監査等委員会設置会社に関する改正法による改正後の会社法の規定は、当然のことながら、改正法の施行日が到来しなければその効力を生じません。

2　しかしながら、一般に、改正後の規定を適用するために定款の変更が必要となる場合には、当該改正後の規定の施行前に開催される株主総会で当該改正後の規定の施行日を始期とする定款の変更を行っておけば、当該施行日から当該定款の変更の効力を生じさせることができると考えられており、登記実務もこの考え方で運用されています（始関正光編著『Q&A 平成14年改正商法』174頁（商事法務、2003年）参照）。

3　したがって、監査等委員会を置く旨の定款の変更についても、改正法の施行前の株主総会において、改正法の施行日から定款の変更の効力が生ずる旨の始期付きで定款の変更を行っておけば、当該施行日から監査等委員会設置会社となることができます（そのほかに必要となる具体的な手続については、Q48参照）。

Q51 委員会設置会社に関する経過措置の内容は、どのようなものですか。

A 1 改正法附則第3条は、改正法により、「委員会設置会社」および「委員会」の名称が、それぞれ、「指名委員会等設置会社」および「指名委員会等」に変更されること（第2条第12号。Q15参照）に伴う経過措置を定めるものです。

2 まず、①改正法の施行の際現に「委員会設置会社」である株式会社および②改正法の施行前に「委員会設置会社」としての設立手続を始めて、定款の認証を受け、その施行後に成立する株式会社の定款の中には、指名・監査・報酬の3つの委員会を置く旨を明記せず、単に、「委員会」を置く旨のみを定めるものがあり得ます。改正法の施行後は、このような定めは、「委員会」の呼称の変更に伴い、指名・監査・報酬の3つの委員会を置く旨を当然に意味するわけではないこととなります。これに対応するため、このような株式会社においては、定款の変更や定款認証の受け直しをしなければならないとすると、無用のコストを生じさせることになります。

そこで、これらの株式会社の定款には、改正法による改正後の第2条第12号に規定する指名委員会等を置く旨の定めがあるものとみなすこととして、定款の変更を行う必要はないこととしています（改正法附則第3条第1項）。

3 次に、改正法による改正前の第911条第3項第22号柱書は、「委員会設置会社であるときは、その旨」を登記することとしており、実際の登記においては、「委員会設置会社に関する事項」の欄に「委員会設置会社」と記載されていました。この点について、「委員会設置会社」の名称が「指名委員会等設置会社」に変更されることに伴い、「指名委員会等設置会社」と記載されるよう変更の登記申請をしなければならないこととすると、無用のコストを生じさせることになります。

そこで、改正法による改正前の会社法の規定による委員会設置会社の登記は、改正後の第911条第3項第23号に掲げる事項の登記とみなすこととして、変更の登記申請をする必要はないこととしています（改正法附則第3条第2項）。なお、商業登記規則等の一部を改正する省令（平成26年法務省令第

80 第1章 取締役会の監督機能の強化 第1 監査等委員会設置会社制度

33号）附則第2条により、改正法の施行の際現に委員会設置会社である旨の登記がされている株式会社については、登記官が職権で指名委員会等設置会社である旨の登記をすることとしています。

第2　社外取締役を置くことが相当でない理由の説明義務

Q52　社外取締役の選任を義務付けることとしなかった理由は、何ですか。

A　1　取締役会は、代表取締役を始めとする業務執行者の選定・解職等を通じて、業務執行者を監督する機能を有しています（第362条第2項第2号・第3号等）。そして、社外取締役については、業務執行者から独立した立場から、業務執行者による業務執行全般の評価に基づき、取締役会の決議における議決権を行使すること等を通じて業務執行者を適切に監督すること等を期待することができます。そのため、取締役会の業務執行者に対する監督機能を強化することを目的として、社外取締役をより積極的に活用すべきであるとの指摘が強くされていました（Q12参照）。

2　そこで、社外取締役の選任を義務付けるかどうかが、法制審議会会社法制部会において、重要な検討課題として取り上げられましたが、積極・消極双方の立場の意見が激しく対立したため[注]、議論が何度も重ねられました。

3　その結果、社外取締役の選任を義務付けることにはコンセンサスが得られなかったことから、法制審議会の法務大臣に対する答申では、社外取締役の選任を義務付けることは盛り込まれませんでした。

これを踏まえ、改正法においては、社外取締役の選任を義務付ける旨の規律を設けていません。

（注）　社外取締役の選任の義務付けについて、賛成意見および反対意見の主な理由は、以下のとおりでした。
① 賛成意見の主な理由
・業務執行者から独立した立場にある社外取締役には、業務執行者に対する適切な監督を期待することができる。
・社外取締役が1人でもいれば、取締役会の意思決定の透明性が高まる。
・監視される立場にある業務執行者の自律性に期待することには限界がある。
・社外取締役の選任を義務付けることにより、国内外の投資家の期待に応えることにな

る。

② 反対意見の主な理由

・社外取締役が会社の事業やリスクに精通するには限界があるため、社外取締役を選任するだけで、取締役会の監督機能が高まるとは限らない。

・社外取締役の選任を義務付けると、かえって各会社の規模、業種、業態等に適した柔軟な企業統治体制の構築を阻害するので、社外取締役の導入は、各会社の自由な選択に任せるべきである。

・業務執行者は、自らに友好的な人材を選任することになるので、社外取締役の選任の義務付けは、実質的効果を持たない。

・社外監査役に加え、社外取締役の選任を義務付けることには、重複感・負担感がある。

・社外取締役となる人材の不足が懸念される。

Q53 社外取締役の選任の義務付けに代わる規律の概要は、どのようなものですか。

A 1 改正法では、社外取締役が業務執行者に対する監督上重要な役割を果たし得ることに鑑み、社外取締役の選任の義務付けに代えて、事業年度の末日において上場会社等（Q55 参照）が社外取締役を置いていない場合には、取締役は、当該事業年度に関する定時株主総会において、「社外取締役を置くことが相当でない理由」を説明しなければならないこととしています（第 327 条の 2。Q54 参照）。

また、これと併せて、改正省令では、「社外取締役を置くことが相当でない理由」を事業報告および株主総会参考書類の内容とし、株主に開示することとしています（施行規則第 74 条の 2、第 124 条第 2 項・第 3 項。Q54、Q236、Q237 参照）。

2 さらに、民間における市場ルールによって社外取締役の選任を促すため、法制審議会は、要綱を取りまとめるに際し、東京証券取引所等の金融商品取引所が定める規則の中で、上場会社は、取締役である独立役員[注]を 1 人以上確保するよう努める旨の規律を設ける必要がある旨の附帯決議を行いました（Q4 参照）。

当該附帯決議を受けて、東京証券取引所は、上場規則を改正し、上場会社は、取締役である独立役員を少なくとも 1 名以上確保するよう努めなければならない旨の規定（有価証券上場規程第 445 条の 4）を設けており、当該規定は、2014 年 2 月 10 日から施行されています。

3 以上の施策は、社外取締役の選任について、一種のコンプライ・オア・エクスプレイン・ルール（イギリス、フランス、ドイツ等で採用されている、ある規範に従うか、従わないのであればその理由を説明せよというルール）を導入するものということができます。

（注）「独立役員」とは、証券取引所の上場規則上の概念であり、一般株主と利益相反が生じるおそれのない社外取締役または社外監査役をいうこととされています（東京証券取引所の有価証券上場規程第 436 条の 2）。

Q54
上場会社等が社外取締役を置いていない場合には、取締役は、定時株主総会において、「社外取締役を置くことが相当でない理由」を説明しなければならないという、法制審議会の答申にはない規律を設けた理由は、何ですか。

A　1　法制審議会の法務大臣に対する答申では、社外取締役の選任の義務付けについての積極・消極双方の立場の合意点として、社外取締役の選任の義務付けに代えて、上場会社等において、社外取締役が存しない場合には、「社外取締役を置くことが相当でない理由」を事業報告の内容とすることとされていました（要綱第1部第1、2（前注））。

　そして、会社法では、事業報告の内容は全て法務省令で定めることとされています（第435条第2項）から、「社外取締役を置くことが相当でない理由」を事業報告の内容とするという上記答申についても、法務省令の改正により対応することが予定されていました。しかし、改正法案の国会提出に先立つ自由民主党政務調査会法務部会における議論において、コーポレート・ガバナンスを強化する方向性をより明確にするために、社外取締役の導入をより一層促進するための規定を法律である会社法に設ける必要があるとの指摘がされました（Q4参照）。

　2　そこで、社外取締役が業務執行者に対する監督上重要な役割を果たし得ることに鑑み、改正法では、上記答申の内容である「社外取締役を置くことが相当でない理由」を事業報告の内容とするという法務省令の改正による対応に加えて、事業年度の末日において上場会社等（Q55参照）が社外取締役を置いていない場合には、取締役は、当該事業年度に関する定時株主総会において、「社外取締役を置くことが相当でない理由」を説明しなければならないことを法律で定めることとしています（第327条の2。Q53参照）[注1]。

　定時株主総会におけるこの説明義務は、取締役が、株主からの質問を待たずに、積極的に口頭で「社外取締役を置くことが相当でない理由」を説明しなければならないこととするものです。これにより、社外取締役を置いていない上場会社等においては、そのような説明を毎年の定時株主総会でしなければならなくなることを前提に、社外取締役を置くかどうかを検討することとなるため、社外取締役の選任に向けた動きが一段と促進されることが期待

されます。また、そのような説明は、株主に対し、社外取締役を置くかどうか等の株式会社の役員構成等に関して判断するための情報を提供するという意義も有します。

3　また、改正省令では、自由民主党政務調査会法務部会における議論を踏まえ、上記答申の内容である「社外取締役を置くことが相当でない理由」を事業報告の内容とする改正（施行規則第124条第2項）に加えて、上場会社等が、社外取締役を置いていない場合等であって、社外取締役の候補者を含まない取締役の選任議案を株主総会に提出するときは、株主総会参考書類において、「社外取締役を置くことが相当でない理由」を説明しなければならない旨を定めること（施行規則第74条の2第1項・第2項）としています（Q236、Q237参照）^(注2)。

（注1）「社外取締役を置くことが相当でない理由」の説明に係る会社法の規定を第327条の2という位置に置くこととしたのは、①当該規定は、社外取締役を置くかどうかという株式会社の機関構成に関わるものであるため、「株主総会以外の機関の設置」について定める会社法第2編第4章第2節（第326条～第328条）に置くのが適切であること、②第327条は、一定の類型の株式会社について、取締役会等の設置義務等を定めるものであり、他方で、第328条は、一定の類型の株式会社について、監査に関する権限を有する監査役会または会計監査人の設置義務を定めるものであるところ、「社外取締役を置くことが相当でない理由」の説明に係る規定は、取締役会設置会社（監査役会設置会社は、必ず取締役会を置かなければなりません（第327条第1項第2号）。）のうちの一定の株式会社に係る社外取締役の不設置に関するものであることからすれば、取締役会等に関する第327条の次であって、かつ、監査役会等に関する第328条の前に置くのが適切であると考えられることによるものです。

（注2）改正法および改正省令において、一定の場合に「社外取締役を置くことが相当でない理由」の説明等が求められることとなることを踏まえ、改正省令では、①施行規則上の定義語である「社外役員」の要件として、当該取締役が社外取締役であることにより、「社外取締役を置くことが相当でない理由」の(i)定時株主総会における説明（第327条の2）、(ii)株主総会参考書類への記載（施行規則第74条の2第1項）または(iii)事業報告への記載等（施行規則第124条第2項）を要しないこととしていること、または、要しないこととする予定があることを加えるとともに（施行規則第2条第3項第5号ロ(1)）、②同じく施行規則上の定義語である「社外取締役候補者」の要件として、当該候補者を社外取締役であるものとして置くことにより、上記(i)～(iii)の説明等を要しないこととする予定があることを加えることとしています（同項第7号ロ(1)）。

86　第1章　取締役会の監督機能の強化　　第2　社外取締役を置くことが相当でない理由の説明義務

Q55

「社外取締役を置くことが相当でない理由」についての説明義務の規律の対象となる株式会社を、公開会社かつ大会社である監査役会設置会社のうち、その発行する株式について有価証券報告書の提出義務を負うものに限定した理由は、何ですか。

A　1　取締役会の業務執行者に対する監督機能を強化することを目的として、社外取締役をより積極的に活用すべきであるとの指摘は、特に上場会社について、強くされていました（Q52参照）。そして、上場会社の大多数が採用する等、日本の大企業の大部分を占める監査役会設置会社については、指名委員会等設置会社（改正前の名称は、委員会設置会社）や改正法により設けられる監査等委員会設置会社と異なり、社外取締役の選任が義務付けられていません（第331条第6項、第400条第1項・第3項参照）。そこで、監査役会設置会社について、社外取締役の選任をより促進し、その機能をより積極的に活用するための措置を講ずる必要があります。

2　もっとも、監査役会設置会社の中には監査役会を任意に置いている株式会社もあり、株主数の少ない小規模な株式会社も含まれ得るところ、そのような株式会社の全てが、「社外取締役を置くことが相当でない理由」について説明しなければならないこととするのは相当でないと考えられます。

そこで、第327条の2は、その規律の対象を、①会社法上監査役会の設置が強制される株式会社、すなわち、公開会社であり、かつ、大会社である株式会社（第328条第1項参照）であって、②その発行する株式について有価証券報告書を提出しなければならないものに限定することとしています。

3　上記①の限定を付したのは、公開会社（第2条第5号）であり、かつ、大会社（同条第6号）である株式会社は、類型的にみて、株主構成が頻繁に変動することや会社の規模に鑑みた影響力の大きさから、社外取締役による業務執行者に対する監督の必要性が高く、また、その会社の規模から、社外取締役の人材確保に伴うコストを負担し得ると考えられるためです。

また、上記②の限定を付したのは、その発行する株式について有価証券報告書を提出しなければならない株式会社[注1]は、類型的に、不特定多数の株主が存在する可能性が高いことから、社外取締役による業務執行者に対す

る監督の必要性が特に高いと考えられるためです。

　4　これらの要件を満たし第327条の2の規律の対象となる株式会社は、上場会社であることが多いと思われますが、上場会社でなくとも当該要件を満たせば、その規律の対象となります。

　5　改正省令により設けられる事業報告および株主総会参考書類への「社外取締役を置くことが相当でない理由」の記載に係る規律（Q54、Q236、Q237参照）の対象となる株式会社も、上記の第327条の2の規律の対象となる株式会社と同様です（施行規則第74条の2第2項、第124条第2項）^(注2)。

　（注1）　その発行する株式について有価証券報告書を提出しなければならない株式会社に該当するものは、上場会社や株主の数が1000人以上である株式会社等です（金融商品取引法第24条第1項各号、金融商品取引法施行令第3条の6第4項）。

　（注2）　施行規則第124条第2項は、そもそも事業報告作成会社が当該事業年度の末日において公開会社である場合に事業報告の内容に含めることとされている「会社役員に関する事項」（施行規則第119条第2号）の内容を定める規定であって、公開会社であることを前提とした規定ですから、同項においては、その対象を公開会社に限ることを改めて明示することとはしていません。

Q56
「社外取締役を置くことが相当でない理由」の説明が必要な株式会社かどうかは、どの時点を基準にして判断されるのですか。

A 　1　第327条の2の規定に基づく「社外取締役を置くことが相当でない理由」の説明が必要となる株式会社かどうか、すなわち、①公開会社かつ大会社である監査役会設置会社であって、その発行する株式について有価証券報告書の提出義務を負うものであるかどうか（Q55参照）および②社外取締役を置いていないかどうかは、いずれも「事業年度の末日において」判断されます。

　したがって、事業年度の末日において上記①および②のいずれの要件にも該当していれば、その後、「当該事業年度に関する定時株主総会」までの間に、それらの要件に該当しなくなったとしても、取締役は、第327条の2の規定に基づく説明義務を負うこととなります。

　2　また、事業年度の末日において上記①および②の要件に該当する株式会社が、「当該事業年度に関する定時株主総会」に社外取締役の選任議案を上程する場合であっても、取締役は、それにより説明義務を免れるわけではなく、事業年度の末日において社外取締役を置いていなかったことについて、「社外取締役を置くことが相当でない理由」を説明しなければならないこととなります。もっとも、毎年の定時株主総会でこの説明をしなければならなくなることを前提に社外取締役を置くかどうかを各社において検討することによる社外取締役の選任の促進および株主に対する情報提供という第327条の2の趣旨・目的（Q54参照）や、「社外取締役を置くことが相当でない理由」は各会社の個別の事情に応じて説明しなければならないこと（Q57参照）に鑑みれば、当該定時株主総会に社外取締役の選任議案が上程される場合には、「社外取締役を置くことが相当でない理由」の説明は、その点も踏まえた比較的簡潔なものでもよいと解されます。

　3　改正省令により事業報告における「社外取締役を置くことが相当でない理由」の記載（Q54、Q237参照）が必要となる株式会社かどうか（施行規則第124条第2項）も、第327条の2の場合と同様に、「事業年度の末日において」上記①および②の要件に該当するかどうかで判断されます。したがっ

て、事業年度の末日において上記①および②のいずれの要件にも該当していれば、その後、事業報告の作成中にそれらの要件に該当しなくなった場合や、事業報告を提出または提供する定時株主総会（第438条第1項参照）に社外取締役の選任議案を上程する予定である場合であっても、事業報告では、事業年度の末日において社外取締役を置いていなかったことについて、「社外取締役を置くことが相当でない理由」を記載しなければなりません。もっとも、当該定時株主総会に社外取締役の選任議案を上程する場合には比較的簡潔な記載でもよいと解されることも、第327条の2の場合と同様です。

4　これに対し、改正省令により株主総会参考書類における「社外取締役を置くことが相当でない理由」の記載（Q54、Q236参照）が必要となるのは、(a)当該株式会社が社外取締役を置いていない特定監査役会設置会社であって、かつ、(b)取締役に就任したとすれば社外取締役となる見込みである者(注)を候補者とする取締役選任議案を当該株主総会に提出しないときです（施行規則第74条の2第1項）。

上記(a)の要件のうち「特定監査役会設置会社」の内容は、上記①の要件と同様ですが（同条第2項）、「特定監査役会設置会社」に該当するかどうかは株主総会参考書類の作成時点で判断されます。また、上記(a)の要件のうち「社外取締役を置いていない」かどうかも、株主総会参考書類の作成時点で判断されますが、社外取締役の選任を促進するという観点から、株主総会参考書類の作成時点においては社外取締役が存するものの、取締役選任議案が提出される株主総会の終結の時をもって当該社外取締役が任期満了により退任する予定であるなど、当該株主総会の終結の時に社外取締役を置いていないこととなる見込みである特定監査役会設置会社についても、「社外取締役を置くことが相当でない理由」の記載を求めることとしています。

そして、上記(a)の要件に該当するとしても、株主総会参考書類における「社外取締役を置くことが相当でない理由」の内容（Q59参照）に照らせば、当該株主総会において社外取締役を選任する場合には、その記載を求める必要はありませんから、上記(b)の要件も設けることとしています。

（注）　候補者が本文(b)の「取締役に就任したとすれば社外取締役となる見込みである者」であるかどうかは、当該株式会社が株主総会参考書類の作成時点で把握している、当

該候補者の取締役就任までに生ずる将来の事情も踏まえて判断されます。例えば、株主総会参考書類の作成時点においては、当該株式会社の親会社等の取締役であることにより当該株式会社の社外取締役の要件を満たさない候補者であっても（第2条第15号ハ。Q68参照）、取締役就任までに当該親会社等の取締役を退任することが予定されていれば、（その他の社外取締役の要件を満たす限り）「取締役に就任したとすれば社外取締役となる見込みである者」に当たることとなります。

Q57 「社外取締役を置くことが相当でない理由」があると認められるのは、どのような場合ですか。

A 1 社外取締役を置かない株式会社がいかなる理由から社外取締役を置いていないかは、各株式会社の個別の事情によって異なります。

そのため、第327条の2の規定に基づく「社外取締役を置くことが相当でない理由」の説明についても、各株式会社において、その個別の事情に応じてすべきこととなり、どのような場合に、「社外取締役を置くことが相当でない理由」があると認められるかということを一概に述べることはできません(注1)。

2 もっとも、第327条の2は社外取締役を置くことが「相当でない」理由の説明を求めている以上、単に社外取締役を「置かない」理由を説明するだけでは、置くことが「相当でない」理由を説明したことにはなりません。「相当でない」理由を説明したというためには、社外取締役を置くことがかえってその会社にマイナスの影響を及ぼすというような事情を説明する必要があります。また、例えば、「社外監査役が○名おり、社外者による監査・監督として十分に機能している」と説明するだけでは、社外取締役を置くことが「必要でない」理由の説明にすぎず、社外取締役を置くことが「相当でない」理由の説明とは認められません(注2)。

3 改正省令において、事業報告および株主総会参考書類に記載することが求められることとなる「社外取締役を置くことが相当でない理由」(施行規則第74条の2第1項、第124条第2項。Q54、Q236、Q237参照)についても、これと同様の内容が当てはまります。そして、事業報告および株主総会参考書類における「社外取締役を置くことが相当でない理由」の記載については、改正省令において、①個々の株式会社の各事業年度等における事情に応じてしなければならない旨および②社外監査役が2名以上あることのみをもって「社外取締役を置くことが相当でない理由」とすることはできない旨を定めることとしています(施行規則第74条の2第3項、第124条第3項)。

(注1) 具体的な例示を示すことは、かえってそれに準拠しておけばよいとの形式的な

対応を招くことになるおそれがあり、個別の事情に応じて「相当でない理由」を説明するという趣旨に反する結果を招くおそれもあります。

　(注2)　このほか、例えば、「適任者がいない」ということのみの説明も、「社外取締役を置くことが相当でない理由」の説明とは認められないこととなり得るものと考えられます。

Q58

改正法において、取締役の選任議案を上程する株主総会ではなく、その有無にかかわらず毎事業年度に関する定時株主総会で「社外取締役を置くことが相当でない理由」を説明しなければならないこととした理由は、何ですか。

A

1　仮に、社外取締役を置いていない株式会社が社外取締役の候補者を含まない取締役の選任議案を株主総会に上程する場合に、取締役が「社外取締役を置くことが相当でない理由」を当該株主総会において説明しなければならないこととすると、公開会社においては取締役の任期が原則として2年とされていること（第332条第1項本文）から、毎年の定時株主総会において、当該説明がされるとは限らないこととなります。

しかし、「社外取締役を置くことが相当でない理由」は、その時々の会社の状況に応じて異なり得るものであり、株主に対する情報提供という観点からすれば、毎年説明することが相当であると考えられます。また、「社外取締役を置くことが相当でない理由」の説明を定時株主総会でしなければならなくなることを前提に社外取締役を置くかどうかを検討することによる社外取締役の選任の促進という観点からすれば、毎年の状況に応じて検討する機会を設けた方が、より効果的であると考えられます。

2　そこで、改正法は、社外取締役を置いていない上場会社等は、取締役の選任議案の上程の有無にかかわらず、毎事業年度に関する定時株主総会において、「社外取締役を置くことが相当でない理由」を説明しなければならないこととしています（第327条の2）。

94　第1章　取締役会の監督機能の強化　第2　社外取締役を置くことが相当でない理由の説明義務

Q59
法務省令での対応を含めると、「社外取締役を置くことが相当でない理由」を、定時株主総会、事業報告および株主総会参考書類という3つの場面で説明しなければならないこととなりますが、それぞれの規律には、どのような意義があるのですか。

A　1　改正法では、事業年度の末日において上場会社等が社外取締役を置いていない場合には、取締役は、当該事業年度に関する定時株主総会において、「社外取締役を置くことが相当でない理由」を説明しなければならないこととしています（第327条の2）。また、これと併せて、改正省令では、「社外取締役を置くことが相当でない理由」を事業報告の内容とするとともに（施行規則第124条第2項・第3項）、上場会社等が、社外取締役を置いていない場合等であって、社外取締役の候補者を含まない取締役の選任議案を株主総会に提出するときは、株主総会参考書類において、「社外取締役を置くことが相当でない理由」を説明しなければならない旨（施行規則第74条の2）を定めることとしています（Q54、Q236、Q237参照）。

　これにより、「社外取締役を置くことが相当でない理由」は、定時株主総会、事業報告および株主総会参考書類という3つの場面で説明しなければならないこととなりますが、これらの規律は、以下の点において異なるものであって、それぞれに独自の意義があります。

　2　まず、①定時株主総会および事業報告における説明と②株主総会参考書類における説明とでは、説明がされる頻度が異なります。すなわち、①定時株主総会および事業報告における説明は毎事業年度行われるのに対し、②株主総会参考書類における説明は、社外取締役を置いていない上場会社等が、社外取締役の候補者を含まない取締役の選任議案を株主総会に上程する場合に求められるものであるため、一事業年度に一度も説明されないこともあり得ます[注]。

　3　次に、①定時株主総会および事業報告における説明と②株主総会参考書類における説明とでは、いつの時点における「社外取締役を置くことが相当でない理由」を説明しなければならないかが異なります。すなわち、①定時株主総会および事業報告において説明される「社外取締役を置くことが相

当でない理由」は、事業年度の末日におけるものであり、同日時点における取締役会の構成に関する会社の考え方が説明されることとなります。これに対し、②株主総会参考書類において説明される「社外取締役を置くことが相当でない理由」は、株主総会参考書類の作成時点におけるものであり、その内容も、株主総会後の取締役会の構成に関する会社の考え方が説明されることとなります。

　このように、①定時株主総会および事業報告における説明と②株主総会参考書類における説明とでは、説明される「社外取締役を置くことが相当でない理由」の基準時が異なり、また、取締役会の構成に関し、前者では、過去における考え方が説明され、後者では、今後（株主総会後）の方針が説明されることとなります。

　4　また、定時株主総会における説明と事業報告における説明についても、両者の説明義務をそれぞれ課すことに意義があります。すなわち、事業報告は、株主全員に提供されること（第437条）から、「社外取締役を置くことが相当でない理由」が事業報告に記載されることにより、定時株主総会への出席の有無にかかわらず、全ての株主に当該理由が周知されることとなります。また、社外取締役の導入の一層の促進を図るという観点からは、「社外取締役を置くことが相当でない理由」が書面上に記載され株主に周知されるだけでなく、定時株主総会において、取締役が、株主に対して、積極的に口頭で当該理由を説明することにも、独自の意義があります。

　（注）　公開会社においては、取締役の任期は原則として2年である（第332条第1項本文）ため、ある事業年度において、株主総会に取締役選任議案が一度も上程されないこともあり得る一方で、定時株主総会で取締役を選任した上、臨時株主総会でも取締役を選任する等、ある事業年度において複数回取締役の選任議案が上程されることもあり得ます。

Q60
事業年度の末日において社外取締役を置いていない上場会社等の取締役が、定時株主総会において、「社外取締役を置くことが相当でない理由」を説明しなかった場合の効果は、どのようなものですか。

A　1　事業年度の末日において社外取締役を置いていない上場会社等の取締役が、第327条の2の規定に基づき「社外取締役を置くことが相当でない理由」を説明する義務を負うにもかかわらず、当該事業年度に関する定時株主総会において、その説明をしなかった場合には、取締役は、その善管注意義務（第330条、民法第644条）に違反した状態となります。

　2　また、第327条の2の規定に基づく取締役の説明義務は、個別の議案に係る説明義務ではありませんが、「社外取締役を置くことが相当でない理由」は当該会社の取締役の構成に関わるものであるため、取締役の選任議案が当該定時株主総会に上程されているにもかかわらず、取締役が同条に基づく説明義務に違反して「社外取締役を置くことが相当でない理由」を説明しなかった場合には、株主総会の決議の方法の法令違反（第831条第1項第1号）があるものとして、取締役の選任議案に係る株主総会の決議に瑕疵（取消事由）があるとされる余地もあるものと考えられます。

　3　なお、取締役が、定時株主総会において、「社外取締役を置くことが相当でない理由」の説明をしたが、当該説明が虚偽の内容であったという場合も、同様であると考えられます[注1][注2][注3]。

（注1）　改正省令により取締役の選任議案に係る株主総会参考書類に「社外取締役を置くことが相当でない理由」を記載する必要があることとされた会社（Q54、Q236参照）が、当該理由の記載をしなかった、または虚偽の理由を記載した場合には、株主総会の招集の手続の法令違反（第831条第1項第1号）があるものとして、当該取締役の選任議案に係る株主総会の決議に瑕疵（取消事由）があると判断される場合があると考えられます。

（注2）　改正省令により「社外取締役を置くことが相当でない理由」を事業報告に記載する必要があることとされた会社（Q54、Q237参照）が、当該理由の記載をしなかった、または虚偽の理由を記載した場合には、取締役等の関係者は、100万円以下の過料に処せられることとなる（第976条第7号）と考えられます。

（注3）　第327条の2の規定に基づく説明義務について、取締役が「社外取締役を置く

ことが相当でない理由」について定時株主総会に「虚偽の申述」をしたと評価された場合には、当該取締役は 100 万円以下の過料に処せられることとなる（第 976 条第 6 号）と考えられます。

Q61
事業年度の末日において社外取締役を置いていない上場会社等の取締役が、定時株主総会において、「社外取締役を置くことが相当でない理由」を説明したが、当該説明が不合理または不十分であった場合の効果は、どのようなものですか。

A 　1　第327条の2が「社外取締役を置くことが相当でない理由」の説明を義務付けたのは、株主に対する情報提供および毎年の定時株主総会でこの説明をしなければならなくなることを前提に社外取締役を置くかどうかを会社において検討することによる社外取締役の選任の促進という趣旨・目的に基づくものです（Q54参照）。そして、会社法上社外取締役を含む取締役の選任権限は株主総会にあります（第329条第1項）。これらのことからすれば、各会社において取締役が説明した具体的な内容が、当該会社について「社外取締役を置くことが相当でない理由」として十分なものであるかどうかの判断は、第一次的には、当該会社の株主（株主総会）において行われることとなると考えられます。

　したがって、「社外取締役を置くことが相当でない理由」の説明が、客観的に見て不合理・不十分であるということのみから、直ちに第327条の2に違反したことになるものではなく、また、当該定時株主総会における株主総会の決議に瑕疵があること等になるものでもないと解されます。

　2　もっとも、第327条の2の規定に基づく「社外取締役を置くことが相当でない理由」の説明については、各会社において、その個別の事情に応じて、社外取締役を置くことがかえってその会社にマイナスの影響を及ぼすというような事情を説明しなければならず、例えば、「社外監査役が○名おり、社外者による監査・監督として十分に機能している」ことのみをもって説明されたりしたような場合には、「社外取締役を置くことが相当でない理由」の説明とは認められないと解されます（Q57参照）。このほか、説明内容いかんによっては、そもそも「社外取締役を置くことが相当でない理由」の説明がされていないと評価される場合もあり得ると解されます（そのような評価がされた場合の効果については、Q60参照）(注)。

（注）　改正省令により事業報告および株主総会参考書類に記載することが求められるこ

ととなる「社外取締役を置くことが相当でない理由」（施行規則第74条の2、第124条第2項・第3項。Q54、Q236、Q237参照）についても、基本的に本文で述べた内容が当てはまると考えられます（Q57参照）。

Q62 「社外取締役を置くことが相当でない理由」は、いつの定時株主総会から説明する必要がありますか。

A 第327条の2の規定の適用については、特段の経過措置は設けられていない（改正法附則参照）ため、定時株主総会が改正法の施行後に開催される場合には、同条の適用があることとなります。

したがって、事業年度の末日が改正法の施行前であっても、当該事業年度に関する定時株主総会の日が改正法の施行日以後であれば、第327条の2の適用があることとなり、取締役は当該定時株主総会で「社外取締役を置くことが相当でない理由」を説明しなければならないこととなります[注]。

（注）　改正省令により設けられた、事業報告および株主総会参考書類における「社外取締役を置くことが相当でない理由」の記載の規律（施行規則第74条の2、第124条第2項・第3項。Q54参照）に関する経過措置については、Q236およびQ237参照。

第3 社外取締役等の要件等

1 社外取締役・社外監査役の要件の厳格化等

Q63 社外取締役および社外監査役の要件の改正の概要は、どのようなものですか。

A 1 改正前の会社法では、社外取締役は、株式会社の取締役であって、当該株式会社またはその子会社の業務執行者[注1]でなく、かつ、過去に当該株式会社またはその子会社の業務執行者となったことがないものをいうとされていました（改正前の第2条第15号）。

したがって、例えば、当該株式会社の親会社等の関係者や、当該株式会社の業務執行者の親族であっても、当該株式会社の社外取締役となることができることとなっていました。また、過去に一度でも株式会社の使用人になる等して当該株式会社の業務執行者の指揮命令系統に属したことがある者は、社外取締役になることができないこととなっていました。

2 しかし、社外取締役には、株式会社の業務執行者に対する監督機能を果たすことが期待されているところ、親会社等の関係者および親会社等から指揮命令を受けるいわゆる兄弟会社の業務執行者や、株式会社の業務執行者の近親者には、株式会社の業務執行者に対する実効的な監督を期待することはできないとの指摘がされていました。

他方で、過去に株式会社の業務執行者の指揮命令系統に属したことがあっても、その後当該株式会社またはその子会社との関係が一定期間存しなければ、業務執行者との関係が希薄になり、社外取締役の機能を実効的に果たすことを期待することができるとの指摘がされていました。

3 そこで、改正法では、社外取締役の要件を厳格化し、株式会社の親会社等の関係者および兄弟会社の業務執行者や、株式会社の一定の業務執行者等の近親者は、当該株式会社の社外取締役となることができないこととしています（第2条第15号ハ～ホ）。

また、取締役への就任前における株式会社またはその子会社との関係に係る要件（過去要件）の対象となる期間を、原則として10年間に限定すると

ともに、一定の場合には更に過去の期間にまで遡ることとしています（第2条第15号イ・ロ）。

これと同様に、社外監査役の要件も改正することとしています（第2条第16号）。

改正法において社外取締役または社外監査役となることができる者の範囲（過去要件に関する部分を除きます。）を図示すると、次のとおりとなります（○×は図表中の「株式会社」の社外取締役または社外監査役となることの可否を示しています。）^{(注2)(注3)}。

（注1）　ここでは、業務執行取締役（①代表取締役、②代表取締役以外の取締役であって、取締役会の決議によって取締役会設置会社の業務を執行する取締役として選定されたもの、③株式会社の業務を執行したその他の取締役）もしくは執行役または支配人その他の使用人を総称する表現として、「業務執行者」という言葉を用いています。改正法では、ここでいう「業務執行者」に当たる者を指す用語として、「業務執行取締役等」という定義語を設けています（第2条第15号イ）。

（注2）　社外取締役の要件が改正され、当該株式会社またはその子会社において業務執行取締役等であったことがないことを要する過去の期間が、原則として取締役の就任前10年間に限定されるとともに、一定の場合には更に過去の期間にまで遡ることとされ、また、親会社等の取締役等でないことを要するなど社外取締役の要件とされる事項が増えたこと等を踏まえ、改正省令では、施行規則上の定義語である「社外取締役候補者」の要件（施行規則第2条第3項第7号）について、改正前の施行規則のように、当該候補者が、法定の社外取締役の要件を、株主総会参考書類作成時点において客観的に充足しており、また、就任後においても充足しないこととなる予定がないことを個別具体的に書き下すのではなく（改正前の同号イ〜ホ参照）、包括的に、「当該候補者が当該株式会社の取締役に就任した場合には、社外取締役となる見込みであること」を要件することとしています（改正後の同号イ）。また、同じく施行規則上の定義語である「社外監査役候補者」の要件（同項第8号）についても、同様の改正をすることとしています（改正後の同号イ）。

（注3）　施行規則第74条第4項第6号および第76条第4項第6号は、社外取締役または社外監査役の要件を踏まえて株主に開示することが適切と考えられる社外取締役候補者または社外監査役候補者の属性情報を株主総会参考書類に記載することとしています。会社法上の社外取締役または社外監査役の要件を満たさない者は、もとより社外取締役候補者または社外監査役候補者となることはできませんから（施行規則第2条第3項第7号イ・第8号イ参照）、これらの規定が記載を求める属性情報が当該要件を満たすことを基礎付ける事実にとどまるものではないことは当然ですので、改正省令では、これらの規定

について、改正法による当該要件の見直しを踏まえた改正をすることとしています。具体的には、①当該候補者が過去に当該株式会社またはその子会社の業務執行者（施行規則第2条第3項第6号）または役員（同項第3号）であったことがあること（施行規則第74条第4項第6号イ、第76条第4項第6号イ）、②当該候補者が当該株式会社の親会社等（自然人であるものに限ります。）であり、または過去5年間に当該株式会社の親会社等であったことがあること（施行規則第74条第4項第6号ロ、第76条第4項第6号ロ）、③当該候補者が特定関係事業者（施行規則第2条第3項第19号）の業務執行者でない役員であり、または過去5年間に当該役員であったことがあること（施行規則第74条第4項第6号ハ、第76条第4項第6号ハ）、④当該候補者が当該株式会社の親会社等（自然人であるものに限ります。）または当該株式会社もしくはその特定関係事業者の業務執行者でない役員の近親者であること（施行規則第74条第4項第6号ホ、第76条第4項第6号ホ）を株主総会参考書類記載事項に追加することとしています（Q236参照）。また、上記④と同様に、公開会社における会社役員に関する事業報告記載事項（施行規則第119条第2号参照）として、社外役員が当該株式会社の親会社等（自然人であるものに限ります。）または当該株式会社もしくはその特定関係事業者の業務執行者でない役員の近親者であることを加えることとしています（施行規則第124条第1項第3号。Q237参照）。

[図表 Q63-1] 社外取締役（現在要件）

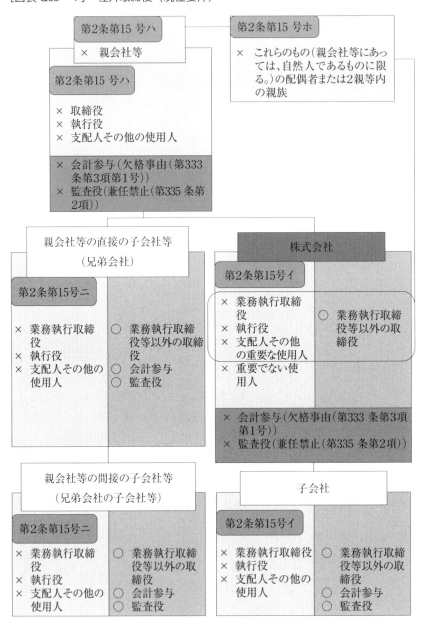

[図表 Q63−2] 社外監査役（現在要件）

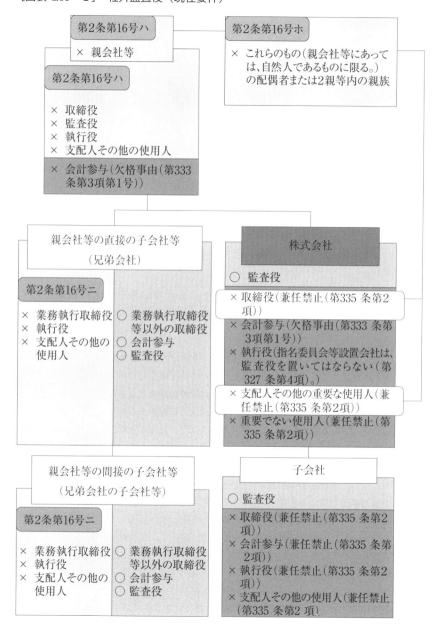

106 第1章 取締役会の監督機能の強化 第3 社外取締役等の要件等

Q64 「子会社等」の定義を新設した理由は、何ですか。

A 1 改正法では、「子会社等」という定義を新設し、「子会社等」とは、子会社および会社以外の者がその経営を支配している法人として法務省令で定めるものをいうこととしています（第2条第3号の2）。

2 「子会社」とは、「会社」がその経営を支配している法人として法務省令で定めるものをいうこと（第2条第3号）から、「会社以外の者」がその経営を支配している法人は、子会社に該当しません。改正法では、社外取締役および社外監査役の要件（第2条第15号・第16号。Q69参照）や支配株主の異動を伴う募集株式の割当て等についての特則が適用される要件（第206条の2、第244条の2。Q85、Q88参照）として、子会社だけでなく、会社以外の者がその経営を支配している法人をも基準とする要件を設けることとしています（注1）。

そこで、これに伴い、子会社のほかそのような法人をも含む概念として「子会社等」という定義語を新設することとしています（注2）（注3）（注4）。

　（注1）　例えば、株式会社の経営を支配している者が自然人である場合において、当該自然人がその経営を支配している他の会社（いわゆる兄弟会社に相当する会社）の業務執行取締役等は、当該株式会社の社外取締役または社外監査役となることはできないこととしています（第2条第15号ニ等）。また、支配株主の異動があるかどうかは、募集株式の引受人が自然人である場合において、当該自然人がその経営を支配している法人が有する議決権の数を含めて判断することとしています（第206条の2第1項第1号等）。

　（注2）　改正法において「子会社等」の概念が設けられたことを受け、改正省令では、子会社等について法務省令に委任されている「会社以外の者がその経営を支配している法人として法務省令で定めるもの」（第2条第3号の2ロ）について、「子会社」（同条第3号）における省令委任事項（「会社がその経営を支配している法人として法務省令で定めるもの」）について定める施行規則第3条第1項に倣って、会社以外の者が「他の会社等の財務及び事業の方針の決定を支配している場合における当該他の会社等」としています（施行規則第3条の2第1項）。また、この「財務及び事業の方針の決定を支配している場合」の内容についても、「子会社等」の経営を支配している者は自然人である場合もあり得ることを踏まえた上で（施行規則第3条の2第3項第2号イ(4)・ロ(1)(6)・ニ参照）、基本的に「子会社」についての施行規則第3条第3項と同様の規定を設けることとしていま

す（施行規則第3条の2第3項）。

　（注3）　改正法により「子会社等」および「親会社等」（Q65参照）の概念が設けられ
たこと等を踏まえ、改正省令では、株主総会参考書類記載事項および事業報告記載事項に
ついて、以下の改正をしています（Q236、Q237参照）。

①　取締役選任議案または監査役選任議案に関する株主総会参考書類記載事項につき、
　株式会社が公開会社であって、かつ、他の会社の子会社である場合において、取締役
　候補者または監査役候補者が、現に当該株式会社の親会社またはその子会社の業務執
　行者（施行規則第2条第3項第6号）であるとき等はその業務執行者としての地位お
　よび担当を記載することとされていたのを、株式会社が「他の会社の子会社」である
　場合に限らず、「他の者の子会社等」である場合には、当該他の者またはその子会社
　等の業務執行者としての地位および担当を記載することとするとともに、当該「他の
　者」が自然人である場合には、当該自然人自身が候補者となることもあり得ること
　（第331条第1項、第335条第1項参照）から、当該自然人自身が候補者である場合
　はその旨も記載することとしています（施行規則第74条第3項、第76条第3項）。

②　会計監査人選任議案に関する株主総会参考書類記載事項につき、株式会社が公開会
　社である場合において、会計監査人候補者が、当該株式会社、その親会社または当該
　親会社の子会社もしくは関連会社等から多額の金銭等を受ける予定があるとき等は、
　その内容を記載することとされていたのを、「親会社」およびその「子会社」などに
　限らず、「親会社等」およびその「子会社等」などから多額の金銭等を受ける予定が
　あるとき等について、その内容を記載することとしています（施行規則第77条第8
　号）。

③　公開会社における会社役員に関する事業報告記載事項（施行規則第119条第2号参
　照）について、事業報告作成会社の親会社およびその子会社などから社外役員が受け
　ている役員報酬等の総額の開示が求められていたのを、「親会社」およびその「子会
　社」などに限らず、「親会社等」およびその「子会社等」から受けている役員報酬等
　の総額について開示することとしています（施行規則第124条第1項第7号）。

　（注4）　改正法により「子会社等」および「親会社等」（Q65参照）の概念が設けられ
たことを踏まえ、改正省令では、「特定関係事業者」の定義を改正し、当該株式会社の経
営を支配する者が「親会社」ではない「親会社等」（例えば、自然人）である場合であっ
ても、当該親会社等やその子会社等および関連会社に相当するものを「特定関係事業者」
に含めることとしています（施行規則第2条第3項第19号）。

Q65 「親会社等」の定義を新設した理由は、何ですか。

A 1 改正法では、「親会社等」という定義を新設し、「親会社等」とは、親会社および株式会社の経営を支配している者（法人であるものを除く。）として法務省令で定めるものをいうこととしています（第2条第4号の2）。

2 「親会社」とは、株式会社の経営を支配している「法人」として法務省令で定めるものをいうこと（第2条第4号）から、例えば、株式会社の経営を支配している自然人は、親会社に該当しません。改正法では、社外取締役および社外監査役の要件（第2条第15号・第16号。Q68参照）や支配株主の異動を伴う募集株式の割当て等についての特則が適用される要件（第206条の2、第244条の2。Q85、Q88参照）として、親会社だけでなく、それと同様に株式会社の経営を支配している法人以外の者をも基準とする要件を設けることとしています(注1)。

そこで、これに伴い、親会社のほかそのような者をも含む概念として「親会社等」という定義語を新設することとしています(注2)(注3)。

（注1） 例えば、株式会社の経営を支配している者が自然人である場合において、当該自然人自身や当該自然人がその経営を支配している他の会社（いわゆる兄弟会社に相当する会社）の業務執行取締役等は、当該株式会社の社外取締役または社外監査役となることはできないこととしています（第2条第15号ハ・ニ等）。また、支配株主の異動があるかどうかの基準として、募集株式の引受人が当該公開会社の親会社である場合のみならず、当該公開会社の経営を支配している自然人である場合にも、当該特則の適用はないこととしています（第206条の2第1項ただし書等）。

（注2） 改正法において「親会社等」の概念が設けられたことを受け、改正省令では、親会社等について法務省令に委任されている「株式会社の経営を支配している者（法人であるものを除く。）として法務省令で定めるもの」（第2条第4号の2ロ）について、「親会社」（同条第4号）における省令委任事項（「株式会社の経営を支配している法人として法務省令で定めるもの」）について定める施行規則第3条第2項に倣って、「ある者（会社等であるものを除く。）が……株式会社の財務及び事業の方針の決定を支配している場合における当該ある者」としています（施行規則第3条の2第2項）。この「財務及び事業の方針の決定を支配している場合」の内容については、Q64（注2）参照。

（注 3） 改正法により「子会社等」（Q64 参照）および「親会社等」の概念が設けられたこと等を踏まえた、改正省令による株主総会参考書類記載事項、事業報告記載事項および特定関係事業者の定義の改正については、Q64（注 3）（注 4）参照。

110 第1章 取締役会の監督機能の強化 第3 社外取締役等の要件等

Q66
取締役として就任する前の株式会社との関係に係る社外取締役の要件（過去要件）を原則として10年間に限定することとした理由（第2条第15号イの趣旨）は、何ですか。

A
1 改正前の会社法では、社外取締役の要件として、現時点において株式会社またはその子会社の業務執行者[注1]でないことのみならず、過去に当該株式会社またはその子会社の業務執行者となったことがないものであることを要することとされていました（改正前の第2条第15号）。その結果、過去に一度でも株式会社の使用人になる等して当該株式会社の業務執行者の指揮命令系統に属したことがある者は、社外取締役になることができないこととなっていました。

2 しかし、過去に株式会社の業務執行者の指揮命令系統に属したことがあっても、その後当該株式会社またはその子会社との関係が一定期間存しなければ、業務執行者との関係が希薄になり、社外取締役の機能を実効的に果たすことを期待することができます。そのため、社外取締役の要件を、社外取締役として就任する前の全期間ではなく、就任する前の一定期間における株式会社等との関係によるものとすることにより、一旦株式会社の業務執行者の指揮命令系統に属したことがある者であっても、一定期間を経過すれば社外取締役となる余地を認めることが相当であると考えられます。

また、改正法により株式会社の親会社等の関係者は社外取締役とはなれないこととするなど社外取締役の要件を厳格化すること（第2条第15号ハ～ホ）からすれば、社外取締役の人材確保の必要性にも配慮する必要があります。

3 そこで、改正法では、社外取締役の要件のうち、現時点における株式会社またはその子会社との関係に係る要件（現在要件）は改正前の規律を維持しつつ、就任前における株式会社またはその子会社との関係に係る要件（過去要件）の対象となる期間を原則として10年間に限定することとしています（第2条第15号イ）[注2][注3][注4][注5]。

（注1） ここでいう「業務執行者」の具体的な内容については、Q63（注1）参照。
なお、改正前の第2条第15号（改正後の同号イにおいても同様）では、現時点におい

て株式会社の会計参与でないことおよび監査役でないことは、社外取締役の要件として掲げられていません。これは、会計参与については当該株式会社の取締役であることがその欠格事由とされ（第333条第3項第1号）、また、監査役については当該株式会社の取締役を兼ねることができないとされていること（第335条第2項）から、当該株式会社の会計参与または監査役は、そもそも、当該株式会社の取締役となることができないためです。

（注2）　取締役に重任（再任）している場合には、任期が更新されるごとに「就任」しているものと捉えて、要件の充足性を判断することとなります。例えば、何度か重任している取締役であっても、今回の重任に当たって社外取締役の要件の充足性を判断する際には、あくまで今回の重任に係る就任を第2条第15号イにいう「就任」と捉えることになります。なお、この場合、同号ロの要件の充足性にも別途注意する必要があります。

（注3）　同様の理由から、社外監査役の要件における過去要件についても、その対象期間を原則として10年間に限定することとしています（第2条第16号イ）。

なお、第2条第16号イは、社外監査役の要件として、現在要件を定めていません。これは、株式会社の監査役は、当該株式会社またはその子会社の取締役もしくは支配人その他の使用人または当該子会社の会計参与もしくは執行役を兼ねることができず（第335条第2項）、また、会計参与の欠格事由により、当該株式会社の会計参与となることができない（第333条第3項第1号）こと、また、監査役設置会社に執行役がいることはないこと（第327条第4項参照）から、現在要件を定める必要がないためです。これは、改正前の会社法における社外監査役の要件（改正前の第2条第16号）についても、同様です。

（注4）　法制審議会会社法制部会においては、今日では人材の流動性が増しているとして、過去要件に係る対象期間は5年間程度に限定すべきであるとの意見もありました。しかし、同部会では、いかに人材の流動性が増しているからといって、5年間程度をもって、業務執行者からの影響が希薄になったということはできないこと等から、10年間が適当であるとされたことを踏まえ、改正法では、社外取締役等の過去要件に係る対象期間を10年間としています。

（注5）　施行規則の原始附則第2条第5項は、社外取締役および社外監査役の要件のうち過去の子会社との関係に係る要件（過去要件）について、施行規則の施行日（平成18年5月1日）より前の子会社との関係の有無は、会社法整備法による改正前の商法における子会社（総株主の議決権等の過半数を有するかどうかという形式基準による子会社。同法第211条の2第1項参照）との関係の有無によることとしています。改正省令は、この施行規則の原始附則第2条第5項について、改正法により当該過去要件に係る規定（第2条第15号・第16号等）が改正されたことに伴う整備をしていますが、その実質的な規律の内容を変更するものではありません。

112　第 1 章　取締役会の監督機能の強化　第 3　社外取締役等の要件等

Q67　取締役への就任の前 10 年間の株式会社との関係によっては、更にその前 10 年間の株式会社との関係を社外取締役の要件としている理由（第 2 条第 15 号ロの趣旨）は、何ですか。

A　1　取締役が、その就任の前 10 年間当該株式会社またはその子会社の業務執行取締役等であったことがなければ、たとえ、その間のいずれかの時において、当該株式会社またはその子会社の業務執行取締役等以外の取締役、会計参与または監査役であったとしても、第 2 条第 15 号イの要件は満たすこととなります。

2　しかし、過去に株式会社またはその子会社の業務執行取締役等であったことがある者が、これを辞めた後、10 年が経たない間に、当該株式会社またはその子会社の業務執行取締役等以外の取締役、会計参与または監査役となった場合には、たとえ第 2 条第 15 号イの要件を満たしていたとしても、社外取締役の機能を十分に果たすことができるほど業務執行者からの影響が希薄化したということはできません。また、社外監査役の要件として、その就任の前 5 年間会社またはその子会社の取締役等でなかったことを要求していた平成 13 年法律第 149 号による改正前の株式会社の監査等に関する商法の特例に関する法律の下、取締役を退任した後に監査役に就任し、5 年以上経過した後に社外監査役に就任するということが生じたため、5 年間という期間の限定を撤廃する改正がされたという経緯も踏まえれば、同様の事態が生ずることを避ける必要があります。

3　そこで、改正法では、社外取締役の要件として、社外取締役への就任の前 10 年内のいずれかの時において、株式会社またはその子会社の業務執行取締役等以外の取締役、会計参与または監査役であったことがある場合には、当該取締役、会計参与または監査役への就任^{（注 1）}の前 10 年間当該株式会社またはその子会社の業務執行取締役等であったことがないことを加えることとしています（第 2 条第 15 号ロ）^{（注 2）}。

第 2 条第 15 号イまたはロにより、社外取締役の要件を満たさないこととなる者およびこれを満たすこととなる者を例示すると、次の図のとおりとなります（次の図中の「非業務執行取締役等」とは、業務執行取締役等以外の取締

役、会計参与または監査役をいい、「株式会社等」とは、株式会社またはその子会社をいいます。）。

（注1）　取締役、会計参与または監査役に重任（再任）している場合には、任期が更新されるごとに「就任」しているものと捉えて、要件の充足性を判断することとなります。例えば、今回の取締役への就任の9年前まで何度か重任を繰り返して当該株式会社の業務執行取締役等以外の取締役であった者（当該取締役の任期が2年（第332条第1項参照）であったとすると、11年前に当該取締役に就任したこととなります。）は、21年前から11年前までの間、当該株式会社またはその子会社の業務執行取締役等であったことがなければ、社外取締役となることができることとなります。

（注2）　社外監査役の要件についても、これと同様に、その就任の前10年内のいずれかの時において、株式会社またはその子会社の監査役であったことがある者にあっては、当該監査役への就任の前10年間当該株式会社またはその子会社の取締役、会計参与もしくは執行役または支配人その他の使用人であったことがないことを加えることとしています（第2条第16号ロ）。

[図表 Q67]

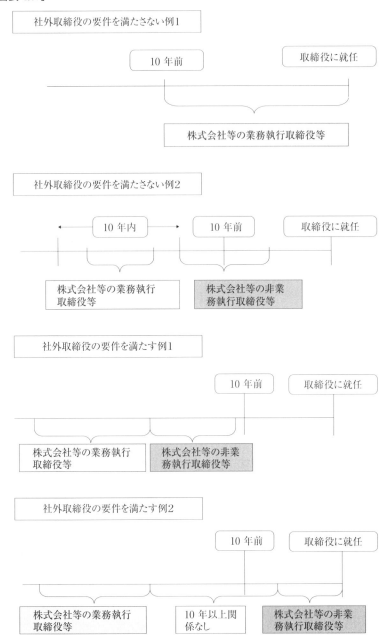

Q68 親会社等の関係者は社外取締役となることができないこととした理由（第2条第15号ハの趣旨）は、何ですか。

A 1 改正前の会社法では、株式会社の親会社の取締役もしくは執行役または支配人その他の使用人も、当該株式会社の社外取締役となることができました。

2 しかし、株式会社の親会社は、株主総会の決議における議決権行使を通じて当該株式会社の業務執行者の選解任を事実上決定することができることを背景に、当該株式会社の業務執行者に対して影響力を及ぼし得る立場にあるため、当該業務執行者が当該株式会社の利益を犠牲にしてその親会社の利益を図る類型的・構造的なおそれがあります。このような場面において、親会社の関係者に、当該業務執行者が株式会社の利益を犠牲にして当該親会社の利益を図ることについての実効的な監督を期待することはできないと考えられます。

そして、このことは、親会社と同様に議決権を背景として株式会社の経営を支配する、法人以外の者（親会社以外の親会社等（Q65参照））との関係についても当てはまります。

3 そこで、改正法では、社外取締役の要件として、自然人である親会社等自身または親会社等の取締役もしくは執行役もしくは支配人その他の使用人でないことを加えることとしています（第2条第15号ハ）^(注)。

4 なお、第2条第15号ハは、株式会社の親会社の取締役は、業務執行取締役等であるかどうかを問わず、当該株式会社の社外取締役となることはできないこととしています。したがって、親子会社間で社外取締役を兼任することはできないことになります。社外取締役には、株式会社とその親会社等との間の利益相反を監督することが期待されるところ、親会社の取締役である以上、株式会社の業務執行者が当該株式会社の利益を犠牲にしてその親会社の利益を図る行為についての実効的な監督を期待することはできず、このことは、当該親会社の業務執行取締役等であるかどうかによって異なることはないためです。

また、第2条第15号ハは、過去に株式会社の親会社等の取締役もしくは執行役または支配人その他の使用人であったことがないことを社外取締役の

要件とはしていません。過去に親会社等の関係者であったにすぎない者は、もはや親会社等に対して義務を負うわけではなく、当該者と親会社等との間の現在の利害関係は失われていることから、株式会社の業務執行者が当該株式会社の利益を犠牲にしてその親会社等の利益を図ることについての実効的な監督を期待することはできないとまではいえないためです。

　（注）　社外監査役の要件についても、これと同様の理由から、自然人である親会社等自身または親会社等の取締役、監査役もしくは執行役もしくは支配人その他の使用人でないことを加えることとしています（第2条第16号ハ）。これにより、親子会社間で社外監査役を兼任することはできないことになります（Q72参照）。
　なお、第2条第16号ハでは、株式会社の親会社の会計参与でないことは、株式会社の社外監査役の要件として掲げていません。これは、株式会社の会計参与については、その子会社の監査役であることが欠格事由とされており（第333条第3項第1号）、株式会社の親会社の会計参与は、そもそも、当該株式会社の監査役となることができないためです。

1　社外取締役・社外監査役の要件の厳格化等　Q69　117

Q69
いわゆる兄弟会社の業務執行取締役等は社外取締役となることができないこととした理由（第2条第15号ニの趣旨）は、何ですか。

A　1　改正前の会社法では、株式会社のいわゆる兄弟会社の業務執行者であっても、当該株式会社の社外取締役となることができました。

2　しかし、兄弟会社の業務執行者は、親会社から指揮命令を受ける立場にあります。したがって、そのような者は、当該株式会社の業務執行者が当該株式会社の利益を犠牲にして親会社の利益を図ることについての実効的な監督を期待することができないと考えられます。そして、このことは、当該株式会社とその兄弟会社の経営を支配する者が、法人以外の者である場合にも当てはまります。

3　そこで、改正法では、社外取締役の要件として、兄弟会社 (注1) の業務執行取締役等でないことを加えることとしています（第2条第15号ニ） (注2)。

4　他方で、第2条第15号ニは、兄弟会社の業務執行取締役等以外の取締役でないことを株式会社の社外取締役の要件とはしていません。したがって、兄弟会社間では、社外取締役を兼務することができます。兄弟会社の取締役に対する親会社等の影響力は、親会社等の取締役と異なり、間接的なものにとどまるため、親会社等の指揮命令を受ける立場にない（すなわち、業務執行取締役等でない）兄弟会社の取締役まで株式会社の社外取締役となることができないものとする必要はないからです (注3)。また、これと同様の理由から、兄弟会社の会計参与または監査役でないことも株式会社の社外取締役の要件とはしていません。

（注1）　法文では、「株式会社の親会社等の子会社等（当該株式会社及びその子会社を除く。）」と規定しています。
（注2）　社外監査役の要件についても、これと同様の理由から、兄弟会社の業務執行取締役等でないことを加えることとしています（第2条第16号ニ）。
（注3）　例えば、株式会社の兄弟会社の社外取締役である者は、当該兄弟会社と親会社

118 第1章 取締役会の監督機能の強化 第3 社外取締役等の要件等

等との間の利益相反行為を監督する立場にあることから、当該株式会社と親会社等との間の利益相反行為についても、実効的な監督を期待することができます。

Q70

株式会社の取締役等の近親者は社外取締役になることができないこととした理由（第2条第15号ホの趣旨）は、何ですか。

A　1　改正前の会社法では、株式会社の業務執行者等の近親者であっても、社外取締役となることができました。

2　しかし、株式会社の業務執行者等の近親者は、当該業務執行者等と経済的利益を同一にするものであり、当該業務執行者等が当該株式会社の利益を犠牲にして自己またはその近親者の利益を図ることを実効的に監督することは期待できません。また、株式会社の親会社等が自然人である場合、その近親者は、当該自然人である親会社等と経済的利益を同一にするものであり、当該株式会社の業務執行者等が当該株式会社の利益を犠牲にして当該自然人である親会社等またはその近親者の利益を図ることを実効的に監督することは期待できません。

3　そこで、改正法では、社外取締役の要件として、当該株式会社の取締役もしくは執行役もしくは支配人その他の重要な使用人または自然人である当該株式会社の親会社等の配偶者または2親等内 (注1) の親族でないことを加えることとしています（第2条第15号ホ）(注2)。

なお、第2条第15号ホは、取締役の近親者であれば、当該取締役が業務執行取締役等であるかどうかを問わず、社外取締役になることはできないこととしています。社外取締役が監督すべき取締役は、業務執行取締役等である取締役に限定されるわけではなく、社外取締役には、全ての取締役を監督することが期待されます。また、会社と取締役との利益相反は、業務執行取締役等以外の取締役との間にも生じ得ます（第356条、第365条参照）。そして、このような利益相反が生ずる場合に、取締役の近親者には、当該取締役との関係に鑑みれば、当該取締役を適切に監督することを期待することはできません。そこで、当該取締役が業務執行取締役等であるかどうかを問わず、社外取締役になることはできないこととしています。

（注1）　社外取締役となることができない近親者の範囲を広くすると、社外取締役の候補者について、当該株式会社の取締役等との親族関係の有無を確認することが、実務上、

I2O　第1章　取締役会の監督機能の強化　第3　社外取締役等の要件等

大きな負担となり、その調査に困難を来す場合が生じ得ます。

　そこで、東京証券取引所において、原則として独立役員（Q53（注）参照）の要件を満たさないこととされる株式会社の業務執行者等の近親者（上場管理等に関するガイドラインⅢ5.⑶の2e⒝）とは、2親等内の親族をいうこととされていること（同ガイドラインⅠ3.、有価証券上場規程施行規則第3条の2⑴）等も踏まえ、社外取締役となることができない近親者の範囲を2親等としています。

　（注2）　社外監査役の要件についても、これと同様の理由から、当該株式会社の取締役もしくは支配人その他の重要な使用人または自然人である当該株式会社の親会社等の配偶者または2親等内の親族でないことを加えることとしています（第2条第16号ホ）。

　なお、第2条第16号ホでは、社外取締役の要件とは異なり、株式会社の執行役の近親者でないことは、株式会社の社外監査役の要件として掲げていません。これは、指名委員会等設置会社は、監査役を置いてはならないこととされており（第327条第4項）、そもそも、監査役がいる株式会社に執行役がいることはないためです。

1 社外取締役・社外監査役の要件の厳格化等　Q71　121

Q71 第2条第15号ホが、使用人については、重要な使用人に限って、その近親者は社外取締役となることができないこととしている理由は、何ですか。

A　1　社外取締役は、株式会社の使用人を直接監督することが期待されているわけではないため、全ての使用人につき、その近親者が社外取締役となることができないこととする必要はありません(注1)。

　他方で、使用人のうち重要な使用人（例えば、「執行役員」（Q11（注）参照）のような取締役や執行役に準ずる地位にあるもの）(注2)については、その権限等に鑑みれば、株式会社の利益を犠牲にして自己の利益を図る利益相反行為に及ぶ類型的・構造的なおそれがあり、社外取締役は、これを監督すべき立場にあります（第362条第4項第3号参照）。

　2　そこで、第2条第15号ホは、使用人については、重要な使用人に限って、その近親者は社外取締役となることができないこととしています。

　(注1)　法制審議会会社法制部会では、全ての使用人について、親族関係の有無を確認することは、現実には困難な場合があるとの指摘もされていました。

　(注2)　「重要な使用人」という語は、会社法上、取締役会が選解任の決定を行わなければならない者を意味するものとしても用いられています（第362条第4項第3号）。具体的にどの範囲の者がこれに該当するかは、同号と同様、各会社の状況も踏まえて解釈することになります。

　なお、同じ文言である以上、基本的には同じ内容を意味すると考えるのが一般的ですが、法制審議会会社法制部会では、第2条第15号ホの趣旨に照らして、第362条第4項第3号に規定する「重要な使用人」の範囲よりも限定して解釈するとの意見が出されており、そのような解釈の余地もあると考えられます。

122　第1章　取締役会の監督機能の強化　第3　社外取締役等の要件等

Q72
第2条第16号ハが、株式会社の親会社等の監査役は当該株式会社の社外監査役になることができないこととしている理由は、何ですか。

A　1　株式会社の親会社等の関係者は社外監査役になることができないこととしているのは、当該関係者には、当該株式会社の業務執行者が当該株式会社の利益を犠牲にして当該親会社等の利益を図ることについての実効的な監督を期待することはできないことに基づくものです（Q68参照）。このことは、親会社の監査役についても当てはまります。

　2　そこで、第2条第16号ハは、株式会社の親会社等の監査役は、当該株式会社の社外監査役となることはできないこととしています^(注1)。

　これにより、株式会社の親会社等の監査役である者は、たとえその者が当該親会社等の社外監査役であっても、当該株式会社の社外監査役となることはできないことになります^(注2)。

　（注1）　第2条第15号ハでは、株式会社の親会社の監査役でないことは、株式会社の社外取締役の要件として掲げていませんが、これは株式会社の親会社の監査役は、そもそも当該株式会社の取締役となることができないためです（第335条第2項参照）。

　（注2）　監査役は、社外監査役であるか否かにかかわらず、株式会社に対して善管注意義務を負っていること（第330条、民法第644条）から、当該株式会社とその親会社の双方で監査役を兼務することとなると、それぞれに対して善管注意義務を負うことになります。

　そして、当該株式会社とその親会社との間で利益が対立する行為につき、当該株式会社の業務執行者の善管注意義務違反の有無を監査する場面においては、当該株式会社の社外監査役には、その親会社から独立した立場で監査することが求められることから、当該株式会社およびその親会社のいずれに対しても善管注意義務を負う立場で監査を行うことは相当ではありません。

Q73

社外取締役または社外監査役の要件として、株式会社の重要な取引先の関係者でないことを追加しなかった理由は、何ですか。

A

1　アメリカ等の諸外国においては、株式会社の重要な取引先の関係者は、その株式会社と取引関係に基づく利害関係を有することから、重要な取引先の関係者でないことを社外取締役（独立取締役）の要件としている例も存在します。そこで、我が国においても、社外取締役等の要件に、株式会社の重要な取引先の関係者でないことを追加すべきであるとの指摘もされています。

2　しかし、取締役または監査役が社外取締役または社外監査役の要件を満たすかどうかは、当該取締役または監査役が関与した取締役会決議または監査役会決議の効力に影響する場合があると解され得るため[注1]、社外取締役または社外監査役の要件は、法的安定性の観点から、一義的に明確なものとする必要があります。

そこで、「株式会社の重要な取引先」を社外取締役または社外監査役の要件に加える場合には、「重要」であるかどうかの基準を、一義的に明確なものとして規定する必要があります。

3　そして、当該株式会社と取引関係があることが社外取締役または社外監査役に期待される機能を実効的に果たすことに与える影響の有無を検討するに当たっては、当該取引先が当該株式会社にとって重要である場合と、当該株式会社が当該取引先にとって重要である場合とに分けて考える必要があります。

まず、当該取引先が当該株式会社にとって重要である場合には、当該取引先が取引関係に基づき当該株式会社の業務執行者に影響力を行使する可能性があります。しかし、ある取引先が株式会社の経営者に対して有する影響力の有無や程度は、当該取引先の代替性の有無や交渉力の程度によって異なり、また、当該株式会社のその時々の事業の状況によっても変化し得ます。したがって、一律の基準により、その取引先が当該株式会社にとって重要であるかどうかを定めるのは容易ではありません。

また、当該株式会社がその取引先にとって重要である場合には、株式会社

の業務執行者は、取引先の選択を通じて、取引先の関係者に対して影響力を及ぼす可能性があります。しかし、株式会社がその取引先にとって重要であるかどうかを一律の基準により定めることは容易ではありませんし、その取引先にとって自社が重要であるかどうかを判断することも実際には困難な場合があり得ます[注2]。

　4　法制審議会会社法制部会でも、重要な取引先の関係者でないことを社外取締役等の要件とすることについて議論されましたが、重要な取引先といえるための一律の基準について、コンセンサスを得ることができず、また、これを社外取締役等の要件とすること自体についても、賛否両論に分かれて激しく意見が対立し、コンセンサスを得ることができませんでした[注3]。

　そこで、改正法では、株式会社の重要な取引先の関係者でないことは、社外取締役または社外監査役の要件とはしていません。

　（注1）　例えば、法令・定款に定める社外監査役の員数を欠いた状態で行われた監査には、手続的な瑕疵があると解されています（吉戒修一『平成5年・6年改正商法』226頁（商事法務研究会、1996年）、江頭憲治郎『株式会社法〔第6版〕』517頁（有斐閣、2015年）参照）。

　（注2）　株式会社がその取引先にとって自社が重要であるかどうかを判断するためには、取引先の状況等を常に正確に把握する必要がありますが、実際にはそれが困難な場合があり得ます。

　（注3）　これに賛成する意見は、諸外国では規定を設けている国もあることや取引関係に基づく利害関係の存在等を理由としていました。他方で、これに反対する意見は、取引関係等の状況は変化することから一律の基準を設けることは困難であり、かつ、相当でもないこと等を理由としていました。

Q74

社外取締役および社外監査役の要件に関する経過措置の内容は、どのようなものですか。

A 　1　改正法では、社外取締役および社外監査役の要件について、株式会社の親会社等の関係者でないことを追加する等して、その要件を厳格化する等の改正をしているところ（第2条第15号・第16号）、各株式会社において、改正後の社外取締役等の要件を満たす取締役等を確保するには、相当程度の時間的余裕が必要です。

　また、改正前の要件に従って社外取締役または社外監査役を置いている株式会社について、改正後の第2条第15号および第16号を直ちに適用することとすると、改正法の施行の際、現に社外取締役または社外監査役である者が、改正後の要件を満たさないこととなり、社外取締役または社外監査役ではなくなる場合があり得ます。その場合、特に社外取締役または社外監査役を置くことが義務付けられている株式会社においては、改正後の要件を満たす者を新たに社外取締役または社外監査役として選任するために臨時株主総会を開催することが必要となり、臨時株主総会を開催するまで、法律の規定により必要な社外取締役または社外監査役の員数を欠くことになる等実務に混乱が生ずるおそれがあります。

　2　そこで、改正法では、経過措置を設け、改正法の施行の際現に社外取締役または社外監査役を置く株式会社の社外取締役または社外監査役については、施行後最初に終了する事業年度に関する定時株主総会の終結の時までは、改正後の第2条第15号または第16号の規定にかかわらず、なお従前の例によることとして、改正前の要件を満たしていればよいこととしています（改正法附則第4条）^(注)。

　これにより、改正法の施行の際現に社外取締役または社外監査役を置く株式会社については、臨時株主総会を開催する必要はなく、その施行後最初に終了する事業年度に関する定時株主総会において、改正後の要件を満たす社外取締役または社外監査役を選任すれば足りることとなります。もっとも、改正法の施行後最初に終了する事業年度に関する定時株主総会が終結すれば、たとえ社外取締役または社外監査役の任期の途中であったとしても、改正後の要件を満たしていなければ、社外取締役または社外監査役ではないこ

ととなります（取締役または監査役としての地位まで失うわけではありません。）。

3　この経過措置の適用があるのは、改正法の「施行の際現に……社外取締役又は……社外監査役を置く株式会社の社外取締役又は社外監査役」です。すなわち、まず、改正法の施行前から社外取締役を置く株式会社については、施行後最初に終了する事業年度に関する定時株主総会の終結の時までは、施行前から置かれている社外取締役だけでなく、施行後に選任した取締役についても、改正前の社外取締役の要件を満たせば、社外取締役となることとしています。改正法の施行前から置かれている社外取締役が、施行後に全員退任した場合であっても、同様です。これは、改正法の施行の際現に置いていた社外取締役に限って改正前の要件を適用することとすると、①当該社外取締役が改正法の施行後間もなく退任した場合には、改正法の施行後間もない時期に改正後の社外取締役の要件を満たす後任者を選任しなければならなくなり、改正後の要件を満たす社外取締役の候補者を確保するための時間的余裕がなく、実務に混乱が生ずるおそれがあることや、②同一の株式会社において、施行前に選任された改正前の社外取締役の要件を満たすにとどまる取締役と施行後に選任された改正後の社外取締役の要件を満たす取締役の双方が同時に社外取締役として存在する場合があり得ることとなり、この点でも実務に混乱が生ずるおそれがあることを考慮したものです。

これと同様に、この経過措置により、改正法の施行前から社外監査役を置く株式会社については、施行後最初に終了する事業年度に関する定時株主総会の終結の時までは、施行前から置かれている社外監査役だけでなく、施行後に選任した監査役についても、改正前の社外監査役の要件を満たせば、社外監査役となることとなります。

もっとも、改正法の施行時に社外監査役のみを置き社外取締役は置いていない株式会社においては、社外監査役については、この経過措置により、施行後最初に終了する事業年度に関する定時株主総会の終結の時までは、改正前の社外監査役の要件を満たせばよいこととなりますが、社外取締役については、この経過措置の適用はなく、改正後は改正後の社外取締役の要件を満たさなければならないこととなります。これは、そのような株式会社の社外取締役については、上記①および②の趣旨が当てはまらないためです。

1　社外取締役・社外監査役の要件の厳格化等　Q74　127

　（注）　「事業年度に関する定時株主総会の終結の時まで」は、なお従前の例によるとしたのは、原則として、取締役の任期は、選任後2年以内に終了する事業年度のうち最終のものに関する定時株主総会の終結の時までとされ（第332条第1項）、監査役の任期は、選任後4年以内に終了する事業年度のうち最終のものに関する定時株主総会の終結の時までとされている（第336条第1項）ように、取締役および監査役の職務は基本的に事業年度を単位とされ、その任期も事業年度に関する定時株主総会を基準としていることを考慮したものです。

2 社外取締役等の要件の変更に伴う取締役等の責任の一部免除に関する規定の改正

Q75 最低責任限度額を区別する基準を、社外取締役であるかどうかではなく、業務執行取締役等であるかどうかで区別することとした理由は、何ですか。

A 1 改正前の第425条第1項第1号では、会社の業務執行に関与する程度等の違いに応じ、最低責任限度額について、代表取締役、代表取締役以外の取締役（社外取締役を除きます。）または社外取締役のそれぞれで区別して規定していました。

2 改正法において社外取締役の要件を厳格化することに伴い（Q63参照）、これまで社外取締役とされていた者が社外取締役の要件を満たさないこととなり、改正前の規律のままでは、このような者の最低責任限度額が増額することとなってしまいます。しかし、業務執行取締役等以外の取締役は、自ら業務執行を行わず、専ら経営に対する監督を行うことが期待されることや、その責任が発生するリスクを自ら十分にコントロールすることができる立場にあるとはいえないことにおいて、社外取締役と変わりはありません。

3 そこで、改正法では、代表取締役以外の取締役の責任についての最低責任限度額を区別する基準を、社外取締役かどうかではなく、業務執行取締役等（第2条第15号イ参照）であるかどうかによることとし、業務執行取締役等以外の取締役であって社外取締役でないものの最低責任限度額を社外取締役と同額にすることとしています（第425条第1項第1号ロ・ハ）[注]。

[注] このことを踏まえ、改正省令では、①施行規則上の定義語である「社外役員」の要件から、第425条第1項第1号ハの社外取締役であることを削るとともに（施行規則第2条第3項第5号ロ(2)（改正前の同号ロ(1)参照））、②同じく施行規則上の定義語である「社外取締役候補者」の要件から、第425条第1項第1号ハの社外取締役であるものとする予定があることを削ることとしています（施行規則第2条第3項第7号ロ(2)（改正前の同号ヘ(1)参照））。

Q76

社外取締役または社外監査役に限らず、業務執行取締役等以外の取締役または監査役は、いわゆる責任限定契約を締結することができることとした理由は、何ですか。

A
1　改正前の第427条第1項は、いわゆる責任限定契約を締結することができる者を、「社外取締役等」、すなわち、社外取締役、会計参与、社外監査役または会計監査人に限定しており、社外取締役でない取締役や社外監査役でない監査役は、責任限定契約を締結することができないこととされていました。

2　改正法において社外取締役および社外監査役の要件を厳格化することに伴い（Q63参照）、これまで社外取締役または社外監査役として責任限定契約を締結することができた者が、社外取締役または社外監査役の要件を満たさないこととなって、これを締結することができなくなる場合があり得ます。しかし、業務執行を行わず、業務執行の監督・監査を中心に行う者の人材確保という観点からすれば、そのような者であっても、責任限定契約を締結することができることとするのが相当であると考えられます。

また、業務執行取締役等（第2条第15号イ参照）でない取締役や監査役は、社外取締役や社外監査役でなくとも、自らは業務執行を行わず、専ら経営に対する監督・監査を行うことが期待されており、また、その責任が発生するリスクを自ら十分にコントロールすることができる立場にあるとはいえないことにおいて、社外取締役または社外監査役と変わりありません。そのため、このような者についても、賠償責任を負う額を責任限定契約により事前に確定することができるようにすることが適切であると考えられます。

3　そこで、改正法では、責任限定契約を締結することができる取締役または監査役を「社外」かどうかではなく「業務執行」を行うかどうかで区分することとして、業務執行取締役等でない取締役であって社外取締役でないものおよび社外監査役でない監査役についても、株式会社との間で責任限定契約を締結することができることとしています（第427条第1項）[注1][注2][注3]。

（注1）　この結果、責任限定契約を締結することができる者は、取締役（業務執行取締役等であるものを除きます。）、会計参与、監査役または会計監査人となるところ、改正法

では、これらの者を「非業務執行取締役等」と定義しています（第427条第1項）。

（注2）　改正法の施行後も、定款の定めにより社外取締役または社外監査役との間で責任限定契約を締結することができることに変わりはありませんから、改正法の施行前に、その定款に社外取締役または社外監査役との間で責任限定契約を締結することができる旨の定めを置いていた株式会社は、改正法の施行後も、当該定款の定めを置いたままで、社外取締役または社外監査役との間で責任限定契約を締結することができます（当該定款の定めに係る変更登記の申請も不要です（改正前の第911条第3項第24号、改正後の同項第25号参照）。）。これに対し、そのような株式会社が、改正法の施行後に、業務執行取締役等でない取締役であって社外取締役でないものまたは社外監査役以外の監査役との間で責任限定契約を締結しようとする場合には、その旨の定款の定め（改正後の第427条第1項に基づく定款の定め）を設ける定款変更をする必要があります（当該定款の定めに係る変更登記の申請も必要となります。）。なお、そのような定款変更については、改正法の施行前に開催される株主総会において、改正法の施行日から定款の変更の効力が生ずる旨の始期付きで行うことも可能です。

（注3）　このことを踏まえ、改正省令では、次のような改正をすることとしています。施行規則上の定義語である「社外役員」の要件から、第427条第1項の社外取締役または社外監査役であることを削るとともに（施行規則第2条第3項第5号ロ(2)・(3)（改正前の同号ロ(1)・(2)参照））、同じく施行規則上の定義語である「社外取締役候補者」および「社外監査役候補者」の要件から、第427条第1項の社外取締役または社外監査役であるものとする予定があることを削ることとしています（施行規則第2条第3項第7号ロ(2)・第8号ロ(1)（改正前の同項第7号ヘ(1)・第8号ロ(1)参照））。

そして、改正前の施行規則においては、社外取締役候補者または社外監査役候補者に係る株主総会参考書類記載事項とされていた、候補者と当該株式会社との間で責任限定契約を締結しているとき等の当該責任限定契約の内容の概要（改正前の施行規則第74条第4項第8号、第76条第4項第8号）を、取締役候補者または監査役候補者一般の株主総会参考書類記載事項に改めています（施行規則第74条第1項第4号、第76条第1項第6号。Q236参照）。また、このように責任限定契約の内容の概要を取締役候補者または監査役候補者一般の株主総会参考書類記載事項に改めることを踏まえ、業務執行取締役等であるものを除く取締役や監査役と同様に責任限定契約を締結することができる会計参与および会計監査人の選任議案に関する株主総会参考書類記載事項についても、責任限定契約の内容の概要の記載を追加することとしています（施行規則第75条第4号、第77条第5号。Q236参照）。さらに、公開会社における会社役員に関する事業報告記載事項（施行規則第119条第2号参照）についても、社外役員に関する記載事項とされていた責任限定契約の内容の概要等（改正前の施行規則第124条第5号参照）を、会社役員（取締役または監査役に限ります。）一般の記載事項に改めることとしています（施行規則第121条第3号。Q237参照）。

2 社外取締役等の要件の変更に伴う取締役等の責任の一部免除に関する規定の改正 Q76 131

　このほか、責任免除を受けた役員等への退職慰労金支給議案等に関する株主総会参考書類記載事項の規定の整備をすることとしています（施行規則第84条の2第3号。Q236参照）。

132　第1章　取締役会の監督機能の強化　第3　社外取締役等の要件等

Q77
責任限定契約を締結した株式会社の非業務執行取締役等である取締役がその子会社の業務執行取締役等に就任したとしても、当該責任限定契約は、その効力を失わないこととしている理由は、何ですか。

A　1　改正前の第427条第2項では、責任限定契約を締結した株式会社の社外取締役等が当該株式会社またはその子会社の業務執行取締役等に就任したときは、責任限定契約は、将来に向かってその効力を失うと規定されていました。これは、社外取締役が当該株式会社またはその子会社の業務執行取締役等に就任した場合には、社外取締役の要件を満たさなくなり（第2条第15号参照）、責任限定契約を締結することができる資格を失うためでした。

2　しかし、第427条第1項の改正により、責任限定契約を締結することができる取締役は、社外取締役かどうかではなく、株式会社の業務執行取締役等であるかどうかによって決せられることになります（Q76参照）。そして、当該取締役が子会社の業務執行取締役等に就任したとしても、当該株式会社の非業務執行取締役等（Q76（注1）参照）の地位を失うわけではありませんから、それにより責任限定契約の効力を失わせる必要がなくなることとなります。

3　そこで、改正法では、責任限定契約を締結した非業務執行取締役等が当該株式会社の子会社の業務執行取締役等に就任した場合であっても、責任限定契約はその効力を失わないこととし、当該非業務執行取締役等が当該株式会社の業務執行取締役等に就任したときに限って、当該契約は、将来に向かってその効力を失うこととしています（第427条第2項）。

2 社外取締役等の要件の変更に伴う取締役等の責任の一部免除に関する規定の改正　Q78　133

Q78
責任限定契約を締結することができる取締役または監査役を社外取締役または社外監査役に限らないこととすることに伴う登記事項の改正の概要は、どのようなものですか。

A　1　改正前の第911条第3項第25号および第26号では、責任限定契約についての定款の定めが社外取締役または社外監査役に関するものであるときは、取締役のうち社外取締役であるものまたは監査役のうち社外監査役であるものについて、それぞれ社外取締役である旨または社外監査役である旨が登記事項とされていました。これは、社外取締役または社外監査役であることが責任限定契約を締結することができる要件とされていたことから、登記事項とされていたものです。

2　しかし、改正法においては、責任限定契約を締結することができる取締役または監査役を、社外取締役または社外監査役に限定しないこととすること（第427条第1項。Q76参照）から、これらを登記事項とする必要はなくなります。

3　そこで、改正法では、これらを登記事項として定める改正前の第911条第3項第25号および第26号を削ることとしています。

Q79 最低責任限度額および責任限定契約に関する規定の改正に伴う経過措置の内容は、どのようなものですか。

A 1 改正法では、業務執行取締役等以外の取締役であって社外取締役でないものの最低責任限度額を社外取締役と同額にすることとしており（第425条第1項第1号。Q75参照）、また、いわゆる責任限定契約を締結することができる者を広げる（取締役については、社外取締役かどうかを問わず、当該株式会社の業務執行取締役等でないものとし、また、監査役については、社外監査役かどうかを問わず、全ての監査役とする）こととしています（第427条第1項。Q76参照）。

しかし、これらの改正後の規定により改正法の施行前の行為に基づく取締役等の責任についてまで軽減されるとすると、株式会社に対して賠償されるべき金額が減少することとなるため、改正前の金額が賠償され得ることを期待していた株主の利益に配慮する必要があります（例えば、取締役等に対する株主代表訴訟が既に提起されている場合には、原告となっている株主の利益に配慮する必要があります。）。

2 そこで、改正法では、取締役、監査役等の施行日前の行為に基づく責任の一部の免除および当該責任の限度に関する契約については、改正後の第425条から第427条までの規定にかかわらず、なお従前の例による（改正前の規律による）こととしています（改正法附則第16条前段）。

2　社外取締役等の要件の変更に伴う取締役等の責任の一部免除に関する規定の改正　　Q80　　135

Q80
改正前の第 911 条第 3 項第 25 号および第 26 号を削ることに伴う経過措置の内容は、どのようなものですか。

A　1　改正法では、責任限定契約についての定款の定めが社外取締役または社外監査役に関するものであるときは、取締役または監査役のうち社外取締役または社外監査役であるものについてその旨を登記事項とする改正前の第 911 条第 3 項第 25 号および第 26 号を削ることとしていますので（Q78 参照）、本来であれば、改正法の施行の際にこれらの規定による登記がある株式会社は、当該登記を抹消する必要があります。

　2　しかし、社外取締役または社外監査役は引き続き責任限定契約を締結することができ（Q76（注 2）参照）、また、改正法の施行日前の行為に基づく責任の限度に関する契約についてはなお従前の例によることとしていること（改正法附則第 16 条前段。Q79 参照）に照らしても、施行日前に当該契約を締結して改正前の第 911 条第 3 項第 25 号または第 26 号の規定による登記がされた社外取締役または社外監査役の任期中は、あえて当該登記を抹消する必要はありません。また、株式会社の登記の負担および施行時に一斉に当該登記の抹消の申請がされることによる実務上の混乱の回避という観点からも、当該登記をしている株式会社が、施行後直ちに当該登記の抹消をしなければならないこととするのは適切ではありません。

　3　そこで、改正法では、経過措置を設け、株式会社について改正法の施行の際現に改正前の第 911 条第 3 項第 25 号または第 26 号の規定による登記がある場合は、当該株式会社は、当該登記に係る取締役または監査役の任期中に限り、当該登記の抹消をすることを要しないこととしています（改正法附則第 22 条第 2 項）。

136 第2章 会計監査人の選解任等に関する議案の内容の決定

第2章 会計監査人の選解任等に関する議案の内容の決定

Q81
監査役設置会社においては、会計監査人の選任および解任ならびに会計監査人を再任しないことに関する議案の内容は監査役（監査役会設置会社にあっては、監査役会）が決定することとした理由は、何ですか。

A　1　会計監査人は、株主総会の決議によって選任または解任され（第329条第1項、第339条第1項）、また、選任後1年以内に終了する事業年度のうち最終のものに関する定時株主総会において別段の決議がされなかったときは、再任されたものとみなされます（第338条第2項）。そして、改正前の会社法では、監査役設置会社においては、株主総会に提出される会計監査人の選解任等に関する議案等の決定は取締役または取締役会が行うこととしつつ（第298条第1項・第4項等参照）、会計監査人の独立性を確保するため、監査役（監査役会設置会社にあっては、監査役会）は、会計監査人の選解任等に関する議案等についての同意権および提案権を有することとされていました（改正前の第344条）。

2　しかし、このような改正前の規律は、監査役または監査役会による会計監査人の選解任等に関する議案等についての同意権および提案権の行使状況も併せて考慮すれば、会計監査人の独立性を確保するという観点からは、必ずしも十分ではないとの指摘がされていました。

3　そこで、改正法では、会計監査人の選解任等に関する議案の内容は、監査役設置会社にあっては監査役が、監査役会設置会社にあっては監査役会が決定することとしています（第344条）(注1)。

また、新設する監査等委員会設置会社においては、当該議案の内容は、監査等委員会が決定することとしています（第399条の2第3項第2号）(注2)。

4　取締役または取締役会が、①当該議案の内容を決定したり、監査役等が決定した当該議案の内容の取消しや変更をしたりすることはできないこと、②監査役等が当該議案の内容を決定した場合には、当該議案について決

議するための株主総会の招集の決定をすべきこと（第298条）は、指名委員会等設置会社の場合と同様です（始関正光編著『Q&A平成14年改正商法』92頁以下（商事法務、2003年）参照）。なお、上記②において株主総会の招集の決定のための取締役会が招集されない場合には、監査役が取締役会の招集を請求し、さらに自ら取締役会の招集をすることができると考えられます（第383条第2項・第3項。監査等委員会設置会社の場合については、Q45参照）。

（注1）　会計監査人の選解任等に関する議案の内容の決定権を監査役または監査役会に付与したとしても、監査役または監査役会がこれを適切に行使しなければ、会計監査人の独立性の強化という改正の趣旨を達成することは困難となります。また、会計監査人の報酬等についての同意権（第399条第1項・第2項）も、監査役または監査役会がこれを適切に行使しなければ、会計監査人の独立性の強化という趣旨を達成することが困難となることは同様です。

　この点につき、法制審議会会社法制部会では、監査役または監査役会によるこれらの権限の行使状況やその行使の理由を事業報告等において開示することにより、監査役または監査役会によるこれらの権限の行使に関する実効性が高まるとの指摘がされ、同部会の支持を得ました。このことを踏まえ、改正省令では、①会計監査人選任議案に関する株主総会参考書類記載事項として、改正前の会計監査人選任議案等が監査役等により提案されたものである旨の記載に代えて、監査役等が当該候補者を会計監査人の候補者とした理由の記載を求め（施行規則第77条第3号。Q236参照）、②会計監査人解任・不再任議案に関する株主総会参考書類記載事項として、「解任又は不再任の理由」の記載（改正前の施行規則第81条第2号）および解任・不再任議案が監査役等により提案された旨の記載（改正前の同条第3号）に代えて、監査役等が解任・不再任議案の内容を決定した理由の記載を求めるとともに（改正後の同条第2号。Q236参照）、③会計監査人設置会社における事業報告記載事項として、当該事業年度に係る各会計監査人の報酬等について監査役等が同意をした理由の記載を求めることとしています（施行規則第126条第2号。Q237参照）。

　（注2）　指名委員会等設置会社においては、改正前から、監査委員会が会計監査人の選解任等に関する議案等の内容を決定することとされていますので（第404条第2項第2号）、改正の対象とはしていません。

138　第2章　会計監査人の選解任等に関する議案の内容の決定

Q82 会計監査人の報酬等の決定について、監査役等の権限としなかった理由は、何ですか。

A　1　会社法では、会計監査人の報酬等の決定は取締役または取締役会の権限としつつ、監査役等^(注1)は、会計監査人の報酬等の決定についての同意権を有することとされています（第399条）。

2　これに対しては、会計監査人の選解任等に関する議案と同様に、会計監査人の独立性を確保するためには、その報酬等の決定についても監査役等の権限とすべきであるとの指摘があります（会計監査人の選解任等に関する議案については、Q81参照）。

3　しかし、会計監査人の報酬等の決定については、会計監査人の選解任等に関する議案の内容の決定とは異なり、財務に関する経営判断と密接に関連するものであるため、業務執行（決定）機関から分離された監査専門機関である監査役等が会計監査人の報酬等を決定することは、必ずしも適切ではありません。また、監査役等が会計監査人の報酬等の決定についての同意権を適切に行使することによって、会計監査人の独立性を確保することも可能です^(注2)。

そこで、会計監査人の報酬等の決定についての規律は変更しないこととするとともに、新設する監査等委員会設置会社においても、監査役設置会社等と同様、会計監査人の報酬等は取締役または取締役会が決定することとしつつ、監査等委員会が会計監査人の報酬等の決定についての同意権を有することとしています（第399条）。

（注1）　具体的には、監査役設置会社にあっては監査役、監査役会設置会社にあっては監査役会、委員会設置会社（改正後の名称は、指名委員会等設置会社）にあっては監査委員会をいいます。

（注2）　改正法により会計監査人の選解任等に関する議案の内容の決定権が監査役等に付与されるところ、監査役等がどのような者を会計監査人とすべきかを判断するに当たっては、その者が会計監査人に就任した場合に支払うべき報酬等の内容についても考慮する必要があります。そのためには、監査役等は、会計監査人に支払うべき報酬等についての情報を会計監査人の候補者や取締役等から入手し、その報酬等の適否について的確に判断する必要があります。

したがって、改正法により会計監査人の選解任等に関する議案の内容の決定権が監査役等に付与されることによって、監査役等の会計監査人の報酬等の決定についての同意権がより適切に行使されることが期待されます。なお、会計監査人の報酬等について監査役等が同意をした理由の事業報告における開示については、Q81（注1）参照。

Q83
会計監査人の選解任等に関する議案の内容の決定についての経過措置の内容は、どのようなものですか。

A　1　改正法では、会計監査人の選解任等に関する議案の内容は、監査役または監査役会が決定することとしています（第344条）。

2　しかし、改正法の施行日前に会計監査人の選解任等に関する決議をするための株主総会の招集手続が開始された場合には、これらの議案の内容の決定は取締役または取締役会が行うとの改正前の規律を前提に、会計監査人の選解任等に向けた一連の手続が開始されたものといえます。このような場合に、改正後の新たな規律を適用すると、監査役または監査役会において、改めて会計監査人の選解任等に関する議案の内容を決定し直して、再度株主総会の招集手続を行うことが必要になる（その結果、株主総会の日程自体を変更しなければならない場合が生じ得る）等、無用な混乱やコストを生じさせることになります。

3　そこで、改正法では、経過措置を設け、改正法の施行日前に会計監査人の選解任等に関する決議をするための株主総会の招集手続が開始された場合における会計監査人の選解任等に係る手続については、改正後の第344条の規定にかかわらず、なお従前の例による（すなわち、改正前の規律を適用する）こととして（改正法附則第15条）、改めて手続をやり直す必要はないこととしています。

なお、ここでいう「株主総会の招集手続が開始された」とは、株主総会の議題や株主総会参考書類記載事項を含めて第298条第1項各号に掲げる事項が取締役（取締役会設置会社においては、取締役会の決議）によって決定された時点をいうものと解されます。

第3章 資金調達の場面におけるコーポレート・ガバナンスの在り方

第1 支配株主の異動を伴う募集株式の発行等

Q84 公開会社における募集株式の割当て等に関する規律の見直しの概要は、どのようなものですか。

A 1 会社法では、公開会社は、払込金額が引受人にとって特に有利な金額である場合（いわゆる有利発行。第199条第3項）でない限り、定款に定められた発行可能株式総数の枠内で、取締役会決議により募集株式の発行等を決定することができることとされています（第201条第1項）。また、改正前の会社法においては、募集株式の割当てについても、株主総会決議を要することとはされておらず、取締役（会）がこれを決定することができることとされていました（第204条第2項参照）[注1]。

2 もっとも、支配株主の異動は、公開会社の経営の在り方に重大な影響を及ぼすことがあり得ますから、新たな支配株主が現れることとなるような募集株式の割当てについては、株主に対する情報開示を充実させるとともに、株主の意思を問うための手続を設けることが相当であると考えられます。

3 そこで、改正法では、第206条の2を新設し、募集株式の割当てまたは総数引受契約の締結により募集株式の引受人となった者（第206条）が、当該募集株式の発行等の結果として公開会社の総株主の議決権の過半数を有することとなる場合には、①株主に対して当該引受人（特定引受人）に関する情報を開示することとし、また、②総株主の議決権の10分の1以上の議決権を有する株主から反対の通知があった場合には、特定引受人に対する募集株式の割当て等について、株主総会の決議による承認を要することとしています[注2]。

4 このように総株主の議決権の10分の1以上の議決権を有する株主から反対の通知があった場合に限って株主総会の決議による承認を要すること

としているのは、大多数の株主が特定引受人による募集株式の引受けに反対していない場合には、あえて株主総会の決議による承認を要することとする必要はなく、また、そのような場合にまで一律に株主総会の決議による承認を要することとすることは、資金調達の機動性を害するおそれがあるほか、株主総会の開催のための無用なコストを生じさせ、かえって株主の利益を害する結果となりかねないためです。

（注1）　ただし、株主に株式の割当てを受ける権利を与える場合（いわゆる株主割当て。第202条）には、各株主は、その有する株式の数に応じて割当てを受ける権利を有します。

（注2）　募集新株予約権を発行する場合の割当て等についても、同様の規律を設けることとしています（第244条の2。詳細はQ88参照）。

Q85 引受人に関する情報の開示等が必要となる募集株式の割当て等の範囲は、どのようなものですか。

A　1　公開会社における募集株式の割当て等の特則である第206条の2が適用されるのは、募集株式の割当てまたは総数引受契約の締結により募集株式の引受人となった者が有することとなる議決権の数が、総株主の議決権の2分の1を超えることとなる場合です（注1）。第206条の2では、そのような募集株式の引受人を「特定引受人」と呼ぶこととしています（同条第1項）。

　2　募集株式の引受人の議決権の保有割合は、「当該引受人（その子会社等を含む。）がその引き受けた募集株式の株主となった場合に有することとなる議決権の数」を分子とし（第206条の2第1項第1号）、「当該募集株式の引受人の全員がその引き受けた募集株式の株主となった場合における総株主の議決権の数」を分母として計算されます（同項第2号）。

　この分子となる引受人の保有議決権の数は、引受人が自ら保有する議決権数に、その子会社等が保有する議決権数を合算することとしています（「子会社等」の定義については、第2条第3号の2。Q64参照）。これは、引受人による公開会社に対する支配の有無は、当該引受人が自ら直接に保有する議決権数のみならず、その子会社等を通じて間接的に保有する議決権数も合算して考慮することが相当と考えられることによるものです。

　また、この議決権の数は、引受人が募集株式の株主となった場合に、結果として有することとなるものを基準としています。すなわち、引受人の保有議決権数は、当該引受人が募集株式の発行等により新たに取得する株式の議決権のみならず、その前から有する議決権も含めて計算されることとなります（注2）。

　他方で、引受人の議決権の保有割合の算定に当たって分母となる総株主の議決権数は、当該募集株式の引受人の全員がその引き受けた募集株式の株主となった（すなわち、当該募集株式の発行等が全て予定どおり完了した）と仮定して計算されます。

　3　もっとも、特定引受人に対する募集株式の割当て等であっても、特定引受人が公開会社の親会社等である場合またはいわゆる株主割当ての場合に

は、第206条の2第1項の規律は適用されず、また、当該規律の適用を前提とする同条第4項の規律も適用されないこととしています（同条第1項ただし書）。これは、①特定引受人が公開会社の親会社等である場合には、募集株式の発行等の前から特定引受人が当該公開会社を支配しており（「親会社等」の定義については、第2条第4号の2。Q65参照）、募集株式の発行等によって支配株主の異動が生ずるわけではないこと、②いわゆる株主割当ての場合には、全ての株主に均等に募集株式を引き受ける権利が与えられることから、それぞれ規律の適用対象外とするものです。

　4　なお、いわゆる公募の場合については、支配株主の異動に利用されないことが法制度上担保されているとまではいえず、公募を規律の適用対象外とすれば、規律の潜脱に用いられる可能性も否定しきれないことから、第206条の2の適用対象外とはしていません。したがって、公募の場合において、引受証券会社が同条に規定する特定引受人の要件を満たすときについても、当該引受証券会社に対する募集株式の割当て等について、同条の規律が適用されることとなります。

　（注1）　規律の対象となる株式の発行の範囲は、客観的かつ形式的な基準によって定めるべきであることから、改正法では、引受人の議決権の保有割合により規律の対象となるかどうかを決することとしています。そして、法制審議会会社法制部会では、規律の対象となる引受人の議決権の保有割合について3分の1超にすべきであるとの意見もありましたが、一律に支配権の異動があったといえるための基準としては3分の1超では足りず過半数とするのが適切であると考えられたこと等から、要綱では、この点は過半数を基準とすることとされました。そこで、改正法では、引受人の議決権の保有割合が総株主の議決権の2分の1を超えることとなる株式の発行について、規律の対象とすることとしています。

　（注2）　要綱では、「当該引受人が……有することとなる議決権の数」に、「当該引受人の子会社等が有する議決権の数」を合算することとされていましたが（要綱第1部第3、1⑴①ア）、その趣旨に照らして、引受人と同時にその子会社等も募集株式を引き受ける場合には、当該子会社等が当該募集株式の株主となった場合に有することとなる議決権の数をも合算することが相当と考えられますので、第206条の2第1項第1号では、その旨をより明確化するため、端的に「当該引受人（その子会社等を含む。）」と規定しています。

Q86

特定引受人についての情報開示に関する規律の概要は、どのようなものですか。

A 　改正法では、募集株式の引受人が特定引受人に該当する場合には、当該特定引受人が公開会社の親会社等であるとき等を除き、公開会社は、株主に対し、特定引受人に関する情報を開示しなければならないこととしています（第206条の2第1項）。

　すなわち、公開会社は、募集事項において定めた払込期日（払込期間を定めた場合にあっては、その期間の初日）の2週間前までに、株主に対し、特定引受人の氏名または名称および住所、当該特定引受人の保有議決権数その他の法務省令で定める事項(注1)を通知しなければならないこととしています（第206条の2第1項）。

　この通知は、公告をもってこれに代えることができます（第206条の2第2項）(注2)。また、通知すべき事項を記載した有価証券届出書を払込期日（または払込期間の初日）の2週間前までに提出している場合その他の株主の保護に欠けるおそれがないものとして法務省令で定める場合(注3)には、別途この通知をする必要はありません（同条第3項）。

（注1）　改正省令では、法制審議会会社法制部会における議論等を踏まえ、通知事項を規定しています（施行規則第42条の2）。具体的には、まず、特定引受人の特定に必要な情報として、①特定引受人の氏名または名称および住所を通知事項としています（同条第1号）。また、特定引受人の要件に該当することを基礎付ける情報として、②特定引受人（その子会社等を含みます。）がその引き受けた募集株式の株主となった場合に有することとなる議決権の数、③当該募集株式に係る議決権の数、④募集株式の引受人の全員がその引き受けた募集株式の株主となった場合における総株主の議決権の数を通知事項としています（同条第2号～第4号）。次に、既存の株主が反対通知をするかどうかを判断するに当たっては、当該割当て等についての当該公開会社の取締役会の考え方が重要な考慮要素となると考えられることから、⑤特定引受人に対する募集株式の割当て等に関する取締役会の判断およびその理由を通知事項としています（同条第5号）。また、支配株主の異動を伴う募集株式の割当て等が行われる場合には、株式会社と業務執行者との間の利益相反が生ずるおそれがあるところ、株式会社と業務執行者との間の利益相反を監督する機能が期待されている社外取締役の意見（Q12（注1）参照）も、既存の株主にとって重要な情報になると考えられることから、⑥社外取締役を置く株式会社において、上記⑤の取締役

会の判断が社外取締役の意見と異なる場合には、その意見を通知事項としています（同条第6号）。さらに、取締役の職務の執行を監査し、会社を支配する者の在り方に関する基本方針等（施行規則第118条第3号）についての意見を述べる立場にある監査役等（施行規則第129条第1項第6号等）の意見も、既存の株主にとって重要な情報となると考えられることから、⑦特定引受人に対する募集株式の割当て等に関する監査役等の意見を通知事項としています（施行規則第42条の2第7号）。

（注2）　当該公開会社が振替株式を発行している場合には、株主名簿の記載が真の株主と必ずしも一致せず、株主名簿上の株主に対して通知する意義が乏しいと考えられることから、当該振替株式の株主に対する通知について、公告による代替を強制することとしています（振替法第161条第2項）。なお、改正前の同項については、その文言上、振替株式の発行会社が発行している株式のうち振替株式でないもの（例えば、上場会社が発行する非上場の優先株式）の株主に対する通知にも適用されるようにも読めましたが、同項の趣旨に照らせば、そのような株主に対する通知についてまで必ず公告によらなければならないこととする必要はありません。そこで、整備法では、同項の規律が振替株式の株主に対する通知にのみ適用されることを明らかにするため、同項の文言を改めることとしています。

（注3）　改正省令では、募集事項についての株主に対する通知が不要になる場合（第201条第5項、施行規則第40条）と同様に、払込期日等の2週間前までに通知事項に相当する事項を内容とする有価証券届出書の提出等がされている場合であって、払込期日等の2週間前の日から払込期日等まで継続して当該有価証券届出書等が公衆の縦覧に供されているときを規定することとしています（施行規則第42条の3）。

Q87 特定引受人に対する募集株式の割当て等について株主総会の承認を要するのは、どのような場合ですか。

A 1 改正法では、総株主の議決権の10分の1以上の議決権を有する株主が、公開会社による通知等（第206条の2第1項から第3項まで）の日[注1]から2週間以内に、特定引受人による募集株式の引受けに反対する旨を公開会社に対して通知したときは、公開会社は、払込期日（または払込期間の初日）の前日までに、株主総会の決議によって、当該特定引受人に対する募集株式の割当てまたは当該特定引受人との間の総数引受契約の承認を受けなければならないこととしています（同条第4項）[注2][注3]。

この承認の決議は、会社の経営を支配する者を決定するという点で、取締役の選任の決議と類似する面があることから、これと同様の決議要件（定足数に係る特則が付された普通決議。第341条参照）によることとしています（第206条の2第5項）。

2 もっとも、株主総会の開催には相当の期間を要するため、株主からこのような反対通知があった場合に常に株主総会の決議を要することとすると、公開会社が事業体としての存立を維持するために必要な資金調達が間に合わず、かえって株主の利益を害する結果となるおそれがある場合があります。

そこで、「当該公開会社の財産の状況が著しく悪化している場合において、当該公開会社の事業の継続のため緊急の必要があるとき」は、総株主の議決権の10分の1以上の議決権を有する株主が反対通知を行ったとしても、株主総会の決議による承認を要しないこととしています（第206条の2第4項ただし書）。

このような趣旨から、公開会社が事業体としての存立を維持するため、という意味で、「事業の継続のため」という文言を用いています[注4]。したがって、第206条の2第4項ただし書の要件は、倒産の危機が迫っている場合等、株主総会を開催していては公開会社の存立自体が危ぶまれるような緊急の事態が生じている場合に初めて充足されるものです。

（注1）　改正省令では、有価証券届出書の提出等がされていることにより株主に対する

通知が不要となる場合（Q86（注3）参照）における、株主による反対通知の期間の初日は、当該公開会社が有価証券届出書の提出等をした日としています（施行規則第42条の4）。

（注2）「会社法制の見直しに関する中間試案」（2011年12月法制審議会会社法制部会取りまとめ）では、総株主の議決権の4分の1を超える議決権を有する株主により反対通知がされた場合に株主総会の決議を要することとする案（同中間試案第1部第3、1⑴のB案）も挙げられていましたが、これに対しては、4分の1という基準を満たすことは困難であるため、これを引き下げるべきであるとの意見が多数を占めました。これを踏まえて、改正法では、総株主の議決権の10分の1を基準とすることとしています。この基準を満たすためには、反対通知を行った1人の株主が総株主の議決権の10分の1以上を有する必要はなく、反対通知を行った複数の株主が有する議決権の合計数が総株主の議決権の10分の1に達すれば足ります。

なお、会社法上、総株主の議決権の10分の1または発行済株式の10分の1を基準とする少数株主権としては、ほかに、会社の解散の訴え（第833条第1項）があります。

（注3）　特定引受人に対する募集株式の割当て等について株主総会の決議による承認を受けなければならない場合であるにもかかわらず、払込期日（または払込期間の初日）の前日までに株主総会の決議による承認を受けることなく株式の発行をすることは、第206条の2第4項に違反するものです。したがって、公開会社がそのような株式の発行をしようとしている場合には、それにより不利益を受けるおそれがある株主は、当該公開会社に対し、そのような株式の発行の差止めを請求することができます（第210条第1号）。

（注4）　このただし書の要件として、要綱では「公開会社の存立を維持するため」という文言が用いられていましたが（第1部第3、1⑴④）、改正法では「公開会社の事業の継続のため」という文言を用いています。しかし、本文で述べたとおり、その実質的な意味に変更はありません。

Q88

公開会社における募集新株予約権の割当て等に関する規律の見直しの概要は、どのようなものですか。

A

1　募集株式の割当て等に関する第206条の2の規律（Q84参照）が容易に潜脱されることを防止するためには、募集新株予約権の割当て等についても、これに相当する規律を設ける必要があります。

そこで、改正法では、募集新株予約権の引受人（募集新株予約権の割当てを受けた申込者または総数引受契約の締結により募集新株予約権の総数を引き受けた者）が、当該募集新株予約権の行使等の結果として公開会社の総株主の議決権の過半数を有することとなり得る場合について、募集株式に関する第206条の2と同様、株主に対する情報開示および株主総会の承認を要するものとする旨の規律を設けることとしています（第244条の2）^(注1)。

2　この規律が適用されるのは、募集新株予約権の引受人について、「当該引受人（その子会社等を含む。）がその引き受けた募集新株予約権に係る交付株式の株主となった場合に有することとなる最も多い議決権の数」を分子とし、その「場合における最も多い総株主の議決権の数」を分母として計算される議決権の保有割合が2分の1を超える場合です（第244条の2第1項）^(注2)。

これは、基本的に募集株式の割当て等の場合と同様の考え方に基づくものですが、募集新株予約権の割当て等の場合に特有の概念として、「交付株式」という用語を用いています。この「交付株式」とは、以下の株式をいうものと定義しています（第244条の2第2項）。

①　募集新株予約権の目的である株式（すなわち、募集新株予約権の行使により交付される株式。第236条第1項第1号）

②　取得条項に基づく募集新株予約権の取得と引換えに交付される株式（第236条第1項第7号ニ）

③　その他募集新株予約権の新株予約権者が交付を受ける株式として法務省令で定める株式^(注3)

このように、新株予約権の行使のほかに株式の交付を受ける方法が存する募集新株予約権（例えば、株式を対価とする取得条項が付された新株予約権）については、交付株式として複数のものが観念されることとなります。この場

合、募集新株予約権の引受人が交付株式の株主となった場合に有することとなる議決権の数も、複数のものが存することとなりますが、これらのうち最も多い数を基準として、議決権の保有割合を定めることとしています。第244条の2第1項第1号および第2号において「最も多い」「議決権の数」としているのは、そのような趣旨によるものです。

　また、引受人の議決権の保有割合の算定に当たって分母となる総株主の議決権数については、募集株式の割当て等の場合（Q85参照）とは異なり、当該募集新株予約権の引受人の全員ではなく、特定引受人（その子会社等を含みます。）のみが、その引き受けた募集新株予約権に係る交付株式の株主となったと仮定して計算されます（すなわち、特定引受人（その子会社等を含みます。）以外の引受人が、その引き受けた募集新株予約権に係る交付株式の株主となったとは仮定しません。）。

　（注1）　株主に対する情報開示について、当該公開会社が振替株式を発行している場合には、当該振替株式の株主に対する通知について、公告による代替を強制することとしているのも（振替法第161条第2項）、募集株式に関する規律（Q86（注2）参照）と同様です。

　また、改正省令では、公開会社が既存の株主に対して通知すべき事項（第244条の2第1項）、株主に対する通知が不要となる場合（同条第4項）や、その場合における株主による反対通知の期間の初日（同条第5項）についても、それぞれ、募集株式の場合（施行規則第42条の2～第42条の4。Q86（注1）（注3）、Q87（注1）参照）と同様の規定を設けることとしています（施行規則第55条の2、第55条の4、第55条の5。なお、後掲（注2）参照）。

　（注2）　このことを踏まえ、改正省令では、公開会社が既存の株主に対して通知すべき事項（第244条の2第1項。前掲（注1）参照）のうち、特定引受人の要件に該当することを基礎付ける情報（Q86（注1）の②～④に相当する事項）として、(i)特定引受人（その子会社等を含みます。）がその引き受けた募集新株予約権に係る交付株式の株主となった場合に有することとなる最も多い議決権の数、(ii)当該交付株式に係る最も多い議決権の数、(iii)上記(i)の場合における最も多い総株主の議決権の数を通知事項としています（施行規則第55条の2第2号～第4号）。

　（注3）　改正省令では、まず、募集新株予約権に、新株予約権または新株予約権付社債を取得対価とする取得条項が付されている場合には、当該新株予約権または当該新株予約権付社債に付された新株予約権（取得対価新株予約権）の目的である株式も、交付株式とすることとしています（施行規則第55条の3第1項第1号）。また、取得対価新株予約権

に株式を対価とする取得条項が付されている場合には、当該株式も、交付株式とすることとしています（同項第2号）。さらに、取得対価新株予約権に、新株予約権または新株予約権付社債を取得対価とする取得条項が付されている場合には、当該新株予約権または当該新株予約権付社債に付された新株予約権も、取得対価新株予約権とみなすこととしています（同条第2項）。これにより、新株予約権または新株予約権付社債を取得対価とする取得条項が何重にも連鎖する場合であっても、その各段階の取得対価新株予約権についての本文①および②に相当する株式も、交付株式となることとなります。

これに加えて、例えば、募集新株予約権の内容として、その目的である株式の数が、当該公開会社の株式の将来の市場価額を指標とする算定方法により定められている場合（第236条第1項第1号参照）等には、特定引受人に対する募集新株予約権の割当ての決定等の日（割当等決定日）において、交付株式の数が確定しないこととなり得ます。そのような場合であっても、当該割当て等について第244条の2の規定の適用があるかどうかを明確に判断できるようにするために、改正省令では、交付株式の数が割当等決定日後のいずれか一の日の市場価額その他の指標に基づき決定する方法その他の算定方法により決定される場合における当該交付株式の数は、割当等決定日の前日に当該交付株式が交付されたものとみなして計算した数とすることとしています（施行規則第55条の3第3項）。

Q89
支配株主の異動を伴う募集株式または募集新株予約権の割当て等に関する規律についての経過措置の内容は、どのようなものですか。

A
1 改正法においては、募集株式または募集新株予約権の発行等について、支配株主の異動を伴う割当て等に関する規律（第206条の2、第244条の2）を新たに設けることとしています。

2 しかし、改正法の施行日前に募集事項の決定があった場合には、改正前の規律を前提に、募集株式または募集新株予約権の発行等に向けた一連の手続が開始されたものといえます。

この場合に改正後の新たな規律を適用すると、特定の引受人に対する募集株式または募集新株予約権の割当て等について株主総会の決議を要することとなる等、改正前の規律を前提に一連の手続を進めた発行会社やその株主その他の利害関係者の予測に反する結果を招くおそれがあります。加えて、既に開始した募集株式または募集新株予約権の割当て等に関する手続のやり直しを余儀なくされる等、無用な混乱やコストを生ずることにもなり得ます。

3 そこで、改正法附則第12条および第13条第1項は、改正法の施行日前に募集事項の決定があった場合におけるその募集株式または募集新株予約権については、改正後の支配株主の異動を伴う割当て等に関する規定（第206条の2、第244条の2）を適用しないこととしています[注]。

（注） 募集新株予約権以外の新株予約権として、取得条項付株式の取得の対価として発行される新株予約権（第107条第2項第3号ホ）、新株予約権無償割当て（第277条）により発行される新株予約権、組織再編に際して新株予約権の対価として発行される新株予約権（第749条第1項第4号イ等）等があります。しかし、募集新株予約権以外の新株予約権については、申込者に対する割当て（第243条）や総数引受契約による引受け（第244条）が観念されないため、これらに関して新たな規律を定める第244条の2の規定は、もとより適用の余地がありません。そこで、募集新株予約権以外の新株予約権について、第244条の2の規定に関する経過措置は設けていません（改正法附則第13条第2項参照）。

第2 仮装払込みによる募集株式の発行等

Q90 払込み等の仮装に関する規律の見直しの概要は、どのようなものですか。

A 1 改正前の会社法では、募集株式の発行等に際して出資の履行が仮装された場合に、出資の履行を仮装した募集株式の引受人や仮装に関与した取締役等に責任を課す規定は定められていませんでした。

2 しかし、募集株式の発行等に際して出資の履行が仮装される場合には、本来拠出されるべき財産が拠出されていないにもかかわらず、外観上は出資の履行がされたものとして募集株式の発行等が行われることになりますから、既存株主から募集株式の引受人に対して、不当な価値の移転が生じます[注]。

そのため、出資の履行を仮装した募集株式の引受人には、株式会社に対して、本来拠出すべきであった財産を拠出させ、他の株主から不当に移転を受けた価値を実質的に返還させることが相当です。

そこで、改正法では、募集株式の引受人は、募集株式の払込金額の払込み等を仮装した場合には、株式会社に対し、払込みを仮装した払込金額の全額の支払等をする義務を負うこととしています（第213条の2第1項。Q91参照）。

3 また、募集株式の引受人が出資の履行を仮装することに関与した取締役や執行役は、出資の履行を仮装したことによる募集株式の発行等について責任を負うべき立場にあります。

そこで、改正法では、出資の履行を仮装することに関与した取締役や執行役も、株式会社に対し、募集株式の引受人と連帯して金銭を支払う義務を負うこととしています（第213条の3。Q92参照）。

4 そして、これらの義務が履行されない間は、本来拠出されるべき財産が拠出されていない以上、募集株式の引受人に株主の権利の行使を認めるのは相当ではありません。

そこで、改正法では、出資の履行を仮装した募集株式の引受人は、これら

の義務が履行された後でなければ、株主の権利を行使することができないこととしています（第209条第2項。Q93参照）。

5　なお、株式会社の設立に際して発起人または設立時募集株式の引受人が出資の履行を仮装した場合や、募集新株予約権の発行時または新株予約権の行使時における払込み等が仮装された場合にも、株主間における不当な価値の移転が生ずることとなるため、出資の履行が仮装された場合の募集株式の発行等と同様の規律を設けることとしています（第52条の2、第102条の2、第286条の2等。詳細はQ94、Q95参照）。

　（注）　出資の履行を仮装した募集株式の引受人は、財産を拠出することなく募集株式を取得することとなる一方、財産が拠出されないまま発行済株式の総数が増加することにより、既存株主が有する株式1株当たりの価値が減少（希釈化）するため、経済実態としては、これらの既存株主から募集株式の引受人に対する価値の移転が生ずることになります。

Q91 出資の履行を仮装した募集株式の引受人は、どのような義務を負いますか。

A 1 出資の履行を仮装した募集株式の引受人には、株式会社に対して、本来拠出すべきであった財産を拠出させ、これによって、他の株主から不当に移転を受けた価値を実質的に返還させることが相当です（Q90参照）。

2 そこで、改正法では、募集株式の引受人は、募集株式の払込金額の払込み（金銭出資）を仮装した場合には、株式会社に対し、払込みを仮装した払込金額の全額の支払をする義務を負うこととしています（第213条の2第1項第1号）。

また、現物出資財産の給付（現物出資）を仮装した場合（注1）には、株式会社に対し、現物出資財産の給付をする義務を負うこととしつつ、株式会社が請求した場合には、これに代えて、現物出資財産の価額に相当する金銭の全額の支払をする義務を負うこととしています（第213条の2第1項第2号）。このように、現物出資が仮装された場合に、株式会社の選択により金銭による支払を請求することができることとしたのは、一旦現物出資財産の給付が仮装された場合には、株式会社として、当該現物出資財産を給付させるのではなく、拠出されるはずであった価値を金銭で補償させることを望む場合もあると考えられるところ、そのような金銭補償の選択を認めることは、引受人が不当に移転を受けた価値の返還という目的との関係でも合理的であるからです（注2）（注3）。

3 これらの出資の履行を仮装した募集株式の引受人の義務は、株主代表訴訟による責任追及の対象とすることとしています（第847条第1項）。これは、出資の履行が仮装される場合には、募集株式の引受人と取締役等が結託しているため、取締役等は、募集株式の引受人に対する責任追及を懈怠するおそれがあるからです。

また、この義務について、一般の債務免除と同様の手続により免除することを認めると、募集株式の引受人と取締役等との馴れ合いにより、他の株主の利益が害されるおそれがあります。そこで、この義務は、総株主の同意がなければ免除することができないこととしています（第213条の2第2項）。

（注1）　例えば、振替制度の対象である上場株式が現物出資財産となる場合に、口座振替によって給付がされた直後にこれを別口座に振り替えて引受人に還流させること等により、給付が仮装されることがあり得ると考えられます。

（注2）　このような趣旨からすると、「現物出資財産の価額」とは、払込期日の時点における価額をいうものと解されます。

（注3）　改正省令では、出資の履行を仮装した募集株式の引受人の義務の履行により株式会社に対して支払われた金銭等の額を、その他資本剰余金の額に算入することとしています（計算規則第21条第5号）。これに対し、募集株式の引受人による出資の履行の仮装に関与した取締役等の義務（Q92参照）の履行により株式会社に対して支払われた金銭の額の取扱いについては、改正省令において特段の規定を設けておらず、当該金銭の額については、損害賠償責任の履行として、義務が履行された事業年度の利益（その他利益剰余金）として認識されることとなります。これらの整理は、募集株式の引受人および取締役等の現物出資財産の価額填補責任（第212条第1項第2号、第213条第1項）が履行された場合の取扱い等を参考にしたものです。

Q92 募集株式の引受人が出資の履行を仮装することに関与した取締役等は、どのような義務を負いますか。

A 1 募集株式の引受人が出資の履行を仮装することに関与した取締役や執行役（取締役等）は、出資の履行を仮装したことによる募集株式の発行等について責任を負うべき立場にあります。

そこで、改正法では、当該引受人だけでなく、出資の履行を仮装することに関与した取締役等として法務省令で定める者^(注1)も、株式会社に対して、金銭を支払う義務を負うこととしています（第213条の3第1項本文）。その金額は、募集株式の引受人が金銭の支払義務を負う場合に支払うべきものとされる金額と同額であり、金銭出資の場合には払込みを仮装した払込金額の全額、現物出資の場合には現物出資財産の価額に相当する金銭の全額となります。第213条の3第1項中の第213条の2第1項「各号に規定する支払」とは、このような意味です^(注2)。

2 この義務は、出資の履行が仮装されたことについて、取締役等に帰責性があることに基づくものですので、仮装に関与した取締役等であっても、その職務を行うについて注意を怠らなかったことを証明すれば、義務を免れることとしています。ただし、出資の履行を仮装した取締役等^(注3)は、その行為態様に鑑み、このような証明により義務を免れることはできないこととしています（第213条の3第1項ただし書）。

3 出資の履行を仮装した募集株式の引受人が金銭の支払義務を負う場合（すなわち、①金銭出資の場合および②現物出資の場合であって株式会社が現物出資財産の価額に相当する金銭の支払を請求したとき）には、そのような支払義務（第213条の2第1項）と、第213条の3第1項の規定により取締役等が負う支払義務は、連帯債務の関係となります（同条第2項）。

4 この取締役等が負う義務は、株主代表訴訟による責任追及の対象となります（第847条第1項にいう「役員等……の責任を追及する訴え」に該当します。）^(注4)。

（注1）改正省令では、利益供与に関与した取締役等として責任を負うべき者について定める施行規則第21条を参考にした規定を設けることとしています（施行規則第46条の

2）。具体的には、まず、第213条の3第1項において、取締役等は、その職務として行う行為によって出資の履行の仮装に関与したために責任を負うこととされていること（同項ただし書参照）を踏まえ、①出資の履行の仮装に関する職務を行った取締役等が責任を負うこととしています（施行規則第46条の2第1号）。また、いわゆる見せ金等については、複数の行為の全体をとらえて出資の履行の仮装と判断される場合も多いところ、それらの個々の行為が取締役会の決議や株主総会の決議に基づいて行われることも考えられることから、②出資の履行の仮装が取締役会の決議に基づいて行われたときは、(i)当該取締役会の決議に賛成した取締役、(ii)当該取締役会に当該出資の履行の仮装に関する議案を提案した取締役等（同条第2号）、③出資の履行の仮装が株主総会の決議に基づいて行われたときは、(i)当該株主総会に当該出資の履行の仮装に関する議案を提案した取締役、(ii)当該議案の提案の決定に同意した取締役（取締役会設置会社の取締役を除きます。）、(iii)当該議案の提案が取締役会の決議に基づいて行われたときは、当該取締役会の決議に賛成した取締役、(iv)当該株主総会において当該出資の履行の仮装に関する事項について説明をした取締役等（同条第3号）も責任を負うこととしています。

　（注2）　募集株式の引受人による出資の履行の仮装に関与した取締役等の義務（第213条の3第1項）の履行により株式会社に対して支払われた金銭の額の取扱いについては、Q91（注3）参照。

　（注3）　「出資の履行を仮装することに関与した」取締役等のうち、どのような者が「当該出資の履行を仮装したもの」に該当するかは、具体的な行為の態様、出資の履行の仮装において果たした役割等により判断されることとなります。具体的には、出資の履行を仮装した引受人と共謀し、一旦株式会社に払い込まれた金銭に相当する額の金銭を当該引受人に返還した取締役等がこれに該当し得ます。

　（注4）　出資の履行を仮装することに関与した取締役等は、出資の履行の仮装によって自らが利益を得るわけではないこと等を踏まえ、この義務の免除については、総株主の同意を要するものとはしていません。

Q93　出資の履行の仮装によって発行された株式に関する法律関係は、どのようになりますか。

A　1　募集株式の引受人が出資の履行を仮装した場合でも、新株発行等の無効の訴え（第828条第1項第2号・第3号）の認容判決が確定するまでの間は、募集株式の発行等は有効なものとして扱われますので[注]、当該引受人が当該募集株式の株主となります。

この場合、募集株式の引受人および仮装に関与した取締役等は、それぞれ金銭の支払等をする義務を負うこととなりますが（第213条の2第1項、第213条の3第1項）、これらの義務が履行されない間は、本来拠出されるべき財産が拠出されていない以上、募集株式の引受人に株主の権利の行使を認めるのは相当ではありません。

そこで、改正法では、出資の履行を仮装した募集株式の引受人は、自ら第213条の2第1項の義務を履行し、または取締役等が第213条の3第1項の義務を履行した後でなければ、株主の権利を行使することができないこととしています（第209条第2項）。この「株主の権利」には、配当受領権等の自益権のみならず、株主総会における議決権等の共益権も含まれます。

もっとも、出資の履行が仮装されたことを知らずに募集株式を譲り受けた者についてまで株主の権利の行使を認めないこととすると、募集株式の取引の安全を害することとなります。また、そのような譲受人は、出資の履行の仮装によって自ら利得を得た者ではありませんから、一律に権利行使を否定すべき理由はありません。

そこで、募集株式の譲受人は、悪意または重過失がない限り、株主の権利を行使することができることとしています（第209条第3項）。

2　そして、取締役等が第213条の3第1項の義務を履行した場合でも、当該取締役等が募集株式を取得するわけではなく、募集株式の引受人（またはその承継人）が引き続き募集株式を有することとなります。この場合、取締役等は、募集株式の引受人に対し、民法上の一般原則に基づいて、求償をすることができると解されます。

（注）　改正前の会社法の下では、出資の履行が仮装された場合の出資の効力や募集株式

の発行等の効力については解釈が分かれ得るところでしたが、改正法は、これらの点について特定の解釈を前提としたものではありません。これらの点については、引き続き解釈論に委ねられることとなります。また、個別事案における具体的事情によっては、新株発行が不存在となることもあり得ると考えられ、改正法は、そのような解釈がされることを否定するものでもありません。

Q94 株式会社の設立に際して出資の履行が仮装された場合における規律の概要は、どのようなものですか。

A 1 株式会社の設立に際して、設立時発行株式についての出資の履行が仮装された場合にも、募集株式について出資の履行が仮装された場合と同様（Q90参照）、出資の履行を仮装した発起人または設立時募集株式の引受人に対する不当な価値の移転が生ずるため、それ以外の株主の利益を保護する必要があります。そこで、改正法では、株式会社の設立に際して出資の履行が仮装された場合にも、募集株式の発行等の場合と同様の規律を定めることとしています。

2 まず、発起人が設立時発行株式についての出資の履行を仮装した場合には、当該発起人は、株式会社に対し、金銭出資の場合には払込みを仮装した出資に係る金銭の全額の支払を、現物出資の場合には給付を仮装した財産の全部の給付（株式会社が請求した場合には、当該財産の価額に相当する金銭の全額の支払）をする義務を負うこととしています（第52条の2第1項）。

また、発起人がその出資の履行を仮装することに関与した他の発起人または設立時取締役として法務省令で定める者[注1]は、株式会社に対し、自らの出資の履行を仮装した発起人と同額の金銭の支払義務を負うこととしています（第52条の2第2項本文）[注2]。ただし、出資の履行を仮装した者を除き、発起人等がその職務を行うについて注意を怠らなかったことを証明すれば、この義務を負わないこととしています（同項ただし書）。

これらの発起人または設立時取締役の義務は、株主代表訴訟による責任追及の対象となり（第847条第1項）、また、その免除には総株主の同意を要することとしています（第55条）[注3]。

発起人は、これらの義務が履行された後でなければ、出資の履行を仮装した設立時発行株式について、設立時株主の権利（例えば、創立総会における議決権）を行使することができず、また、株主の権利を行使することもできないこととしています（第52条の2第4項）。これに対して、設立時発行株式またはその株主となる権利[注4]の譲受人は、出資の履行の仮装について悪意または重過失でない限り、設立時株主および株主の権利を行使することができることとしています（同条第5項）。

162 第3章 資金調達の場面におけるコーポレート・ガバナンスの在り方 第2 仮装払込みによる募集株式の発行等

　3　次に、設立時募集株式の引受人が払込金額の払込みを仮装した場合には、当該引受人は、株式会社に対し、払込みを仮装した払込金額の全額の支払をする義務を負うこととしています（第102条の2第1項）^(注5)。

　また、設立時募集株式の引受人が払込みを仮装することに関与した発起人または設立時取締役として法務省令で定める者^(注6)は、株式会社に対し、当該設立時募集株式の引受人と連帯して、同人と同額の金銭の支払義務を負うこととしています（第103条第2項本文。(注2)参照）。これらの者（払込みを仮装したものを除きます。）が注意を怠らなかったことを証明すればこの義務を負わないことは、発起人が出資の履行を仮装した場合と同様です（同項ただし書）。

　これらの義務は、株主代表訴訟による責任追及の対象となり（第847条第1項）、また、その免除には総株主の同意を要することとしています（第102条の2第2項、第103条第3項）。

　設立時募集株式の引受人またはその承継人による設立時株主および株主の権利の行使の制限についても、発起人が出資の履行を仮装した場合と同様の規律を設けています（第102条第3項・第4項）。

　（注1）　改正省令では、募集株式の引受人が出資の履行を仮装することに関与した取締役等について定める施行規則第46条の2（Q92（注1）参照）と同様の規定を設けることとしています（施行規則第7条の2）。なお、発起人については取締役会のような会議体は法定されていないことを踏まえ、施行規則第46条の2第2号および第3号ハに相当する規定は設けていません。

　（注2）　改正省令では、募集株式についての出資の履行が仮装された場合（Q91（注3）参照）と同様、出資の履行を仮装した発起人の義務の履行により株式会社に対して支払われた金銭等の額および出資の履行を仮装した設立時募集株式の引受人の義務の履行により株式会社に対して支払われた金銭等の額について、その他資本剰余金の額に算入することとする（計算規則第21条第2号・第3号）一方で、発起人または設立時募集株式の引受人による出資の履行の仮装に関与した他の発起人等の義務の履行により株式会社に対して支払われた金銭の額の取扱いについては、特段の規定を設けないこととしています。

　（注3）　会社法上、株式会社の設立時の現物出資財産の価額塡補責任については、当該財産を給付した者以外の発起人および設立時取締役の責任を含めて、その免除に総株主の同意を要することとされていること（第52条第1項、第55条参照）等を踏まえ、改正法では、株式会社の設立に際して出資の履行が仮装された場合については、出資の履行の仮

装によって自らが利益を得ることとなる発起人の義務だけでなく、出資の履行を仮装することに関与した他の発起人または設立時取締役の義務の免除についても、総株主の同意を要することとしています。

（注4）　設立時発行株式の株主となる権利の譲渡は、成立後の株式会社に対抗することができないとされていますので（第35条、第50条第2項）、その譲受人が株主の権利を行使することができるのは、株式会社の側から当該譲渡を認める場合に限られることとなります。

（注5）　設立時募集株式の引受人については、現物出資は認められていないため（第58条第1項、第63条参照）、現物出資の仮装に関する規定は設けていません。

（注6）　改正省令では、発起人が出資の履行を仮装することに関与した他の発起人等について定める施行規則第7条の2（前掲（注1）参照）と同様の規定を設けることとしています（施行規則第18条の2）。

Q95　新株予約権に係る払込み等が仮装された場合における規律の概要は、どのようなものですか。

A　**1　規律の概要**
　募集株式につき払込み等が仮装された場合と同様、その発行時における金銭の払込み等が仮装された新株予約権が行使された場合や新株予約権の行使時における金銭の払込み等が仮装された場合にも、本来拠出されるべき財産が拠出されないまま株式が発行される結果、他の株主から払込み等を仮装した新株予約権者等に対する不当な価値の移転が生ずるため、他の株主の利益を保護する必要があります。そこで、改正法では、これらの場合についても、募集株式の発行等の場合と同様の規律を定めることとしています。

2　新株予約権を行使した新株予約権者の義務
　募集株式とは異なり、新株予約権については、その発行時とその行使時のそれぞれの段階で払込み等が仮装されることが想定されますから、それぞれの場合に応じた規律とすることとしています。

⑴　**募集新株予約権の発行時における払込み等が仮装された場合**
　まず、募集新株予約権の発行時の払込金額の払込み（第246条第1項）が仮装された場合であっても、募集新株予約権が行使されていないときは、本来拠出されるべき財産が拠出されないまま株式が発行されるという事態には至っておらず、他の株主から新株予約権者に対する不当な価値の移転は生じていません。
　そこで、このような払込みを仮装した新株予約権者は、自ら募集新株予約権を行使して不当な価値の移転を受けた場合に、株式会社に対し、払込みが仮装された払込金額の全額の支払をする義務を負うこととしています（第286条の2第1項第1号）。
　そして、その発行時における払込みが仮装された募集新株予約権を譲り受けた者がこれを行使した場合にも、払込みを仮装した者が自ら募集新株予約権を行使した場合と同様に、価値の移転が生ずることとなります。しかし、当該募集新株予約権の譲受人が常に払込みを仮装した者と同様の義務を負うこととすれば、新株予約権の取引の安全を害することとなります。そこで、当該募集新株予約権の譲受人は、払込みの仮装について悪意または重過失が

ある場合に限って、払込みを仮装した者と同様の義務を負うこととしています（第286条の2第1項第1号）。

また、新株予約権者が募集新株予約権の発行時における払込金額の払込みに代えて行う財産の給付（第246条第2項）を仮装した場合において、当該給付を仮装した者または悪意もしくは重過失により当該募集新株予約権を譲り受けた者が当該募集新株予約権を行使したときにも、これらの者は、当該財産の給付（株式会社が請求した場合には、当該財産の価額に相当する金銭の全額の支払）をする義務を負うこととしています（第286条の2第1項第1号）。

(2) 新株予約権の行使時における払込み等が仮装された場合

次に、新株予約権の行使時における払込み等が仮装された場合には、新株予約権を行使した新株予約権者が、株式会社に対して、金銭の支払等をする義務を負うこととしています（第286条の2第1項第2号・第3号）。

具体的な義務の内容は、①金銭の払込み（第281条第1項・第2項後段）が仮装された場合には当該金銭の全額の支払であり、また、②金銭以外の財産の給付（同条第2項前段）が仮装された場合には、当該財産の給付（株式会社が請求したときは、当該財産の価額に相当する金銭の全額の支払）です。

なお、この義務は、募集新株予約権以外の新株予約権[注1]の行使時における払込み等が仮装された場合にも、生ずることとしています。

(3) 責任追及の方法等

このような新株予約権者の義務[注2]は、株主代表訴訟による責任追及の対象とすることとしています（第847条第1項）。また、その免除には、総株主の同意を要することとしています（第286条の2第2項）。これらは、募集株式の発行等に際して出資の履行を仮装した引受人の義務（Q91参照）と同様です。

3 払込み等を仮装することに関与した取締役等の義務

新株予約権者がこのような払込み等の仮装に係る義務を負う場合には、新株予約権の発行時または行使時における払込み等を仮装することに関与した取締役等として法務省令で定める者[注3]も、株式会社に対して、金銭を支払う義務を負うこととしています（第286条の3第1項本文）。その金額は、新株予約権者が金銭の支払義務を負う場合に支払うべきものとされる金額と同額です。ただし、払込み等を仮装した者を除き、取締役等がその職務を行

うについて注意を怠らなかったことを証明した場合には、この義務を負わないこととしています（同項ただし書）。

このような取締役等の義務は、募集株式の発行等に際して出資の履行を仮装することに関与した取締役等の義務（第213条の3）と同様（Q92参照）、株主代表訴訟による責任追及の対象となります（第847条第1項）[注4]。

4　新株予約権の目的である株式に関する権利行使の制限

新株予約権を行使した新株予約権者であって払込み等の仮装に係る義務を負うものは、その義務または仮装に関与した取締役等の義務が履行された後でなければ、払込み等が仮装された新株予約権の目的である株式（すなわち、当該新株予約権の行使により発行された株式）について、株主の権利を行使することができないこととしています（第282条第2項）。これに対して、当該株式の譲受人は、払込み等の仮装について悪意または重過失でない限り、株主の権利を行使することができることとしています（同条第3項）。

（注1）　募集新株予約権以外の新株予約権としては、取得条項付株式の取得の対価として発行される新株予約権（第107条第2項第3号ホ）、新株予約権無償割当て（第277条）により発行される新株予約権、組織再編に際して新株予約権の対価として発行される新株予約権（第749条第1項第4号イ等）等があります。

（注2）　改正省令では、出資の履行を仮装した募集株式の引受人の義務（Q91（注3）参照）と同様、このような新株予約権者の義務の履行により株式会社に対して支払われた金銭等の額を、その他資本剰余金の額に算入することとしています（計算規則第21条第7号）。

（注3）　改正省令では、募集株式の引受人が出資の履行を仮装することに関与した取締役等について定める施行規則第46条の2（Q92（注1）参照）と同様の規定を設けることとしています（施行規則第62条の2）。

（注4）　このような取締役等の義務について、改正法で、その免除について総株主の同意を要することとはしておらず、また、改正省令で、その履行により株式会社に対して支払われた金銭の額の取扱いにつき特段の規定を設けないこととしているのは、募集株式の引受人による出資の履行の仮装に関与した取締役等の義務（Q91（注3）、Q92（注4）参照）と同様です。

Q96
払込み等の仮装に関する経過措置の内容は、どのようなものですか。

A 1 改正法では、設立時発行株式、募集株式および新株予約権について、払込み等の仮装に関する規律を新たに設けることとしています（第52条の2、第102条の2、第213条の2、第286条の2等）。

2 しかし、改正法の施行日前に、株式会社の設立に係る定款の認証を受けた場合（設立時発行株式）、募集株式について募集事項の決定があった場合または募集新株予約権について募集事項の決定があった場合には、改正前の規律を前提に、それぞれ、株式会社の設立、募集株式の発行等または募集新株予約権の発行に向けた一連の手続が開始されたものといえます。また、施行日前に発行された募集新株予約権以外の新株予約権についても、施行日前の規律を前提に、発行され流通しているものです。

そのような場合に、払込み等の仮装に関する改正後の規律を適用することとすると、改正前の規律を前提に株式会社の設立、募集株式の発行等または募集新株予約権の発行に向けた一連の手続を進めていた株式会社やその株主、改正前の規律を前提に募集新株予約権以外の新株予約権を取得した者その他の利害関係者の予測に反する結果を招くおそれがあります。

3 そこで、改正法附則第6条、第12条および第13条は、改正法の施行日前に認証を受けた定款に係る株式会社の設立に際して発行する設立時発行株式、施行日前に募集事項の決定があった募集株式もしくは募集新株予約権または施行日前に発行された募集新株予約権以外の新株予約権については、改正法により新たに設けられる払込み等の仮装に関する規律を適用しないこととしています。

第3 新株予約権無償割当てに関する割当ての通知

Q97 新株予約権無償割当てについての改正の概要は、どのようなものですか。

A 1 改正前の会社法では、株式会社が新株予約権無償割当てをする場合、株主およびその登録株式質権者に対し、新株予約権の行使期間の初日の2週間前までに、割当てを受けた新株予約権の内容および数を通知しなければならないものとされていました（改正前の第279条第2項）。これについては、新株予約権無償割当てを用いた資金調達方法（いわゆるライツ・オファリング）による資金調達を普及させる観点から、資金調達が完了するのに必要な期間を短縮することができるように、割当ての通知の在り方を見直すべきであるとの指摘がされていました。

2 改正前の会社法において、割当ての通知を新株予約権の行使期間の初日の2週間前までにしなければならないこととされていたのは、新株予約権無償割当てを受けた株主に対して、新株予約権の行使の準備をする時間的余裕を与えるためでした。もっとも、このような趣旨からすれば、割当ての通知は、新株予約権の行使期間の末日の2週間前までにされれば足りるものと考えられます。

また、割当ての通知は、新株予約権無償割当てにより株主が有する権利の内容に変更が生ずることから、その内容を株主および登録株式質権者に知らせるという機能も有しています。このような機能を果たすためには、割当ての通知は、新株予約権無償割当ての効力発生日後遅滞なくされる必要があると考えられます^(注1)。

3 そこで、改正法では、割当ての通知について、新株予約権無償割当てがその効力を生ずる日（第278条第1項第3号）後遅滞なくしなければならないこととするとともに（第279条第2項）、当該通知が当該新株予約権の行使期間の末日の2週間前までにされることを確保するため、新株予約権の行使期間の末日が当該通知の日から2週間を経過する日より前に到来するときは、当該行使期間が、当該通知の日から2週間を経過する日まで延長された

ものとみなすこととしています（同条第3項）[注2]。

（注1）　同様の機能を有する株式無償割当てにおける割当ての通知については、効力発生日後遅滞なくしなければならないこととされています（第187条第2項）。

（注2）　改正前は、割当ての通知の後の日を新株予約権の行使期間の初日とする必要があるため、割当ての対象となる株主が確定した後、割当ての通知の送付に必要となる印刷、封入等の実務的な準備作業に必要な時間を行使期間の開始前に見込んでおかなければなりませんでしたが、改正後は、このような作業を行使期間中に行うことも可能となるため、ライツ・オファリングのために実務上必要となる期間が短縮されることが見込まれます。

Q98　新株予約権無償割当てにおいて、割当ての通知が新株予約権の行使期間の末日の2週間前より遅れてされた場合、どの範囲の株主に当該行使期間の延長の効果が及ぶことになりますか。

A　1　改正法では、新株予約権無償割当てにおける割当ての通知がされた場合において、新株予約権の行使期間の末日が当該通知の日から2週間を経過する日より前に到来するときは、当該行使期間が、当該通知の日から2週間を経過する日まで延長されたものとみなすこととしています（第279条第3項。Q97参照）。

　2　この2週間という期間は、各株主に対して新株予約権の行使の準備をする時間的余裕を与える趣旨で設けられていることからすれば、ある特定の株主に対する割当ての通知が新株予約権の行使期間の末日の2週間前より遅れてされた場合には、当該株主に限って当該行使期間の延長を認めれば足り、それ以外の株主についてまで当該行使期間の延長を認める必要はありません。また、それ以外の株主についてまで当該行使期間の延長を認めると、いたずらに新株予約権に係る法律関係を不安定にし、株式会社に不測の損害を与えるおそれも生じます。

　3　したがって、ある特定の株主に対する割当ての通知が新株予約権の行使期間の末日の2週間前より遅れてされた場合に、この規定により当該行使期間が延長されるのは、当該株主との関係に限られ、他の株主には、このような延長の効果は及びません[注1][注2]。

　（注1）　そのため、第279条第3項の規定により、ある株主の有する新株予約権の行使期間が延長されたとしても、新株予約権に係る登記（第911条第3項第12号ロ参照）の変更を要するものではありません。

　（注2）　割当ての通知は株主または登録株式質権者に対する通知ですから、各株主または登録株式質権者に対して「通常到達すべきであった時」に到達したものとみなされます（第126条第2項、第150条第2項）。

| Q99 | 新株予約権無償割当てに関する割当ての通知の改正についての経過措置の内容は、どのようなものですか。 |

A 1 施行日前に新株予約権無償割当てに関する事項の決定があった場合における当該新株予約権無償割当てについては、なお従前の例によることとされています（改正法附則第14条）。

2 これは、施行日前に当該決定があった場合には、改正前の規律を前提に新株予約権無償割当てに向けた一連の手続が開始されたといえることから、これに改正後の規律を適用すると、株式会社や株主その他の利害関係者の予測に反するなど、無用の混乱・コストを生じさせるおそれがあることを考慮したものです。

第3編

親子会社に関する規律の整備

第1章 親会社株主の保護等

第1 多重代表訴訟制度等

1 多重代表訴訟制度（特定責任追及の訴えの制度）

Q100 いわゆる多重代表訴訟制度の概要は、どのようなものですか。

A 1 いわゆる多重代表訴訟制度とは、企業グループの頂点に位置する株式会社（最終完全親会社等）の株主が、その子会社（孫会社も含みます。）の取締役等^(注)の責任について代表訴訟を提起することができる制度をいいます（第847条の3）。

2 すなわち、改正法では、6か月前から引き続き株式会社の最終完全親会社等の総株主の議決権または発行済株式の100分の1以上を有する株主は、当該株式会社に対し、特定責任に係る責任追及等の訴え（特定責任追及の訴え）の提起を請求することができ（第847条の3第1項）、当該株式会社が当該請求の日から60日以内に特定責任追及の訴えを提起しないときは、当該請求をした最終完全親会社等の株主は、特定責任追及の訴えを提起することができることとしています（同条第7項）。

3 多重代表訴訟は、通常の代表訴訟とは、大きくは次の点で異なっています。

① 多重代表訴訟を提起することができるのは、最終完全親会社等の株主であり、かつ、最終完全親会社等の総株主の議決権または発行済株式の100分の1以上を有するものであること（Q102、Q103、Q105参照）。

なお、「最終完全親会社等」とは、株式会社の完全親会社等（第847条の3第2項）であって、その完全親会社等がないものをいい（同条第1項）、その企業グループの最上位に位置する株式会社を指す概念です。

② 多重代表訴訟の対象となるのは、重要な子会社の取締役等の責任、す

なわち特定責任であること（Q109参照）。

　なお、「特定責任」とは、取締役等の責任の原因となった事実が生じた日において、最終完全親会社等およびその完全子会社等における株式会社の株式の帳簿価額が当該最終完全親会社等の総資産額の5分の1を超える場合における当該株式会社の取締役等（発起人等）の責任をいうこととしています（第847条の3第4項、施行規則第218条の6）。

　（注）　条文上は、「発起人等」としています（第847条の3第4項）。「発起人等」とは、具体的には、発起人、設立時取締役、設立時監査役、役員等（取締役、会計参与、監査役、執行役または会計監査人。第423条第1項）または清算人をいいます（第847条第1項）。

176 第1章 親会社株主の保護等 第1 多重代表訴訟制度等

Q101 いわゆる多重代表訴訟制度を創設することとした理由は、何ですか。

A 1 改正前の会社法では、株式会社の株主は、当該株式会社の発起人等に対して代表訴訟を提起することができましたが、当該株式会社の子会社の発起人等に対しては、これを提起することができませんでした。

2 しかし、平成9年の私的独占の禁止及び公正取引の確保に関する法律の改正により持株会社が解禁され、また、平成11年の商法改正により株式交換・株式移転の制度が創設されたことにより、持株会社形態や完全親子会社関係にある企業グループが多数作成されるようになりました。そして、このような企業グループにおいては、実際に事業活動を行う完全子会社の企業価値が、その完全親会社である持株会社の企業価値に大きな影響を与え得ることになります。

他方で、株式会社の発起人等が株式会社に対して責任を負っている場合であっても、当該発起人等と当該株式会社の完全親会社の取締役との間の人的関係や仲間意識から、当該完全親会社が当該株式会社の株主として代表訴訟を提起する等して当該発起人等の責任を追及することを懈怠するおそれが類型的かつ構造的に存在します。そのため、当該株式会社の損害が賠償されず、その結果として当該完全親会社ひいてはその株主が不利益を受けることとなる可能性があります。

3 そこで、改正法では、このような地位に置かれる完全親会社の株主を保護するために、いわゆる多重代表訴訟制度を創設し、完全親会社（最終完全親会社等）の株主が訴えによりその完全子会社の発起人等の損害賠償責任等を追及することができることとしています（第847条の3）。

Q102

「最終完全親会社等」の株主が特定責任追及の訴えの提起を請求することができることとした理由は、何ですか。

A　1　特定責任追及の訴えを提起することができるのは、最終完全親会社等の株主であるところ、最終完全親会社等とは、①株式会社の完全親会社等（第847条の3第2項。Q103参照）であって、②その完全親会社等がないものをいいます（同条第1項）。

2　上記①の要件（「完全親会社等」であること）を必要とした点について

株式会社とその親会社との関係が完全親子会社関係ではなく、当該株式会社の株主に、親会社のほか、少数株主が存在する場合には、当該少数株主が当該株式会社の発起人等の責任を追及することを期待することができます。そのため、このような場合には、当該親会社の株主に、当該株式会社の発起人等の責任を追及する権利を認める必要はありません。これに対し、完全親子会社関係がある場合には、完全親会社以外に当該株式会社の株主がいないことから、代表訴訟によって当該株式会社の発起人等の責任を追及することが懈怠されるおそれがあります。

そこで、特定責任追及の訴えの提起を請求することができるのは、完全親会社等の株主に限ることとしています（第847条の3第1項）。

3　上記②の要件（「最終」完全親会社等であること）を必要とした点について

完全親子会社関係が多層的であり、株式会社とその最終完全親会社等との間に完全子会社（中間完全子会社）が存在する場合、当該中間完全子会社は、グループ企業の最上位に位置する最終完全親会社等にその経営を支配されています。そのため、このような中間完全子会社（例えば、当該株式会社の完全親会社の株主ではあるが、最終完全親会社等ではない株式会社）に特定責任追及の訴えの提起を請求する権利を認めても、当該中間完全子会社が当該権利を行使することは期待し難いと考えられます。

そこで、特定責任追及の訴えの提起を請求することができるのは、その完全親会社等がなく、グループ企業の最上位に位置する株式会社の株主、すなわち、株式会社の最終完全親会社等の株主に限ることとしています[注]。

178　第1章　親会社株主の保護等　　第1　多重代表訴訟制度等

　（注）　例えば、一般社団法人がグループ企業の最上位に位置する株式会社の発行済株式
　の全部を有する場合には、当該一般社団法人が「最終完全親会社等」に該当してその社員
　が多重代表訴訟の原告適格を有するわけではなく、あくまでも、当該株式会社が「最終完
　全親会社等」に該当し、当該一般社団法人が当該株式会社の株主として多重代表訴訟の原
　告適格を有することとなります。

Q103 「完全親会社等」とは、どのようなものですか。

A 1 「完全親会社等」とは、以下のいずれかに該当する株式会社をいいます（第847条の3第2項）。

① 完全親会社、すなわち、特定の株式会社の発行済株式の全部を有する株式会社その他これと同等のものとして法務省令で定める株式会社（第847条の2第1項）^(注1)

② 株式会社の発行済株式の全部を他の株式会社およびその完全子会社等（株式会社がその株式または持分の全部を有する法人をいいます。）または他の株式会社の完全子会社等が有する場合における当該他の株式会社（完全親会社を除きます。）^(注2)

2 上記の①と②との違いは、株式会社Aが、その中間子法人による保有分（すなわち、株式会社Aの間接保有分）と合わせて、株式会社Bの発行済株式の全部を有する場合において、当該中間子法人が、株式会社に限られるか（上記①）、それとも、株式会社以外の法人が含まれるか（上記②）という点にあります。すなわち、株式会社Aの中間子法人が全て株式会社であるときは、株式会社Aは、上記①により株式会社Bの「完全親会社等」に該当することとなります。これに対し、株式会社Aの中間子法人の全部または一部が株式会社以外の法人（例えば、合同会社）であるときは、株式会社Aは、上記②により株式会社Bの「完全親会社等」に該当することとなります。

（注1） 改正法により、「完全親会社」の内容に関する委任規定を改正前の第851条第1項第1号から第847条の2第1項ただし書に移動したため、改正省令は、改正前の施行規則第219条の規定を削除し、同条と同一の内容を規定する施行規則第218条の3を設けることとしています。

（注2） 当該他の株式会社およびその完全子会社等または当該他の株式会社の完全子会社等が他の法人の株式または持分の全部を有する場合における当該他の法人は、当該他の株式会社の完全子会社等とみなされます（第847条の3第3項）。これにより、完全親子会社関係が多層的に形成されている場合であっても、当該他の株式会社は「完全親会社等」に該当することになります。

180 第1章 親会社株主の保護等 第1 多重代表訴訟制度等

Q104
最終完全親会社等が公開会社である場合には、特定責任追及の訴えの提起を請求することができる最終完全親会社等の株主について、6か月前から引き続き最終完全親会社等の株式を保有することを要件とした理由は、何ですか。

A 通常の代表訴訟制度では、公開会社である株式会社においては、権利濫用の防止のため、責任追及等の訴えの提起を請求することができる株主は、6か月（これを下回る期間を定款で定めた場合にあっては、その期間）前から引き続き株式を有するものに限っています（第847条第1項・第2項）。

多重代表訴訟制度についても、このような権利濫用の防止の趣旨が当てはまることから、最終完全親会社等が公開会社である場合においては、最終完全親会社等の株主が特定責任追及の訴えの提起を請求するためには、6か月（これを下回る期間を定款で定めた場合にあっては、その期間）前から引き続き最終完全親会社等の株式を有することを要することとしています（第847条の3第1項・第6項）。

Q105

最終完全親会社等の株主が特定責任追及の訴えの提起の請求をするためには、総株主の議決権の100分の1以上の議決権または発行済株式の100分の1以上の株式を有することを要することとした理由は、何ですか。

A 1　通常の代表訴訟制度においては、1株しか有しない株主でも、発起人等の責任を追及する訴え（代表訴訟）の提起を請求することができることとされています（第847条第1項）。しかし、多重代表訴訟は、通常の代表訴訟と異なり、原告となるべきその最終完全親会社等の株主と責任を追及される完全子会社の発起人等との間の関係が、最終完全親会社等や中間子会社を含むその完全子会社を通じた間接的なものとなります。

そのため、最終完全親会社等の株主については、利害関係をより強く有する場合に、多重代表訴訟の提訴権を認めるのが適切であると考えられます。

2　そこで、多重代表訴訟の制度においては、最終完全親会社等の株主が特定責任を追及する訴えの提起を請求するためには、一定割合以上の議決権または株式を有していることを要すること（少数株主権）としています。

もっとも、親会社株主の保護という多重代表訴訟制度を導入する趣旨（Q101参照）に照らして、当該持株要件を殊更に過重なものとするのは、適切ではありません。

そこで、改正前の会社法上、少数株主権において要求される持株割合として最も小さいものが、総株主の議決権の100分の1であったこと（第303条、第305条、第306条参照）を踏まえ、改正法では、最終完全親会社等の株主の持株要件も、総株主の議決権または発行済株式の100分の1（これを下回る割合を定款で定めた場合にあっては、その割合）以上を有することとしています（第847条の3第1項）。

3　なお、特定責任追及の訴えの提起を請求しようとする最終完全親会社等の株主は、単独で総株主の議決権または発行済株式の100分の1以上を有していない場合であっても、他の株主が有する議決権または株式と併せてこれらの要件を満たすのであれば、当該他の株主と共同して、当該請求をすることができます。

182 第1章 親会社株主の保護等 第1 多重代表訴訟制度等

Q106 振替株式の株主が特定責任追及の訴えの提起を請求するためには、個別株主通知が必要になりますか。

A 1 振替法第154条第2項は、振替株式の株主が少数株主権等を行使する場合に、個別株主通知をすることを求めています。そして、この少数株主権等とは、会社法第124条第1項に規定する権利（基準日株主にその行使を認める権利）を除く株主の権利をいうものとされています（振替法第147条第4項）。すなわち、少数株主権等とは、株主の地位に基づく発行会社に対する権利をいうところ、通常の代表訴訟における提訴請求は少数株主権等に該当し、当該提訴請求をする場合には個別株主通知が必要であると解されています。

これに対し、特定責任追及の訴えの提訴請求は、最終完全親会社等の株主がその完全子会社である「株式会社」に対してするものであり（第847条の3第1項）、株主の地位に基づく発行会社に対するものではなく、最終完全親会社等の株主としての地位に基づく完全子会社に対するものです。また、実際上も、最終完全親会社等の株主が個別株主通知の申出をしたとしても、当該個別株主通知は発行会社である最終完全親会社等に対してされ、その完全子会社である株式会社に対してされるわけではないため、当該株式会社に対する関係では意味がありません（大野晃宏＝小松岳志＝黒田裕＝米山朋宏「株券電子化開始後の解釈上の諸問題」旬刊商事法務1873号53頁（2009年）参照）。

2 したがって、特定責任追及の訴えの提起の請求は「少数株主権等」には該当せず、最終完全親会社等の株主が特定責任追及の訴えの提起を請求する場合には、個別株主通知を行う必要はないものと考えられます。

Q107

多重代表訴訟については、第847条第1項ただし書に規定する場合と同様のものに加えて、「当該最終完全親会社等に損害を加えることを目的とする場合」や「当該特定責任の原因となった事実によって当該最終完全親会社等に損害が生じていない場合」にも、特定責任追及の訴えの提起を請求することができないこととした理由は、何ですか。

A 　1　通常の代表訴訟制度では、責任追及等の訴えが当該株主もしくは第三者の不正な利益を図りまたは当該株式会社に損害を加えることを目的とする場合には、責任追及等の訴えの提起を請求することができないこととされています（第847条第1項ただし書）。

　多重代表訴訟の制度では、これらの場合に加えて、「当該最終完全親会社等に損害を加えることを目的とする場合」および「当該特定責任の原因となった事実によって当該最終完全親会社等に損害が生じていない場合」についても、特定責任追及の訴えの提起を請求することができないこととしています。

　2　通常の代表訴訟制度において、「当該株式会社に損害を加えることを目的とする場合」には、責任追及等の訴えの提起を請求することができないこととされている（第847条第1項ただし書）のは、これが訴権の濫用として訴えが却下される（提訴請求が認められない）場合の一類型であるからです。

　そして、多重代表訴訟制度においては、株式会社の最終完全親会社等の株主が、当該株式会社の発起人等の責任を追及する訴えの提起を請求することからすれば、当該株式会社のみならず、当該最終完全親会社等に損害を加えることを目的として当該請求がされることが、訴権の濫用の一類型として想定されます。

　そこで、当該株式会社に損害を加えることを目的とする場合に加えて、「当該最終完全親会社等に損害を加えることを目的とする場合」（例えば、最終完全親会社等の信用を害することを目的とする場合が考えられます。）にも、最終完全親会社等の株主は、当該株式会社の発起人等の責任を追及する訴えの提起を請求することができないこととしています（第847条の3第1項第1号）。

184 第1章 親会社株主の保護等 第1 多重代表訴訟制度等

3 また、株式会社に損害が生じた場合であっても、その最終完全親会社等に損害が生じていないとき（例えば、株式会社の最終完全親会社等が当該株式会社から利益を得た場合や、株式会社からその最終完全親会社等の他の完全子会社に利益が移転した場合が考えられます。）は、当該最終完全親会社等の株主が有する、当該最終完全親会社等の株式の価値に変動は生じていません。

したがって、この場合には、当該最終完全親会社等の株主は、当該株式会社に生じた損害に係る当該株式会社の発起人等の特定責任の追及について利害関係を有しないことになります。

そこで、最終完全親会社等の株主は、「当該特定責任の原因となった事実によって当該最終完全親会社等に損害が生じていない場合」には、特定責任追及の訴えの提起を請求することができないこととしています（第847条の3第1項第2号）。

4 なお、実際の多重代表訴訟の訴訟手続においては、「当該最終完全親会社等に損害を加えることを目的とする場合」や「当該特定責任の原因となった事実によって当該最終完全親会社等に損害が生じていない場合」に該当することを基礎付ける資料等は、当事者（被告側）が提出する必要があります。

Q108 発起人等以外の者を相手方とする責任追及等の訴えについては多重代表訴訟制度の対象としなかった理由は、何ですか。

A 1 通常の代表訴訟制度では、株主がその提起を請求することができる訴えとして、発起人等の責任を追及する訴えのほか、以下の訴えが挙げられています（第847条第1項）。

① 払込みを仮装した設立時募集株式の引受人または不公正な払込金額で株式もしくは新株予約権を引き受けた者等に対する訴え（第102条の2第1項、第212条第1項または第285条第1項の規定による支払を求める訴え）

② 株式会社から株主等の権利の行使に関して財産上の利益の供与を受けた者に対する訴え（第120条第3項の利益の返還を求める訴え）

③ 出資の履行を仮装した募集株式の引受人または新株予約権に係る払込み等を仮装した新株予約権者等に対する訴え（第213条の2第1項または第286条の2第1項の規定による支払または給付を求める訴え）

発起人等の責任を追及する訴え以外のこれらの訴えは、それぞれ、これらの訴えの被告となるべき者と当該株式会社の取締役との間の人的関係に鑑みて、当該株式会社がこれらの者に対して訴えを提起してその義務の履行等を求めることが懈怠されるおそれが類型的かつ構造的にあることから、当該株式会社の株主による提訴請求の対象とされているものです。

2 しかし、これらの者と最終完全親会社等やその中間子会社の取締役との間には、直接の人的関係があるわけではありませんので、当該最終完全親会社等やその中間子会社がこれらの訴えに係る代表訴訟の提起を懈怠するおそれが類型的かつ構造的にあるとまではいえません。

そのため、発起人等の責任を追及する訴え以外のこれらの訴えについては、多重代表訴訟制度の対象とはしないこととしています（第847条の3第1項）。

Q109

最終完全親会社等の株主による追及の対象となる株式会社の発起人等の責任を、一定の重要な完全子会社の発起人等の責任（特定責任）に限定した理由は、何ですか。

A　1　通常の代表訴訟制度は、株式会社の取締役同士の馴れ合いによりその責任の追及が懈怠されるおそれがあることに着目し、取締役その他のいわゆる役員クラスの者の責任をその対象とするものであり、従業員の責任は、その対象としていません。

最終完全親会社等を有する株式会社においては、例えば、取締役であっても、実質的には、当該最終完全親会社等の事業部門の長である従業員にとどまる者も存在します。そのような者については、その損害賠償責任の追及が懈怠される可能性が高いということはできず、また、そのような者の損害賠償責任まで最終完全親会社等の株主による追及の対象とすることは、通常の代表訴訟制度と均衡を失することとなります。

他方で、当該最終完全親会社等が形成する企業グループの中で重要な地位を占める完全子会社（重要な完全子会社）の発起人等については、最終完全親会社等の発起人等と実質的に同程度にその責任の追及が懈怠される可能性が類型的かつ構造的に高いということができます。

2　そこで、多重代表訴訟においては、重要な完全子会社である株式会社の発起人等の責任（特定責任）に限って、その対象とすることとしています。具体的には、発起人等の責任の原因となった事実が生じた日において最終完全親会社等およびその完全子会社等[注1]における当該株式会社の株式の帳簿価額が当該最終完全親会社等の総資産額の5分の1（これを下回る割合を定款で定めた場合にあっては、その割合）を超える場合[注2]における当該発起人等の責任を対象とすることとしています（第847条の3第1項・第4項）。

総資産額の5分の1を要件としたのは、事業譲渡や会社分割において、株主総会の決議が不要とされる要件（第468条第2項、第784条第2項（改正前の同条第3項）等参照）を参考にしたものです[注3]。また、当該株式会社の株式の時価ではなく帳簿価額を基準としたのは、時価を算定するのは困難な場合もあり、基準の明確性を考慮したものです[注4]。

1 多重代表訴訟制度（特定責任追及の訴えの制度）　Q109　187

　3　なお、最終完全親会社等の株主による責任追及の対象とされる「特定責任」に係る責任追及等の訴えを、「特定責任追及の訴え」と定義しています（第847条の3第1項）。

　（注1）「完全子会社等」とは、株式会社がその株式または持分の全部を有する法人をいい（第847条の3第2項第2号）、当該株式会社およびその完全子会社等または当該株式会社の完全子会社等が他の法人の株式または持分の全部を有する場合における当該他の法人は、当該株式会社の完全子会社等とみなされます（同条第3項）。
　（注2）「発起人等の責任の原因となった事実が生じた日」においてこの要件を満たせば足り、その後、提訴請求をする時点や特定責任追及の訴えを提起する時点で、この要件を満たす必要はありません。
　（注3）　改正省令では、最終完全親会社等の総資産額の算定方法について、簡易事業譲渡（第467条第1項第2号括弧書）における譲渡会社の総資産額の算定方法を規定する施行規則第134条等を参考にして、施行規則第218条の6を新設しています。具体的には、原則として最終完全親会社等の最終事業年度に係る貸借対照表の資産の部に計上された額をもって総資産額とし、最終事業年度の末日後、算定基準日（発起人等の責任の原因となった事実が生じた日。第847条の3第4項参照）までの間に、最終完全親会社等において剰余金の配当等がされ、または、組織再編行為等による資産の変動があった場合には、その変動をも反映するため、規定上は、貸借対照表の貸方の各項目を基準として算定することとしています（施行規則第218条の6第1項）。また、算定基準日において最終完全親会社等が清算株式会社である場合には、清算の開始原因が生じた日における最終完全親会社等の貸借対照表の資産の部に計上した額をもって総資産額とすることとしています（同条第2項）。
　（注4）　改正省令では、事業年度の末日にその完全親会社等がない株式会社の事業報告の内容に、当該事業年度の末日における一定の重要な完全子会社等（特定完全子会社）に関する事項を加えています（施行規則第118条第4号。Q237参照）。これは、株主が多重代表訴訟に係る提訴請求等をするための手がかりとなる情報を開示させることで株主の便宜を図るとともに、多重代表訴訟の要件をおよそ満たさない完全子会社に対し、不適法な提訴請求等がされることに伴う事業報告を作成する会社（事業報告作成会社）・完全子会社側の事務負担の軽減を図るものです。特定完全子会社とは、本文記載の特定責任の要件を踏まえ、①事業報告作成会社が直接または間接にその全ての株式を有する株式会社であって、②当該事業年度の末日時点での事業報告作成会社およびその完全子会社等における当該株式会社の株式の帳簿価額の合計額が、事業報告作成会社の当該事業年度に係る貸借対照表の資産の部に計上した額の合計額の5分の1を超える場合の当該株式会社をいうこととしています。そして、この場合の開示事項は、(i)当該特定完全子会社の名称および

住所、(ii)事業報告作成会社およびその完全子会社等における当該特定完全子会社の株式の当該事業年度の末日における帳簿価額の合計額、(iii)事業報告作成会社の当該事業年度に係る貸借対照表の資産の部に計上した額の合計額です。なお、上記のとおり、特定完全子会社は事業年度の末日時点を基準として決定されるものであるのに対し、多重代表訴訟の対象となる特定責任は、本文記載のとおり、その原因となった事実が生じた日における完全子会社の株式の帳簿価額を問題とするものであり（第847条の3第4項参照）、特定完全子会社と、実際に多重代表訴訟の対象となる発起人等が存する株式会社とは常に一致するとは限りません。

Q110 株式会社の外国の子会社の役員は、多重代表訴訟制度の対象となりますか。

A 多重代表訴訟制度は、「株式会社」の最終完全親会社等の株主が、訴えにより、当該「株式会社」の発起人等の特定責任を追及することができることとするものです（第847条の3第1項・第4項）。

そして、我が国の会社法上、「株式会社」とは、我が国の会社法に準拠して設立された株式会社をいいます（第2条第1号・第2号参照）。

したがって、第847条の3に規定する多重代表訴訟制度の対象となるのは、同条第1項・第4項の文言上、我が国の会社法に準拠して設立された完全子会社の発起人等に限られ、外国の法令に準拠して設立された法人である完全子会社の役員は、その対象となりません[注]。

（注）「最終完全親会社等」も、我が国の会社法に準拠して設立された株式会社に限られます。これは、「最終完全親会社等」とは、株式会社の完全親会社等であって、その完全親会社等がないものをいうこととしているところ（第847条の3第1項）、「完全親会社等」とは、同条第2項各号に掲げる「株式会社」をいうこととされ（同項）、当該「株式会社」とは、我が国の会社法に準拠して設立された株式会社をいうためです。

したがって、例えば、外国の法令に準拠して設立された法人Aが我が国の会社法に準拠して設立された株式会社Bを完全子会社としている場合には、当該法人Aは、「最終完全親会社等」に該当しないため、当該法人Aの株主は、日本の会社法の規定に基づき、当該株式会社Bの発起人等の特定責任を追及する訴えを提起することはできません。

Q111 第847条の3第5項の趣旨は、何ですか。

A 　1　株式会社Aの発起人等の責任の原因となった事実が生じた日において同社の最終完全親会社等であった株式会社Bが、その後、株式会社Cの完全子会社等となった場合^(注)において、新たに株式会社Aの最終完全親会社等となった株式会社Cの株主が、株式会社Aに対し、同社の発起人等の当該責任を追及する訴えの提起を請求しようとしたとします。この場合に、第847条の3第4項の「特定責任」の要件をそのまま当てはめると、株式会社Cは、当該責任の原因となった事実が生じた日において、株式会社Aの最終完全親会社等でなかったため「特定責任」の要件を満たさないことになります。そのため、株式会社Cの株主による当該提訴請求は、不適法なものとなってしまいます。

　2　しかし、このような場合に、株式会社Cの株主が、株式会社Aに対し、同社の発起人等の当該責任を追及する訴えの提起を請求することができないこととするのは、適切ではありません。

　3　そこで、このような場合には、株式会社Bを株式会社Aの最終完全親会社等とみなして特定責任の要件を満たすかどうかを判定することとしています（第847条の3第5項）。これにより、株式会社Aの発起人等の責任の原因となった事実が生じた日において株式会社Bおよびその完全子会社等における株式会社Aの株式の帳簿価額が、株式会社Bの総資産額として法務省令で定める方法（施行規則第218条の6。Q109（注3）参照）により算定される額の5分の1を超える場合には、株式会社Cの株主は、株式会社Aの発起人等の当該責任、すなわち、特定責任の追及に係る提訴請求をすることができることとなります。

　（注）　このような場合が生ずるケースとして、例えば、株式会社Cが株式会社Bの発行済株式の全部を取得する株式交換が行われた場合や、株式会社Cが株式会社Bの発行済株式の全部を譲り受けた場合が考えられます。

1　多重代表訴訟制度（特定責任追及の訴えの制度）　Q112　191

Q112
最終完全親会社等の株主が特定責任追及の訴えの提起を請求してから自ら訴えを提起するに至るまでの手続の概要は、どのようなものですか。

A　1　株式会社の最終完全親会社等の株主が、当該株式会社に対し、特定責任追及の訴えの提起を請求した場合^{（注1）}において、当該株式会社が当該請求の日から60日以内に特定責任追及の訴えを提起しないときは、当該請求をした最終完全親会社等の株主は、当該株式会社のために、特定責任追及の訴えを提起することができることとしています（第847条の3第7項）。

もっとも、60日の経過により当該株式会社に回復することができない損害が生ずるおそれがある場合には、当該最終完全親会社等の株主は、当該株式会社のために、特定責任追及の訴えの提起を請求することなく、直ちに特定責任追及の訴えを提起することができることとしています（第847条の3第9項）。

なお、これらは、いずれも、通常の代表訴訟制度（第847条第3項・第5項）と同様です。

2　また、通常の代表訴訟制度における不提訴理由の通知（第847条第4項）と同様に、株式会社は、その最終完全親会社等の株主による特定責任追及の訴えの提起の請求の日から60日以内に特定責任追及の訴えを提起しない場合において、当該請求をした最終完全親会社等の株主または当該請求に係る特定責任追及の訴えの被告となることとなる発起人等から請求を受けたときは、当該請求をした者に対し、遅滞なく、特定責任追及の訴えを提起しない理由を書面その他の法務省令で定める方法^{（注2）}により通知しなければならないこととしています（第847条の3第8項）。

（注1）　最終完全親会社等の株主による株式会社に対する提訴請求の方法については、通常の代表訴訟における提訴請求の方法に関する規定（施行規則第217条）を参考にして、①被告となるべき者、②請求の趣旨および請求を特定するのに必要な事実、③最終完全親会社等の名称および住所ならびに当該最終完全親会社等の株主である旨を記載した書面の提出等によることとしています（施行規則第218条の5）。上記③は、提訴請求をす

192　第1章　親会社株主の保護等　第1　多重代表訴訟制度等

る者が当該提訴請求を受ける株式会社の株主ではないことに鑑み、これを記載すること としているものです。

　（注2）　株式会社が特定責任追及の訴えを提訴しない理由の通知方法については、通常 の代表訴訟における不提訴理由の通知方法に関する規定（施行規則第218条）と同様に、 ①株式会社が行った調査の内容、②被告となるべき者の責任または義務の有無についての 判断およびその理由、③被告となるべき者に責任または義務があると判断した場合におい て、特定責任追及の訴えを提起しないときは、その理由を記載した書面の提出等によるこ ととしています（施行規則第218条の7）。

Q113
その免除に株式会社の総株主の同意を得ることが必要とされる特定責任を免除するには、最終完全親会社等の総株主の同意をも要することとした趣旨は、何ですか。

A　1　改正前の会社法では、取締役の任務懈怠に基づく株式会社に対する損害賠償責任（第423条第1項）等の発起人等の株式会社に対する一定の責任は、当該株式会社の総株主の同意により、免除することができることとされていました（第424条等）。

2　しかし、当該責任が特定責任に該当する場合には、多重代表訴訟制度の創設により、株式会社の最終完全親会社等の株主が特定責任追及の訴えを提起することができることとなるにもかかわらず、当該株式会社の総株主（すなわち、最終完全親会社等またはその完全子会社等）の同意のみによって、特定責任を免除することができることとすると、多重代表訴訟制度を創設する意義が失われてしまいます。

3　そこで、改正法では、株式会社に最終完全親会社等がある場合において、その免除につき当該株式会社の総株主の同意を要することとされている発起人等の責任であって多重代表訴訟の対象となり得るもの、すなわち、「特定責任」に該当するものを免除するときは、当該株式会社の総株主の同意に加えて、当該株式会社の最終完全親会社等の総株主の同意をも要することとしています（第847条の3第10項）。これにより当該同意が必要とされる責任は、以下のとおりです。

①　第55条に規定する発起人等の責任（出資された財産等の価額が不足する場合に発起人または設立時取締役が負う義務（第52条第1項）、出資の履行を仮装した場合に発起人が負う義務（第52条の2第1項）、出資の履行を仮装することに関与した発起人または設立時取締役が負う義務（同条第2項）および任務懈怠により発起人、設立時取締役または設立時監査役が負う責任（第53条第1項））

②　第103条第3項に規定する発起人等の義務（払込みの仮装に関与した発起人または設立時取締役が負う義務（同条第2項））

③　第120条第5項に規定する取締役の義務（株主等の権利の行使に関し財産上の利益の供与をした取締役が負う義務（同条第4項））

④ 第424条に規定する役員等の責任および同条を準用する第486条第4項に規定する清算人の責任（任務懈怠により役員等または清算人が負う損害賠償責任（第423条第1項、第486条第1項））

⑤ 第462条第3項ただし書に規定する業務執行者等の義務（剰余金の配当等に関して業務執行者等が負う義務（同条第1項））

⑥ 第464条第2項に規定する業務執行者の義務（買取請求に応じて株式を取得した場合に業務執行者が負う義務（同条第1項））

⑦ 第465条第2項に規定する業務執行者の義務（欠損が生じた場合に業務執行者が負う義務（同条第1項））

Q114

多重代表訴訟制度の創設に伴い、株式会社の役員等の損害賠償責任を株主総会の決議によって一部免除すること（第425条）については、どのような改正がされましたか。

A 　1　改正前の会社法では、株式会社の役員等（取締役、会計参与、監査役、執行役または会計監査人。第423条第1項）の任務懈怠による損害賠償責任は、当該役員等が職務を行うにつき善意でかつ重大な過失がないときは、株主総会の決議によってその一部を免除することができることとされていました（改正前の第425条第1項）。

　しかし、多重代表訴訟制度を創設するにもかかわらず、このような改正前の会社法の規律を維持し、株式会社に最終完全親会社等がある場合においても、最終完全親会社等またはその完全子会社等のみをその株主とする当該株式会社の株主総会の決議のみによって当該株式会社の役員等の特定責任の一部を免除することができることとすると、多重代表訴訟制度を創設する意義が減殺されてしまいます。

　そこで、改正法では、株式会社に最終完全親会社等がある場合において、その一部を免除しようとする当該株式会社の役員等の損害賠償責任が特定責任であるときは、当該特定責任の一部免除について、当該株式会社の株主総会の決議に加えて、当該最終完全親会社等の株主総会の決議をも要することとしています（第425条第1項）^(注)。

　2　この場合における責任の原因となった事実および賠償の責任を負う額等の開示は、当該株式会社の取締役が当該株式会社の株主総会において行うだけでなく、当該最終完全親会社等の取締役も、当該最終完全親会社等の株主総会において行わなければなりません（第425条第2項）。

　また、当該最終完全親会社等が監査役設置会社、監査等委員会設置会社または指名委員会等設置会社である場合には、当該最終完全親会社等の取締役は、責任の一部免除（取締役（監査等委員または監査委員であるものを除きます。）および執行役の責任の免除に限られます。）に関する議案を株主総会に提出するには、当該最終完全親会社等の各監査役、各監査等委員または各監査委員の同意を得なければなりません（第425条第3項）。

196　第1章　親会社株主の保護等　　第1　多重代表訴訟制度等

　（注）　第425条第1項の改正に伴い、最低責任限度額の基準となる報酬等の額の算定方法を規定する施行規則第113条第1号イについて、最終完全親会社等の株主総会の決議の日を含む事業年度ではなく、当該株式会社の株主総会の決議の日を含む事業年度を基準とする旨の改正をしています。

Q115

多重代表訴訟制度の創設に伴い、株式会社の定款の定めに基づく取締役の過半数の同意または取締役会の決議による当該株式会社の役員等の責任の一部免除（第426条）については、どのような改正がされましたか。

A 改正前の会社法では、監査役設置会社または委員会設置会社（改正後の名称は、指名委員会等設置会社）は、一定の要件を満たす場合には、取締役の過半数の同意（取締役会設置会社にあっては、取締役会の決議）によって、役員等の任務懈怠による損害賠償責任の一部を免除することができる旨を定款で定めることができることとされていました（改正前の第426条第1項）。

また、取締役の同意または取締役会の決議によって、役員等の責任が株主の予期しないところで安易に免除されることがないようにするため、株主は、責任の一部免除について異議を述べることができることとされていました（改正前の第426条第3項～第5項）。

多重代表訴訟制度を創設する以上は、株式会社に最終完全親会社等がある場合において、当該株式会社の定款の定めに基づく取締役の同意または取締役会の決議によって当該株式会社の役員等の特定責任の一部を免除するときは、最終完全親会社等の株主にも、異議を述べることができることとするのが、改正前の会社法の規律の趣旨に照らして適切と考えられます[注]。

そこで、改正法では、まず、株式会社に最終完全親会社等がある場合において、当該株式会社の株主に対し、特定責任の一部免除に係る公告または通知がされたときは、当該最終完全親会社等の株主に当該特定責任の一部免除に関する事項を知らせるため、当該最終完全親会社等の取締役は、遅滞なく、当該事項を公告し、または当該最終完全親会社等の株主に通知しなければならないこととしています（第426条第5項）。

そして、株式会社に最終完全親会社等がある場合において、第426条第1項の定款の定めに基づき免除しようとする責任が当該株式会社の役員等の特定責任であるときは、当該株式会社の総株主の議決権の100分の3以上を有する株主が異議を述べた場合だけでなく、当該最終完全親会社等の総株主の議決権の100分の3以上を有する株主が異議を述べた場合にも、当該株式会

社は、当該定款の定めに基づく特定責任の一部免除をすることができないこととしています（第426条第7項）。

　（注）　株式会社が取締役の過半数の同意または取締役会の決議によって役員等の責任を一部免除するためには、これができる旨の定款の定めがなければなりません（第426条第1項）。そして、当該株式会社が当該定款の定めを設ける時点では、役員等の責任を免除するかどうか、また、実際に一部免除の対象となる責任が特定責任の要件を満たすものかどうかということは定まっていません。
　　したがって、この時点において、当該株式会社に最終完全親会社等があるからといって、当該株式会社が当該定款の定めを設けるために、当該株式会社の株主総会の決議に加えて、当該最終完全親会社等の株主総会の決議をも要することとする必要はないと考えられます。そのため、当該定款の定めを設けるために当該株式会社の最終完全親会社等の株主総会の決議をも要することとはしておらず、また、これに伴い、第426条第2項後段において、第425条第3項の規定を準用するに当たっての所要の読替えを行うための改正をしています。

Q116

多重代表訴訟制度の創設に伴い、いわゆる責任限定契約（第427条第1項）に基づく株式会社の役員等の責任の限定については、どのような改正がされましたか。

A　改正前の会社法では、いわゆる責任限定契約を締結した株式会社が、当該契約の相手方である社外取締役等（改正後は、非業務執行取締役等）が任務を怠ったことにより損害を受けたことを知ったときは、その後最初に招集される株主総会において、責任の原因となった事実等の一定の事項を開示しなければならないこととされていました（改正前の第427条第4項）。

　多重代表訴訟制度を創設する以上は、当該株式会社の責任限定契約の相手方が任務を怠ったことにより当該株式会社が受けた損害が特定責任に係るものであるときは、責任の原因となった事実等の一定の事項の開示は、当該株式会社の株主総会のみならず、その最終完全親会社等の株主総会においても行うのが適切と考えられます。

　そこで、改正法では、このような場合には、責任の原因となった事実等の一定の事項の開示は、当該株式会社および当該最終完全親会社等のそれぞれの株主総会において行わなければならないこととしています（第427条第4項）(注)。

（注）　株式会社が責任限定契約を締結するためには、同契約を締結することができる旨の定款の定めがなければなりません（第427条第1項）。そして、当該株式会社が当該定款の定めを設ける時点では、社外取締役等（改正後は、非業務執行取締役等）と責任限定契約を締結するかどうか、また、実際に責任限定契約によって賠償額の範囲が限定される責任が特定責任の要件を満たすものかどうかということは定まっていません。

　したがって、この時点において、当該株式会社に最終完全親会社等があるからといって、当該株式会社が当該定款の定めを設けるために、当該株式会社の株主総会の決議に加えて、当該最終完全親会社等の株主総会の決議を要することとする必要はないと考えられます。そのため、当該定款の定めを設けるために当該株式会社の最終完全親会社等の株主総会の決議をも要することとはしておらず、また、これに伴い、第427条第3項後段において、第425条第3項の規定を準用するに当たっての所要の読替えを行うための改正をしています。

2 旧株主による責任追及等の訴えの制度

Q117 旧株主による責任追及等の訴えの制度の概要は、どのようなものですか。

A 1 旧株主による責任追及等の訴えの制度とは、株式会社の株式交換もしくは株式移転または株式会社が吸収合併消滅会社となる吸収合併の効力が生じた日において当該株式会社の株主であった者（旧株主）は、当該株式会社の株主でなくなった場合であっても、①当該株式交換もしくは株式移転によって当該株式会社の完全親会社 (注1) の株式を取得したときまたは②当該吸収合併により吸収合併存続株式会社の完全親会社の株式を取得したときは、当該株式会社または吸収合併存続会社（これらを併せて、「株式交換等完全子会社」と定義しています。）に対し、責任追及等の訴えの提起を請求することができることとし (注2)、株式交換等完全子会社が当該訴えを提起しないときは、当該旧株主自らが当該訴えを提起することができることとするものです（第847条の2）。

　当該株式会社が公開会社である場合は、旧株主は、株式交換等の効力が生じた日の6か月前から当該日まで引き続き当該株式会社の株主であったことが必要になります（第847条の2第1項・第2項。Q119参照）。

　旧株主による提起の請求の対象となる責任追及等の訴えは、株式交換等の効力が生じた時までにその原因となった事実が生じた責任または義務に係るものに限られます（第847条の2第1項本文。Q120参照）。

　2 旧株主は、株式交換等により取得した株式を発行する完全親会社がその後株式交換等を行うなど、株式交換等が繰り返され、当該完全親会社の株主でなくなった場合であっても、2回目以降の株式交換等により当該完全親会社の完全親会社の株式を取得するなどしたときは、株式交換等完全子会社に対し、責任追及等の訴えの提起を請求することができます（第847条の2第3項〜第5項。Q123参照）。

　（注1）　「完全親会社」の内容については、Q103参照。
　（注2）　この提訴請求をするために個別株主通知を行う必要がないことは、特定責任追及の訴えの提起の請求の場合と同様です（Q106参照）。

Q118 旧株主による責任追及等の訴えの制度を創設した理由は、何ですか。

A 1 代表訴訟を提起した株主は、その訴訟の係属中、株式を保有し続ける必要があります。そのため、訴えの提起後、原告が株式を譲渡するなどして株式を保有しなくなった場合には、原告となる資格（原告適格）を失い、その株主が提起した代表訴訟は、不適法なものとして却下されることとなるのが原則です。

　もっとも、その例外として、改正前の会社法においても、株主が代表訴訟を提起した後、その係属中に株式交換等（株式交換、株式移転または吸収合併(注)）が行われた結果、株式を失った場合には、その株主は原告となる資格を失わず、なおその訴訟を追行することができる旨の規定がありました（第851条）。他方で、株主が代表訴訟を提起する前に株式交換等が行われたことにより株式を失った場合についての規定は設けられていませんでした。そして、この場合には、株式交換等により株式を失った株主は、原則として、代表訴訟を提起することはできないと解されていました。

　2 しかし、このような株主は、当該株式交換等が行われなければ、一定の要件の下、当該株式会社の発起人等の責任等について代表訴訟を提起し得たのであって、自らの意思でその地位を失ったわけではありません。また、このような株主は、当該株式交換等の後であっても、当該株式交換等の対価として当該株式会社または吸収合併存続会社の完全親会社の株式を取得した場合には、当該完全親会社の株主として、株式交換等が行われなければ自らが代表訴訟を提起することができた発起人等の責任等、すなわち株式交換等の効力が生ずる前に発生していた発起人等その他一定の者の責任を追及することについて、なお利害関係を有していることから、その責任について代表訴訟を提起することができることとするのが相当であり、株式交換等の効力が代表訴訟の提起前に生じたか、提起後に生じたかによって、代表訴訟による責任追及の可否を区別するのは相当でないと考えられます。

　3 そこで、改正法では、ある株式会社の株主が、株式交換等により当該株式会社の株主でなくなった場合であっても、その株式交換等によって、当該株式会社等の完全親会社の株式を取得したときは、当該株主（旧株主）

は、元々株式を保有していた株式会社の発起人等その他一定の者に対し、当該株式交換等の効力が生ずる前に発生していた責任を追及する訴えを提起することができることとしています（第847条の2）。

（注）　このほか、改正前の会社法では、訴訟係属中に新設合併が行われた場合についても、なお代表訴訟を追行することができることとされていました。これに対し、第847条の2第1項では、新設合併が行われた場合を含まないこととしています（Q121参照）。

Q119

公開会社については、責任追及等の訴えの提起を請求することができる旧株主について、株式交換等の効力が生じた日の6か月前から当該日まで引き続き株式会社の株主であったことを要件とした理由は、何ですか。

A 旧株主による責任追及等の訴えの制度は、株式会社の株式交換等が行われた場合であっても、その株主であった者は、自らの意思によらずに責任追及等の訴えを提起し得る地位を失ったこと等から、当該株式会社（株式交換等完全子会社）に対し、当該株式交換等の効力が生じた時までにその原因となった事実が生じた発起人等の責任等に係る責任追及等の訴えの提起を請求することができることとするものです（Q118参照）。

そのため、株式交換等の後に当該株式会社（株式交換等完全子会社）に対して責任追及等の訴えの提起を請求することができる旧株主は、株式交換等の効力が発生した時点で当該株式会社に対して責任追及等の訴えの提起を請求することができた者とするのが相当と考えられます。

そこで、公開会社である株式会社の旧株主については、株式交換等の効力が生じた日の6か月（これを下回る期間を定款で定めた場合にあっては、その期間）前から当該日まで引き続き当該株式会社の株主であったものであることを要することとしています（第847条の2第1項・第2項。なお、株主による責任追及等の訴えの提訴請求につき第847条第1項・第2項参照）。

204 第1章 親会社株主の保護等 第1 多重代表訴訟制度等

Q120 旧株主は、株式交換等の効力が生じた時までにその原因となった事実が生じた責任または義務に係る責任追及等の訴えに限って、その提起を請求することができることとした理由は、何ですか。

A 旧株主による責任追及等の訴えの制度は、株式会社の株式交換等が行われた場合であっても、その株主であった者は、自らの意思によらずに責任追及等の訴えを提起し得る地位を失ったこと等から、当該株式会社（株式交換等完全子会社）に対し、責任追及等の訴えの提起を請求することができることとするものです（Q118参照）。

そのため、旧株主が責任追及等の訴えの提起を請求することができる責任または義務は、株式交換等の効力が生じた時点で旧株主が当該株式会社に対してその提起を請求することができたものとするのが相当と考えられます。

そこで、旧株主は、当該株式交換等の効力が生じた時までにその原因となった事実が生じた責任または義務に係る責任追及等の訴えに限って、その提起を請求することができることとしています（第847条の2第1項本文）。

Q121
旧株主による責任追及等の訴えの制度について、①吸収合併により吸収合併存続会社の株式を取得した場合および②新設合併により新設合併設立会社の株式を取得した場合を、旧株主が提訴請求をすることができる場合として挙げていない理由は、何ですか。

A 合併が行われた場合に旧株主が責任追及等の訴えの提起を請求することができる場合として、第847条の2第1項第2号では、株主が、株式会社が吸収合併消滅会社となる吸収合併により吸収合併存続会社の完全親会社の株式を取得した場合（いわゆる三角合併の場合）のみを掲げています。

これに対し、代表訴訟の係属中に合併等が行われた場合について規定する第851条第1項は、第2号において、この三角合併の場合に加え、①株式会社が吸収合併消滅会社となる吸収合併により吸収合併存続会社の株式を取得した場合および②株式会社が新設合併消滅会社となる新設合併により新設合併設立会社の株式を取得した場合を掲げています。

これらの三角合併の場合以外の場合には、吸収合併存続会社または新設合併設立会社は、合併により、吸収合併消滅会社または新設合併消滅会社がその取締役等に対して有する損害賠償請求権等を承継します。したがって、吸収合併消滅会社または新設合併消滅会社の株主であった者は、吸収合併存続会社または新設合併設立会社の株式を有する限り、特別の規定を新たに設けなくとも、通常の代表訴訟制度により、吸収合併存続会社または新設合併設立会社に対し、当該損害賠償請求権等に係る責任追及等の訴えの提起を請求することができると解されます（第847条第1項）。

そのため、第847条の2第1項第2号では、第851条第1項第2号において掲げられている場合のうち、上記①および②の場合を掲げていません[注1][注2]。

（注1）　第847条の2第1項第2号において、第851条第1項第2号と同様に本文の①および②の場合を掲げることは、本文記載の理由から実益がなく、かえってこれらの場合において旧株主が提訴請求をすることができるのは、吸収合併または新設合併の効力が生

206 第1章 親会社株主の保護等 第1 多重代表訴訟制度等

じた日の6か月前から当該日まで引き続き株式会社の株主であった場合に限られる（第847条第1項の適用が排除される）という解釈を導くことにもなり得ることから、相当でないと考えられます。

（注2） 新設合併の場合には、新設合併消滅会社の株主に新設合併設立株式会社の完全親会社の株式が対価として交付されることはありません（第753条第1項第6号～第9号参照）。そのため、第847条の2第1項第2号では、「当該新設合併により新設合併設立株式会社の完全親会社の株式を取得した場合」を掲げていません。この点は、第851条第1項第2号においても同様です。

Q122

旧株主による責任追及等の訴えについては、「当該株式交換等完全子会社に損害を加えることを目的とする場合」に加えて、株式交換等に係る「完全親会社に損害を加えることを目的とする場合」にも、提訴請求をすることができないこととした理由は、何ですか。

A　1　通常の代表訴訟制度では、「当該株式会社に損害を加えることを目的とする場合」は、責任追及等の訴えの提起を請求することができないこととされています（第847条第1項ただし書）。これは、訴権の濫用として訴えが却下される（提訴請求が認められない）場合の1つを類型化して明文に定めたものです。

2　旧株主による責任追及等の訴えの制度では、株式会社の株主であった者で、株式交換等により当該株式会社または吸収合併存続会社（株式交換等完全子会社）の完全親会社の株主となったものが、当該株式会社の発起人等の責任等について、責任追及等の訴えの提起を請求することからすれば、当該株式会社または吸収合併存続会社のみならず、当該完全親会社に損害を加えることを目的として当該請求がされることが、訴権の濫用の一類型として想定されます。

3　そこで、株式会社または吸収合併存続会社に損害を加えることを目的とする場合に加えて、当該「完全親会社……に損害を加えることを目的とする場合」にも、旧株主は、責任追及等の訴えの提起を請求することができないこととしています（第847条の2第1項ただし書）。

208 第1章 親会社株主の保護等 第1 多重代表訴訟制度等

Q123 第847条の2第3項から第5項までの趣旨は、何ですか。

A 1 通常の代表訴訟制度では、責任追及等の訴えを提起した株主が訴訟の係属中に株主でなくなった場合であっても、当該株式会社の株式交換もしくは株式移転により当該株式会社の完全親会社の株式を取得したときまたは当該株式会社が合併により消滅する会社となる合併により、新設合併設立会社または吸収合併存続会社もしくはその完全親会社の株式を取得したときは、訴訟を追行することができることとされています（第851条第1項）。また、これらの完全親会社や新設合併設立会社、吸収合併存続会社がその後訴訟の係属中に株式交換等を行ったことにより、これらの株式会社の株主でなくなった場合や、その後更に株式交換等が繰り返して行われた場合であっても、訴訟を追行することができることとされています（同条第2項・第3項）。

2 そして、旧株主による責任追及等の訴えの制度においても、旧株主が責任追及等の訴えを提起する前に、株式交換等により完全親会社となった株式会社等が更に株式交換等を行うという事態は生じ得ます。

3 そこで、改正法では、第851条第2項および第3項に倣い、旧株主が、株式会社の株式交換等によって当該株式会社（または吸収合併存続会社）の完全親会社の株式を取得した後、更に当該完全親会社が株式交換等^(注1)を行ったことによって当該完全親会社の株主でなくなったときであっても、当該株式交換等により当該完全親会社の完全親会社等^(注2)の株式を取得し、引き続き当該株式を有するときは、株式交換等完全子会社に対して、発起人等の責任等について、責任追及等の訴えの提起を請求することができることとしています（第847条の2第3項）。

また、その後更に株式交換等が繰り返し行われた場合（第847条の2第3項各号の株式を発行する株式会社、すなわち完全親会社の完全親会社等が更に株式交換等をした場合）においても、旧株主が発起人等の責任等について責任追及等の訴えの提起を請求することができることとしています（第847条の2第4項・第5項）。

なお、これらの場合についても、当該旧株主等の不正な利益を図り、また

は当該株式交換等完全子会社等に損害を加えることを目的とする場合には、提訴請求をすることができないこと（第847条の2第3項ただし書・第4項・第5項）は、同条第1項ただし書と同様です（Q122参照）。

（注1）　1段階目の株式交換等（第847条の2第1項）とは異なり、2段階目以降の株式交換等については、吸収合併により吸収合併存続会社の株式を取得した場合や、新設合併により新設合併設立会社の株式を取得した場合も含まれます（同条第3項第2号）。

（注2）　具体的には、①第847条の2第1項の完全親会社が行う株式交換または株式移転により当該完全親会社の完全親会社となる会社、②同項の完全親会社が行う新設合併により設立される株式会社、③同項の完全親会社が消滅会社となる吸収合併後存続する株式会社、④同項の完全親会社が消滅会社となる吸収合併後存続する株式会社の完全親会社（三角合併の場合）をいいます。

Q124
旧株主が責任追及等の訴えの提起を請求してから自ら当該訴えを提起するに至るまでの手続の概要は、どのようなものですか。

A　1　旧株主が、株式交換等完全子会社に対し、責任追及等の訴えの提起を請求した場合 [注1] において、当該株式交換等完全子会社が当該請求の日から60日以内に責任追及等の訴えを提起しないときは、当該請求をした旧株主は、当該株式交換等完全子会社のために、責任追及等の訴えを提起することができることとしています（第847条の2第6項）。

　もっとも、60日の経過により当該株式交換等完全子会社に回復することができない損害が生ずるおそれがある場合には、当該旧株主は、当該株式交換等完全子会社のために、責任追及等の訴えの提起を請求することなく、直ちに責任追及等の訴えを提起することができることとしています（第847条の2第8項）。

　これらは、いずれも、通常の代表訴訟制度（第847条第3項・第5項）と同様です [注2]。

　2　また、通常の代表訴訟制度における不提訴理由の通知（第847条第4項）と同様に、株式交換等完全子会社は、旧株主による責任追及等の訴えの提起の請求の日から60日以内に責任追及等の訴えを提起しない場合において、当該請求をした旧株主または当該請求に係る責任追及等の訴えの被告となることとなる発起人等から請求を受けたときは、当該請求をした者に対し、遅滞なく、責任追及等の訴えを提起しない理由を書面その他の法務省令で定める方法 [注3] により通知しなければならないこととしています（第847条の2第7項）。

（注1）　旧株主による株式交換等完全子会社に対する提訴請求の方法については、通常の代表訴訟における提訴請求の方法に関する規定（施行規則第217条）を参考にして、①被告となるべき者、②請求の趣旨および請求を特定するのに必要な事実、③株式交換等完全親会社の名称および住所ならびに当該株式交換等完全親会社の株主である旨を記載した書面の提出等によることとしています（施行規則第218条の2）。上記③は、提訴請求をする者が当該提訴請求を受ける株式交換等完全子会社の株主ではないことに鑑み、これを記載することとするものです。

（注 2） 第 847 条の 2 第 8 項では、訴えの提起をすることができない場合を定める第847 条第 5 項ただし書に相当する規定は設けていません。これは、第 847 条の 2 第 8 項では、「提訴請求をすることができる旧株主」は直ちに責任追及等の訴えを提起することができると規定しているところ、同条第 1 項ただし書または第 3 項ただし書に該当するために提訴請求をすることができない旧株主は、そもそも「提訴請求をすることができる旧株主」に該当しないことから、第 847 条第 5 項ただし書に相当する規定を設ける必要がないことによります。

（注 3） 株式交換等完全子会社が責任追及等の訴えを提起しない理由の通知方法については、通常の代表訴訟における不提訴理由の通知方法に関する規定（施行規則第 218 条）と同様に、①株式交換等完全子会社が行った調査の内容、②被告となるべき者の責任または義務の有無についての判断およびその理由、③被告となるべき者に責任または義務があると判断した場合において、責任追及等の訴えを提起しないときは、その理由を記載した書面の提出等によることとしています（施行規則第 218 条の 4）。

212　第1章　親会社株主の保護等　第1　多重代表訴訟制度等

Q125　第847条の2第9項の趣旨は、何ですか。

A　1　改正前の会社法では、取締役の任務懈怠に基づく株式会社に対する損害賠償責任（第423条第1項）等の発起人等の株式会社に対する一定の責任は、当該株式会社の総株主の同意により、免除することができることとされていました（第424条等）。

2　しかし、当該責任が株式交換等の効力が生ずる時までにその原因となった事実が生じたものである場合には、旧株主による責任追及等の訴えの制度の創設により、株式会社の旧株主が、当該株式会社の発起人等の責任等について、責任追及等の訴えを提起することができることとなるにもかかわらず、当該株式会社の総株主（すなわち、当該株式会社の完全親会社またはその完全子会社）の同意のみによって、当該責任または義務を免除することができることとすると、旧株主による責任追及等の訴えの制度を創設する意義が失われてしまいます。

3　そこで、改正法では、株式交換等完全子会社に係る適格旧株主、すなわち、第847条の2第1項本文または第3項本文（第4項および第5項で準用する場合を含みます。）の規定によれば提訴請求をすることができることとなる旧株主がある場合において、その免除につき当該株式会社（株式交換等完全子会社）の総株主の同意を要することとされている責任または義務であって、旧株主による提訴請求の対象となるもの、すなわち、株式交換等の効力が生じた時までにその原因となった事実が生じた責任または義務を免除するときは、当該株式会社の総株主の同意に加えて、適格旧株主の全員の同意をも要することとしています（第847条の2第9項）^(注)。これにより当該同意が必要とされる責任は、以下のとおりです。

①　第55条に規定する責任（出資された財産等の価額が不足する場合に発起人または設立時取締役が負う義務（第52条第1項）、出資の履行を仮装した場合に発起人が負う義務（第52条の2第1項）、出資の履行を仮装することに関与した発起人または設立時取締役が負う義務（同条第2項）および任務懈怠により発起人、設立時取締役または設立時監査役が負う責任（第53条第1項））

② 第102条の2第2項に規定する義務（払込みを仮装した設立時募集株式の引受人が負う義務（同条第1項））

③ 第103条第3項に規定する義務（払込みの仮装に関与した発起人または設立時取締役が負う義務（同条第2項））

④ 第120条第5項に規定する義務（株主等の権利の行使に関し財産上の利益の供与をした取締役が負う義務（同条第4項））

⑤ 第213条の2第2項に規定する義務（出資の履行を仮装した募集株式の引受人が負う義務（同条第1項））

⑥ 第286条の2第2項に規定する義務（新株予約権に係る払込み等を仮装した新株予約権者等が負う義務（同条第1項））

⑦ 第424条に規定する責任および同条を準用する第486条第4項に規定する責任（任務懈怠により役員等または清算人が負う損害賠償責任（第423条第1項、第486条第1項））

⑧ 第462条第3項ただし書に規定する義務（剰余金の配当等に関して業務執行者等が負う義務（同条第1項））

⑨ 第464条第2項に規定する義務（買取請求に応じて株式を取得した場合に業務執行者が負う義務（同条第1項））

⑩ 第465条第2項に規定する義務（欠損が生じた場合に業務執行者が負う義務（同条第1項））

（注）　特定責任追及の訴えの制度と異なり、旧株主による責任追及等の訴えの制度に関しては、株主総会の決議による役員等の責任の一部免除（第425条。Q114参照）、定款の定めに基づく取締役の過半数の同意・取締役会の決議による役員等の責任の一部免除（第426条。Q115参照）および責任限定契約に基づく役員等の責任の限定（第427条。Q116参照）について、手続の特則を設けていません。

適格旧株主、すなわち、株式交換等完全子会社の株主であったものであって、現在はその完全親会社の株主であるものを当該完全親会社において特定する作業は、とりわけ、株式交換等が繰り返し行われたような場合には、必ずしも容易ではありません。また、株主総会の決議による役員等の責任の一部免除について、旧株主による責任追及等の訴えの制度に関する手続の特則を設けようとすると、適格旧株主を構成員とする、株主総会に相当する会議体の決議を要することとなり、その決議に至るまでの手続を新たに設ける必要がありますが、このような手続を設けると、規律が極めて複雑になります。

214　第1章　親会社株主の保護等　　第1　多重代表訴訟制度等

　他方で、これらの責任の一部免除がされた場合であっても、適格旧株主は、免除されていない部分の責任について、なお責任追及等の訴えを提起することができます。

　そこで、旧株主による責任追及等の訴えの制度を創設する意義が完全に無に帰することとなってしまう場合、すなわち、総株主の同意によって発起人等の責任または義務が（全部）免除されてしまう場合（第424条等）に限って、手続の特則を設けることとしています。

3 旧株主による責任追及等の訴えおよび特定責任追及の訴えに係る訴訟手続等

Q126

旧株主による責任追及等の訴えや特定責任追及の訴えの対象となる責任について、株式交換等完全親会社または最終完全親会社等が責任追及等の訴えを提起する場合には、当該訴えについて監査役等がこれらの会社を代表することとした理由は、何ですか。

A 1　株式交換等完全親会社（Q132（注）参照）または株式会社の最終完全親会社等は、株式交換等完全子会社または当該株式会社の株式を直接有する場合には、第847条第1項により、責任追及等の訴えを提起することができます。

　もっとも、これらの者による訴えが旧株主による責任追及等の訴えの対象となる株式交換等完全子会社の取締役等（具体的には、取締役、執行役または清算人をいい、これらの者であったものを含みます。）の責任または当該株式会社の取締役等の特定責任に係るものである場合には、これらの取締役等と株式交換等完全親会社または最終完全親会社等の取締役との間の人的関係や仲間意識から、馴れ合い訴訟が行われ、旧株主または最終完全親会社等の株主の利益を害するおそれがあります。

　そこで、改正法では、監査役設置会社、監査等委員会設置会社または指名委員会等設置会社である株式交換等完全親会社または最終完全親会社等が、旧株主による責任追及等の訴えまたは特定責任追及の訴えの対象となる責任を追及する訴えを提起する場合には、当該株式交換等完全親会社または最終完全親会社等の監査役、監査等委員会が選定する監査等委員または監査委員会が選定する監査委員が当該株式交換等完全親会社または最終完全親会社等を代表することとしています（第386条第1項第2号・第3号、第399条の7第3項第1号・第2号、第408条第3項第1号・第2号）。

　2　また、監査役設置会社、監査等委員会設置会社または指名委員会等設置会社である株式交換等完全親会社または最終完全親会社等が、これらの訴えを提起する前提となる、当該訴えの提起の請求を行う場合にも、当該株式交換等完全親会社または最終完全親会社等の監査役、監査等委員会が選定す

る監査等委員または監査委員会が選定する監査委員が当該株式交換等完全親会社または最終完全親会社等を代表することとしています（第386条第2項第3号・第4号、第399条の7第4項第1号・第2号、第408条第4項第1号・第2号）。

Q127　監査役設置会社等が、旧株主または最終完全親会社等の株主から提訴請求を受ける場合には、監査役等が株式会社を代表することとした理由は、何ですか。

A　1　改正前の会社法では、監査役設置会社または委員会設置会社（指名委員会等設置会社）が取締役または執行役の責任を追及する訴えの提起の請求を株主から受ける場合には、監査役または監査委員がこれらの会社を代表することとされていました（改正前の第386条第2項第1号、第408条第3項第1号（改正後の同条第5項第1号））。

これは、株式会社が、取締役または執行役に対して、その責任を追及する訴えを提起するか否かを決定する権限が監査役または監査委員会にあること（改正前の第386条第1項、第408条第1項第2号参照）を前提として、株主による取締役または執行役の責任を追及する訴えの提起の請求の受領についても、監査役または監査委員に株式会社を代表する権限を帰属させるのが適切であるためでした。

そして、新設する監査等委員会設置会社についても、以上と同様の規律を設けることとしています（第399条の7第5項第1号）。

2　改正法では、第847条の2および第847条の3を新設し、旧株主または最終完全親会社等の株主による責任追及等の訴えの提起の請求を認めることとしています。

そこで、監査役設置会社、監査等委員会設置会社または指名委員会等設置会社が取締役または執行役の責任を追及する訴えの提起の請求を旧株主または最終完全親会社等の株主から受ける場合についても、当該請求を株主から受ける場合と同様に、監査役、監査等委員または監査委員がこれらの会社を代表することとしています（第386条第2項第1号、第399条の7第5項第1号、第408条第5項第1号）。

218　第1章　親会社株主の保護等　第1　多重代表訴訟制度等

Q128　株式交換等完全親会社または最終完全親会社等が第849条第6項または第7項の規定による通知を受ける場合には、監査役等がこれらの会社を代表することとした理由は、何ですか。

A　1　株式交換等完全子会社もしくは株式会社が提起した責任追及等の訴えまたは責任追及等の訴えを提起した株主等から当該株式交換等完全子会社もしくは株式会社に対してされた訴訟告知が、旧株主による責任追及等の訴えまたは特定責任追及の訴えの対象となる責任に係るものであるときは、当該株式交換等完全子会社または株式会社は、その株式交換等完全親会社または最終完全親会社等に対し、遅滞なく、当該責任追及等の訴えを提起し、または当該訴訟告知を受けた旨を通知しなければならないこととしています（第849条第6項・第7項）。

　そして、株式交換等完全親会社または最終完全親会社等は、当該通知を受けた場合には、その旨を公告し、または適格旧株主もしくは最終完全親会社等の株主に通知しなければならないこととしています（第849条第10項）。当該公告または通知の趣旨は、適格旧株主または最終完全親会社等の株主がこれらの訴えに係る訴訟に参加する機会（第849条第1項参照）を保障する点にあります（Q134参照）。

　2　第849条第6項または第7項の規定による通知について、株式交換等完全親会社または最終完全親会社等の代表取締役または代表執行役がこれを受領することとすると、株式交換等完全子会社または株式会社の取締役等との間の人的関係や仲間意識から、それに続けて行われるべき同条第10項の規定による公告または通知が懈怠されるおそれがあります。

　そこで、改正法では、当該公告または通知が適切に行われるようにするため、監査役設置会社、監査等委員会設置会社または指名委員会等設置会社である株式交換等完全親会社または最終完全親会社等が、第849条第6項または第7項の規定による通知であって、その株式交換等完全子会社または株式会社の取締役、執行役または清算人の責任を追及する訴えに係るものを受ける場合には、監査役、監査等委員または監査委員が当該株式交換等完全親会社または最終完全親会社等を代表することとしています（第386条第2項第3号・第4号、第399条の7第5項第3号・第4号、第408条第5項第3号・第4号）。

3 旧株主による責任追及等の訴えおよび特定責任追及の訴えに係る訴訟手続等 Q129 219

Q129 責任追及等の訴えの訴訟費用等に関して、第847条第6項から第8項までを削り、第847条の4を新設した趣旨は、何ですか。

A 改正前の第847条第6項から第8項までは、責任追及等の訴えにおける訴額および株主に対する担保の提供命令に関する事項を定めていました。

そして、旧株主による責任追及等の訴えの制度（第847条の2）および最終完全親会社等の株主による特定責任追及の訴えの制度（第847条の3）を創設することに伴い、これらの訴えの訴額および担保の提供命令に関しても、同様の規律を設ける必要があります。

そこで、改正法では、改正前の第847条第6項から第8項までを削除し、株主による責任追及等の訴え、旧株主による責任追及等の訴えおよび最終完全親会社等の株主による特定責任追及の訴えについての訴額および担保の提供命令に関する共通の規律として第847条の4を新設することとしています。その規律の実質的な内容については、改正前の会社法から変更はありません。

220　第1章　親会社株主の保護等　　第1　多重代表訴訟制度等

Q130　責任追及等の訴えの管轄に関する第848条の改正の趣旨は、何ですか。

A　改正前の第848条は、責任追及等の訴えは、「株式会社」の本店の所在地を管轄する地方裁判所の管轄に専属する旨を定めていました。

　そして、新設する旧株主による責任追及等の訴えの制度（第847条の2）においては、当該責任追及等の訴えの提起の請求の相手方は、「当該株式会社（第2号に定める場合にあっては、同号の吸収合併後存続する株式会社。以下この節において「株式交換等完全子会社」という。）」であること（同条第1項）から、「当該株式会社」が吸収合併消滅会社となる吸収合併がされた場合を含めて、旧株主による責任追及等の訴えの管轄は、株式交換等完全子会社を基準に定まることを明示することが相当と考えられます。

　そこで、改正法では、第848条を改正し、その旨を明示する[注]とともに、株式会社および株式交換等完全子会社を合わせて「株式会社等」と定義することとしています。

　（注）　最終完全親会社等の株主による特定責任追及の訴えについては、当該訴えの提起を請求する相手方は、その完全子会社である「株式会社」であり（第847条の3第1項参照）、当該訴えの管轄につき「株式会社」と規定されていれば、当該訴えの管轄が完全子会社である株式会社を基準に定まることとなります。そこで、特定責任追及の訴えの管轄に関しては、特段の改正はしないこととしています。

Q131
適格旧株主や最終完全親会社等の株主は、共同訴訟人として、または当事者の一方を補助するため、責任追及等の訴えに係る訴訟に参加することができることとした理由は、何ですか。

A　1　通常の代表訴訟制度では、馴れ合い訴訟を防止するため、株主は、共同訴訟人として、または当事者の一方を補助するため、責任追及等の訴えに係る訴訟に参加することができることとされています（第849条第1項）。

　2　そして、旧株主による責任追及等の訴え（第847条の2）の対象となる責任等を追及する訴えや、特定責任追及の訴え（第847条の3）についても、同様に、馴れ合い訴訟を防止するため、それぞれ適格旧株主や最終完全親会社等の株主に参加の機会を与える必要があります。

　そこで、改正法では、①適格旧株主は、株式交換等の効力が生じた時までにその原因となった事実が生じた責任または義務に係る責任追及等の訴えに係る訴訟に、また、②最終完全親会社等の株主は、特定責任追及の訴えに係る訴訟に、それぞれ、共同訴訟人として、または当事者の一方を補助するため、参加することができることとしています（第849条第1項）[注]。

　（注）　株主、適格旧株主、最終完全親会社等の株主を合わせて「株主等」と定義しています（第847条の4第2項）。

222　第1章　親会社株主の保護等　第1　多重代表訴訟制度等

Q132 株式交換等完全親会社および最終完全親会社等は、株式会社等の株主でない場合であっても、当事者の一方を補助するため、それぞれ、適格旧株主が提起した責任追及等の訴えに係る訴訟および当該最終完全親会社等の株主が提起した特定責任追及の訴えに係る訴訟に参加することができることとした理由は、何ですか。

A　1　株式交換等がされた場合における株式交換等完全子会社の完全親会社（株式交換等完全親会社。第849条第2項第1号）^(注)や株式会社の最終完全親会社等は、当該株式交換等完全子会社または株式会社の株式を直接有していれば、その株主としての地位に基づき、共同訴訟人として、または当事者の一方を補助するため、責任追及等の訴えに係る訴訟に参加することができます（第849条第1項）。

2　他方で、株式交換等完全親会社は、その株主である適格旧株主がその株式交換等完全子会社の発起人等その他一定の者に対して提起する責任追及等の訴えについて利害関係を有しています。また、最終完全親会社等は、同様に、その株主が株式会社の発起人等に対して提起する特定責任追及の訴えについて利害関係を有しているのみならず、企業グループの最上位に位置する会社として、グループ経営の一環という観点から、当該株式会社の発起人等の責任の有無および責任がある場合におけるその追及の在り方に関わるという点においても、当該特定責任追及の訴えについて利害関係を有しています。

さらに、適格旧株主または最終完全親会社等の株主は、株式交換等完全親会社または最終完全親会社等に損害を加えることを目的とする場合は、提訴請求をすることができないこととされており（第847条の2第1項ただし書・第3項ただし書、第847条の3第1項ただし書）、当該目的をもって責任追及等の訴えまたは特定責任追及の訴えを提起したときは、訴えが却下されることとなります。そして、この却下事由の有無についての審理の充実という観点からは、まさに当該損害を被るかどうかが問題となる株式交換等完全親会社または最終完全親会社等が当該訴えに関与することができるようにするのが適切と考えられます。

3　旧株主による責任追及等の訴えおよび特定責任追及の訴えに係る訴訟手続等　Q132　223

　3　そこで、改正法では、株式交換等完全親会社または最終完全親会社等は、株式会社等の株主でない場合であっても、適格旧株主が提起した責任追及等の訴えに係る訴訟または最終完全親会社等の株主が提起した特定責任追及の訴えに係る訴訟に補助参加することができることとしています（第849条第2項）。

　（注）「株式交換等完全親会社」とは、①第847条の2第1項各号または第3項各号（同条第4項および第5項において準用する場合を含みます。）の株式交換等がされた場合における株式交換等完全子会社の完全親会社（当該株式交換等の効力が生じた時においてその完全親会社があるものを除きます。）であって、②当該完全親会社の株式交換もしくは株式移転または当該完全親会社が合併により消滅する会社となる合併によりその完全親会社となった株式会社がないものをいうこととしています（第849条第2項第1号）。
　　上記①は、要するに、当該株式交換等の対価である株式を発行している株式会社をいうものです。第847条の2第1項各号または第3項各号の株式交換等がされた場合における株式交換等完全子会社の完全親会社であっても、当該株式交換等の効力が生じた時において、他の株式会社の完全子会社である場合には、当該完全親会社は、株式交換等の対価である株式を発行している株式会社ではなく、適格旧株主が当該完全親会社の株主であるわけではありません。そのため、当該完全親会社（すなわち、中間完全子会社である株式会社）に旧株主による責任追及等の訴えに係る訴訟への参加をあえて認める必要性に乏しいと考えられます。そこで、株式交換等の効力が生じた時においてその完全親会社があるものを除くこととしています。
　　また、上記②については、このような株式交換等完全子会社の完全親会社（株式交換等の対価である株式を発行している株式会社）について、その後、更に株式交換等が行われた場合も、当該完全親会社は、他の株式会社の完全子会社となっており、適格旧株主は、もはや当該完全親会社の株主ではありません。そのため、他の株式会社の完全子会社となった当該完全親会社（すなわち、中間完全子会社となった株式会社）に旧株主による責任追及等の訴えに係る訴訟への参加をあえて認める必要性に乏しいと考えられます。そこで、上記②の要件を置くこととしています。

224　第1章　親会社株主の保護等　第1　多重代表訴訟制度等

Q133　株式交換等完全親会社や最終完全親会社等が、その株式交換等完全子会社または当該株式会社の取締役等を補助するため、責任追及等の訴えに係る訴訟に参加するには、各監査役等の同意を得なければならないこととした理由は、何ですか。

A　1　通常の代表訴訟制度では、監査役設置会社等である株式会社が取締役、執行役および清算人ならびにこれらの者であった者を補助するため、責任追及等の訴えに係る訴訟に参加するには、当該株式会社の判断の適正を確保するため、監査役等の同意を得なければならないこととされています（改正前の第849条第2項（改正後の同条第3項））。

2　そして、これと同様に、旧株主による責任追及等の訴えまたは最終完全親会社等の株主による特定責任追及の訴えにおいて、株式交換等完全親会社がその株式交換等完全子会社の取締役等を、また、株式会社の最終完全親会社等が当該株式会社の取締役等を、それぞれ補助するため、当該訴えに係る訴訟に参加する場合についても、当該株式交換等完全親会社または最終完全親会社等の判断の適正を確保する必要があります。

3　そこで、改正法では、監査役設置会社、監査等委員会設置会社または指名委員会等設置会社である株式交換等完全親会社または最終完全親会社等が、株式交換等完全子会社または株式会社の取締役（監査等委員および監査委員を除きます。）、執行役および清算人ならびにこれらの者であった者を補助するため、責任追及等の訴えに係る訴訟に参加するには、各監査役、各監査等委員または各監査委員の同意を得なければならないこととしています（改正後の第849条第3項）。

Q134　株式会社に株式交換等完全親会社または最終完全親会社等がある場合における責任追及等の訴えに係る公告または通知に関する手続の特則は、どのようなものですか。

A　1　通常の代表訴訟制度では、株主による訴訟参加の機会を保障するため、株式会社は、責任追及等の訴えを提起したとき、または株主が提起した責任追及等の訴えに係る訴訟告知を受けたときは、その旨を公告し、または株主に通知しなければならないこととされています（改正前の第849条第4項（改正後の同条第5項））。

2　①旧株主による責任追及等の訴えの制度（第847条の2）および②最終完全親会社等の株主による特定責任追及の訴えの制度（第847条の3）についても、同様に、上記①においては株式交換等完全親会社および適格旧株主が当該責任追及等の訴えに係る訴訟に参加する機会を保障し、上記②においては最終完全親会社等およびその株主が当該特定責任追及の訴えに係る訴訟に参加する機会を保障する必要があります（第849条第1項・第2項）。

3　そこで、改正法では、上記①については、株式交換等完全子会社が提起した責任追及等の訴えまたは株式交換等完全子会社の株主もしくは適格旧株主がした訴訟告知（第849条第4項）が株式交換等の効力が生じた時までにその原因となった事実が生じた責任または義務に係るものであるとき、上記②については、株式会社が提起した責任追及等の訴えまたは株式会社の株主もしくは当該株式会社の最終完全親会社等の株主がした訴訟告知（同項）が特定責任に係るものであるときは、株式交換等完全子会社または当該株式会社は、その株主に対する通知・公告（同条第5項参照）に加えて、株式交換等完全親会社または最終完全親会社等に対し、当該責任追及等の訴えを提起し、または当該訴訟告知を受けた旨を通知しなければならないこととしています（同条第6項・第7項）^(注)。

その上で、当該通知を受けた株式交換等完全親会社または最終完全親会社等は、遅滞なく、その旨を公告し、または適格旧株主もしくは当該最終完全親会社等の株主に通知しなければならないこととしています（第849条第10項。これらの会社が公開会社でない場合につき、同条第11項）。

226　第1章　親会社株主の保護等　　第1　多重代表訴訟制度等

　（注）　株式交換等完全親会社または最終完全親会社等が株式交換等完全子会社または株
式会社の発行済株式の全部を直接有する場合には、第849条第6項または第7項の規定に
よる通知により、株式交換等完全親会社または最終完全親会社等の参加の機会は確保され
ることから、同条第5項の公告または通知は不要となります（同条第8項）。

Q135 第850条第4項の改正の趣旨は、何ですか。

A 1 改正前の第850条第4項では、責任追及等の訴えに係る訴訟における和解において発起人等の責任等を免除する場合には、総株主の同意を要しないこととされていました。

2 改正法では、新設する仮装払込みに係る責任（第102条の2第1項、第103条第2項、第213条の2第1項、第286条の2第1項）を免除する場合には、総株主の同意を要することとしています（第102条の2第2項、第103条第3項、第213条の2第2項、第286条の2第2項。Q91、Q94、Q95参照）。

そして、仮装払込みに係るこれらの責任は、責任追及等の訴えの対象とすることとしており（第847条第1項参照）、当該訴えに係る訴訟上の和解においてこれらの責任を免除する場合についても、その免除につき総株主の同意を要件とする他の発起人等の責任等と区別して取り扱う理由はありません。

3 そこで、改正法では、第850条第4項を改正し、責任追及等の訴えに係る訴訟における和解において仮装払込みに係るこれらの責任を免除する場合についても、総株主の同意を要しないこととしています。

Q136 第852条の改正の趣旨は、何ですか。

A　1　改正前の第852条は、株主が、責任追及等の訴えに勝訴した場合に、株式会社に対して、当該責任追及等の訴えに係る訴訟に関し支出した費用等を請求することができ、また、株主が敗訴した場合であっても、悪意があったときを除き、株式会社に対して損害賠償義務を負わないことを定めていました。

2　改正法では、旧株主による責任追及等の訴えの制度（第847条の2）および最終完全親会社等の株主による特定責任追及の訴えの制度（第847条の3）を創設し、適格旧株主または最終完全親会社等の株主が責任追及等の訴えを提起することができることとしているところ、これらの訴えについても、その費用等につき当該株式会社の株主による責任追及等の訴えと同様に取り扱う必要があります。

3　そこで、改正法では、第852条の「株主」を「株主等」（第847条の4第2項参照）と改正して、責任追及等の訴えに勝訴した適格旧株主または最終完全親会社等の株主が、株式会社等に対して、責任追及等の訴えに係る訴訟に関し支出した費用等を請求することができることとするとともに、適格旧株主または最終完全親会社等の株主が敗訴した場合であっても、悪意があったときを除き、株式会社等に対して損害賠償義務を負わないこととしています。

Q137 第853条第1項の改正の趣旨は、何ですか。

A 　1　改正前の第853条第1項は、株式会社および株主は、一定の場合に、責任追及等の訴えに係る確定した終局判決に対し、再審の訴えを提起することができることを定めていました。

2　改正法では、旧株主による責任追及等の訴えの制度（第847条の2）および最終完全親会社等の株主による特定責任追及の訴えの制度（第847条の3）を創設し、適格旧株主または最終完全親会社等の株主が責任追及等の訴えを提起することができることとしたことに伴い、これらの者による再審の訴えの提起について、規定を整備する必要があります。

3　そこで、改正法では、第853条第1項を改正し、適格旧株主は、株式交換等の効力が生じた時までにその原因となった事実が生じた責任または義務に係る責任追及等の訴えに係る確定した終局判決に対し（同項第2号）、また、最終完全親会社等の株主は、特定責任追及の訴えに係る確定した終局判決に対し（同項第3号）、それぞれ、再審の訴えを提起することができることとしています。

4 利益供与に係る規律等の見直し

Q138 適格旧株主または最終完全親会社等の株主の権利の行使に関する利益の供与に係る規律の見直しの概要は、どのようなものですか。

A 1 改正前の会社法では、株式会社は、何人に対しても、株主の権利の行使に関し、財産上の利益の供与をしてはならないこととされていました（改正前の第120条第1項）。また、株式会社の取締役等が、当該株式会社の株主の権利の行使に関し、当該株式会社またはその子会社の計算において財産上の利益を供与したときは、3年以下の懲役または300万円以下の罰金に処することとされているとともに（利益供与罪。改正前の第970条第1項）、株式会社の株主の権利の行使に関し、当該株式会社またはその子会社の計算において財産上の利益を自己または第三者に供与することを当該株式会社の取締役等に要求した者も、同様に処罰することとされていました（同条第3項）。

そして、これらの規律における「株主の権利の行使」には、責任追及等の訴え、すなわち、代表訴訟の提起も含まれます。

2 改正法では、旧株主による責任追及等の訴え（第847条の2）および最終完全親会社等の株主による特定責任追及の訴え（第847条の3）の各制度を創設することにより、適格旧株主または最終完全親会社等の株主は、当該株式会社の株主でなくとも、当該株式会社の取締役等に対して責任追及等の訴えを提起することができることとしています。

その結果、当該株式会社の取締役等が、適格旧株主または最終完全親会社等の株主による責任追及等の訴えが提起されないようにするために、当該責任追及等の訴えの提起等に関して、利益の供与をするおそれがあること、また、株式会社が当該責任追及等の訴えの提起等に関して利益の供与をした場合に、当該権利の行使の適正が害されるおそれがあることは、株式会社が株主による責任追及等の訴えの提起に関し、財産上の利益の供与をした場合と同様です。

3 そこで、第120条第1項を改正し、株式会社は、適格旧株主または最終完全親会社等の株主の権利の行使に関し、財産上の利益の供与をしてはな

らないこととしています^{(注1)(注2)}。

　同様に、第970条第1項を改正し、株式会社の取締役等が、適格旧株主または最終完全親会社等の株主の権利の行使に関し、財産上の利益を供与する行為についても、利益供与罪の対象とすることとしています。

　また、利益供与罪と同様の理由から第970条第3項を改正し、適格旧株主または最終完全親会社等の株主の権利の行使に関し、財産上の利益を供与することを要求した者を同項の規定による処罰の対象に加えることとしています。

　（注1）　株式会社が第120条第1項の規定に違反して財産上の利益の供与をしたときは、当該利益の供与をすることに関与した取締役または執行役として法務省令で定める者は、当該株式会社に対して、連帯して、供与した利益の価額に相当する額を支払う義務を負うこととされており（同条第4項）、当該義務は、総株主の同意がなければ、免除することができないこととされています（同条第5項）。

　株式会社に係る適格旧株主がある場合および株式会社に最終完全親会社等がある場合に当該義務を免除するには、その免除に総株主の同意を要することとされる他の義務と同様、当該株式会社の総株主の同意だけでなく、適格旧株主の全員または最終完全親会社等の総株主の同意を要することとしています（第847条の2第9項、第847条の3第10項。Q113、Q125参照）。

　（注2）　適格旧株主または最終完全親会社等の株主の権利の行使に関しては、一定の要件の下に財産上の利益の供与をしたものと推定する旨の規定（第120条第2項参照）は設けていません。これは、適格旧株主または最終完全親会社等の株主は、当該株式会社の親会社社員（親会社の株主その他の社員をいいます。第31条第3項参照）としての権利（例えば、当該株式会社の会計帳簿の閲覧等の請求権（第433条第3項））を有している場合があるため、株式会社が特定の適格旧株主または最終完全親会社等の株主に無償で財産上の利益の供与をするなどしたからといって、適格旧株主または最終完全親会社等の株主の権利の行使に関し、当該供与をしたものと推定するのは相当でないからです。

232 第1章 親会社株主の保護等 第1 多重代表訴訟制度等

Q139 第968条第1項第4号および第5号の改正の趣旨は、何ですか。

A 1 改正前の会社法では、株主による責任追及等の訴えまたは再審の訴えの提起に関し、不正の請託を受けて、財産上の利益を収受し、またはその要求もしくは約束をした者は、5年以下の懲役または500万円以下の罰金に処することとされていました（改正前の第968条第1項第4号）。

改正法では、適格旧株主および最終完全親会社等の株主は、責任追及等の訴えを提起することができ（第847条の2第6項・第8項、第847条の3第7項・第9項）、また、責任追及等の訴えに係る再審の訴えを提起することができることとしています（第853条第1項。Q137参照）。これに伴い、これらの訴えの提起に関する贈収賄についても、当該株式会社の株主による責任追及等の訴えまたは再審の訴えの提起に関する贈収賄と同様、第968条第1項第4号の贈収賄罪の対象とすることとしています。

2 また、改正前の会社法では、第849条第1項の規定による株主の訴訟参加に関し、不正の請託を受けて、財産上の利益を収受し、またはその要求もしくは約束をした者も、同様に処罰することとされていました（改正前の第968条第1項第5号）。

改正法では、適格旧株主および最終完全親会社等の株主も、責任追及等の訴えに係る訴訟に参加することができることとしています（第849条第1項。Q131参照）。これに伴い、これらの者による訴訟参加についても、株主の訴訟参加と同様、第968条第1項第5号の贈収賄罪の対象とすることとしています。

5 経過措置

Q140 責任追及等の訴えに関する経過措置の内容は、どのようなものですか。

A 1 改正法附則第21条は、改正後の第386条、第399条の7、第408条および第847条から第853条までに定める責任追及等の訴えに関する経過措置を定めるものです。

2 まず、改正法では、株式会社による株式交換等によって当該株式会社の株主でなくなった者は、当該株式会社の取締役等に対し、責任追及等の訴え（当該株式交換等の効力が生じた時までにその原因となった事実が生じた責任または義務に係るものに限ります。）を提起することや当該責任追及等の訴えに係る訴訟に参加することが認められるなど、責任追及等の訴えに係る規律を変更しています（第847条の2等）。

しかし、施行日前に責任追及等の訴えに係る手続が開始されていた場合において、例えば、施行日後、株式会社が株式交換等をしたときに、株式交換等完全親会社に対する通知（改正後の第849条第6項）が必要になったり、適格旧株主が当該訴えに係る訴訟に参加することができることになったりすると(注)、当該責任追及等の訴えの当事者（当該株式会社またはその株主および取締役等）に予期せぬ対応を迫ることになり、混乱が生ずるおそれがあります。

そこで、施行日前に改正前の第847条第1項に規定する責任追及等の訴えが提起された場合における当該責任追及等の訴えについては、なお従前の例による（改正前の規律による）こととしています（改正法附則第21条第1項）。

3 また、改正法では、株式会社が株式交換等をしたことによって当該株式会社の株主でなくなった者（適格旧株主）が、当該株式会社の取締役等に対して、責任追及等の訴えを提起することを認めることとしています（第847条の2）。

しかし、改正前の会社法の下では、株式交換等が行われ、完全親子会社関係が形成された場合には、当該株式交換等によって当該完全親会社の完全子会社となった株式会社（株式交換等完全子会社）の取締役等に対して責任追及等の訴えを提起することができる株主は、当該完全親会社のみであること

を前提に、株式交換等完全子会社およびその取締役等において、責任追及等の訴えに対する事前の対応（例えば、D&O保険を締結するかどうか等の対応）等を行っている可能性が高いと考えられます。そのため、施行日前に株式交換等の効力が生じ、既に完全親子会社関係が形成されている場合に、適格旧株主が株式交換等完全子会社の取締役等に対する責任追及等の訴えを提起することを認めると、当該取締役等や当該株式交換等完全子会社に、当該訴えへの予期せぬ対応を迫ることになり、混乱が生ずるおそれがあります。

そこで、施行日前に株式交換等の効力が生じている場合には、適格旧株主が新設する第847条の2に基づき責任追及等の訴えを提起することを認めないこととするため、同条の規定は、適用しないこととしています（改正法附則第21条第2項）。

4　さらに、改正法では、株式会社の最終完全親会社等の株主が、当該株式会社の発起人等の特定責任を追及する訴えを提起することを認めることとしています（第847条の3）。

しかし、施行日前の時点では、発起人等に対して責任追及等の訴えを提起することができる株主は、最終完全親会社等またはその完全子法人のみであることを前提に、株式会社およびその発起人等において、責任追及等の訴えに対する事前の対応（例えば、D&O保険を締結するかどうか等の対応）等を行っている可能性が高いと考えられます。そのため、株式会社の最終完全親会社等の株主が施行日前にその原因となった事実が生じた特定責任を追及する訴えを提起することを認めると、当該発起人等や当該株式会社に当該訴えへの予期せぬ対応を迫ることになり、混乱が生ずるおそれがあります。

そこで、施行日前にその原因となった事実が生じた特定責任については、新設する第847条の3の規定は、適用しないこととしています（改正法附則第21条第3項）。

　　（注）　施行日前に株式交換等が行われ、株式会社またはその株主である株式交換等完全親会社が責任追及等の訴えを提起していた場合についても、改正法附則第21条第1項の規定により、適格旧株主が当該訴えに係る訴訟に訴訟参加すること等は認められません。

第2 内部統制システム（企業集団における業務の適正を確保するための体制）

Q141 いわゆる内部統制システムについて、株式会社およびその子会社から成る企業集団の業務の適正を確保するために必要な体制を法律で規定することとした趣旨は、何ですか。

A 1 改正前の会社法では、取締役または執行役の「職務の執行が法令及び定款に適合することを確保するための体制その他株式会社の業務の適正を確保するために必要なものとして法務省令で定める体制の整備」（いわゆる内部統制システムの整備）についての決定は、各取締役または執行役に委任することができず、取締役の過半数（取締役会設置会社においては、取締役会の決議）によってしなければならないこととされていました（改正前の第348条第3項第4号、第362条第4項第6号、第416条第1項第1号ホ）。

そして、「法務省令で定める体制」の1つとして、「当該株式会社並びにその親会社及び子会社から成る企業集団における業務の適正を確保するための体制」が掲げられていました（改正前の施行規則第98条第1項第5号、第100条第1項第5号、第112条第2項第5号）。

2 他方で、近時、株式会社とその子会社から成る企業集団（グループ企業）による経営（グループ経営）が進展し、特に、持株会社形態が普及していることから、親会社およびその株主にとっては、その子会社の経営の効率性および適法性が極めて重要なものとなっています。

このような現状に鑑みれば、株式会社とその子会社から成る企業集団の業務の適正を確保するための体制の整備については、法務省令ではなく、法律である会社法において規定するのが適切であると考えられます。

そこで、改正法では、株式会社およびその子会社から成る企業集団の業務の適正を確保するために必要な体制の整備を、法律である会社法において規定することとしています（第348条第3項第4号、第362条第4項第6号、第416条第1項第1号ホ）^{(注1)(注2)}。

3 改正法では、第348条第3項第4号、第362条第4項第6号および第

416 条第 1 項第 1 号ホの改正について、特段の経過措置を設けていません。そのため、内部統制システムの整備について決定しなければならないこととされている大会社および指名委員会等設置会社の取締役（会）は、改正法の施行日以後は、株式会社およびその子会社から成る企業集団の業務の適正を確保するために必要なものとして法務省令で定める体制の整備について決定しなければならないこととなります^(注3)。

（注1）　これを受けて、改正省令では、施行規則第 98 条第 1 項第 5 号において、改正前から規定されている「当該株式会社並びにその親会社及び子会社から成る企業集団における業務の適正を確保するための体制」の例示として、①当該株式会社の子会社の取締役、執行役、業務を執行する社員、第 598 条第 1 項の職務を行うべき者その他これらの者に相当する者（以下（注1）において「取締役等」といいます。）の職務の執行に係る事項の当該株式会社への報告に関する体制（同号イ）、②当該株式会社の子会社の損失の危険の管理に関する規程その他の体制（同号ロ）、③当該株式会社の子会社の取締役等の職務の執行が効率的に行われることを確保するための体制（同号ハ）、④当該株式会社の子会社の取締役等および使用人の職務の執行が法令および定款に適合することを確保するための体制（同号ニ）を規定することとしています。これらの体制は、「当該株式会社並びにその親会社及び子会社から成る企業集団における業務の適正を確保するための体制」の例示であり、また、企業集団全体の内部統制についての当該株式会社における体制であって、当該株式会社の子会社自体の体制ではないことを示す趣旨で、同号柱書において「次に掲げる体制その他の」とするとともに、施行規則第 98 条第 1 項柱書の「次に掲げる体制」の前に「当該株式会社における」という語を加えています。また、施行規則第 100 条第 1 項および第 112 条第 2 項についても以上と同様の改正をするとともに、改正法により新設される監査等委員会設置会社における内部統制システムについても同様の規定を設けています（施行規則第 110 条の 4 第 2 項。Q36（注2）参照）。

（注2）　大会社または指名委員会等設置会社においては、取締役（会）は、内部統制システムの整備についての決定をしなければならないこととされていますが（第 348 条第 4 項、第 362 条第 5 項、第 416 条第 2 項）、内部統制システムの整備自体が義務付けられるわけではなく、当該株式会社の性質・規模等を踏まえて、内部統制システムを整備しないという決定をしても、第 348 条第 4 項等に違反するわけではないと解されています。また、その決定は当該株式会社についてのものであり、当該株式会社がその子会社における内部統制システムを整備する義務や当該子会社を監督する義務までを定めるものではないと解されています。

　第 348 条第 3 項第 4 号等の改正は、このような解釈を変更することを意図するものではありません。新設される監査等委員会設置会社における内部統制システムについても同様

です（第399条の13第2項参照）。もっとも、株式会社が、企業集団の業務の適正を確保するために必要な体制を整備していない場合に、当該株式会社の取締役が善管注意義務（第330条、民法第644条）の違反に問われる可能性があることは、改正前と同様です。

（注3）　改正法が第348条第3項第4号等の改正について特段の経過措置を設けていないこと等を踏まえ、改正省令においても、施行規則第98条第1項、第100条第1項および第112条第2項の改正について、特段の経過措置は設けないこととしています（改正省令附則参照）。したがって、改正後のこれらの規定は、改正省令の施行日から適用されることとなります。もっとも、改正省令は改正前のこれらの規定を具体化するものであること（前掲（注1）参照）や、内部統制システムを整備しないという決定も第348条第4項等に違反するわけではないと解されていること（前掲（注2）参照）等を踏まえると、改正前において、改正前の施行規則第98条第1項等の規定に基づく内部統制システムの整備についての決定を適切に行っている会社であれば、改正後も、第348条第4項等および施行規則第98条第1項等に違反することはないと考えられます（Q235（注4）参照）。

238　第1章　親会社株主の保護等　第2　内部統制システム（企業集団における業務の適正を確保するための体制）

Q142
改正前の法務省令では、「当該株式会社並びにその親会社及び子会社から成る企業集団における業務の適正を確保するための体制」と規定されていたのに対して、改正法では、「株式会社及びその子会社から成る企業集団の業務の適正を確保するため」に必要な体制としており、「親会社」を含めていないのは、なぜですか。

A　1　改正前の法務省令では、「株式会社の業務の適正を確保するために必要なものとして法務省令で定める体制」（改正前の第348条第3項第4号、第362条第4項第6号、第416条第1項第1号ホ）の1つとして、「当該株式会社並びにその親会社及び子会社から成る企業集団における業務の適正を確保するための体制」を挙げており、企業集団に株式会社の「親会社」を含めていました（改正前の施行規則第98条第1項第5号、第100条第1項第5号、第112条第2項第5号）。

これに対し、改正法では、「株式会社の業務並びに当該株式会社及びその子会社から成る企業集団の業務の適正を確保するために必要なものとして法務省令で定める体制」として、企業集団に当該株式会社の親会社を含めていません（第348条第3項第4号、第362条第4項第6号、第416条第1項第1号ホ）。

2　これは、株式会社およびその株主にとって、その子会社の経営の効率性および適法性の確保が極めて重要なものとなっていることを踏まえ、当該株式会社の株主の保護という観点からすると、特に、株式会社およびその子会社から成る企業集団に係る部分については、法律である会社法に規定することが適切であることに基づくものです(注)。

（注）　このような第348条第3項第4号等の改正の趣旨に照らせば、施行規則第98条第1項第5号等において、「親会社」という文言を削除する理由はなく、また、当該文言を削除することは相当でもありませんから、当該文言はそのまま残すこととしています。

Q143 株式会社は、その子会社を管理・監督しなければならない旨の明文の規定を設けることとしなかったのは、なぜですか。

A　1　法制審議会会社法制部会における検討の過程では、多重代表訴訟制度の創設の当否について、積極・消極双方の立場の意見が激しく対立しました。そして、同制度の創設に消極的な意見の理由の1つとして、子会社の取締役の任務懈怠等により子会社に損害が生じた場合には、子会社の管理・監督に関する親会社の取締役の責任を問えば足りることが挙げられていました。

　これに対しては、親会社の取締役が一般的に子会社を管理・監督する責任を負っているかどうかは、会社法上必ずしも明確でないとの指摘がされていました(注1)。

　このような指摘を受けて、法制審議会会社法制部会における議論の過程では、多重代表訴訟制度を創設しないこととする場合の代替案として、株式会社の取締役会がその子会社の業務を監督しなければならない旨の明文の規定を設けることが検討されました。

　しかし、そのような明文の規定を設けることについては、監督義務の範囲が不明確であり、グループ経営に対する萎縮効果を与えること等を理由に強い反対意見が出されるなど、積極・消極双方の立場の意見が激しく対立したため、議論が重ねられました。

　その結果、株式会社がその子会社を監督しなければならない旨の明文の規定を設けることについてはコンセンサスが得られず、他方で、多重代表訴訟制度を創設することについてコンセンサスが得られたことから、要綱には、そのような明文の規定を設けることは盛り込まれませんでした。

　2　これを踏まえ、改正法では、株式会社がその子会社を管理・監督しなければならない旨の明文の規定は設けていません(注2)。

　（注1）　平成17年改正前の商法下の裁判例の中には、親会社の取締役は、子会社に指図をするなどの特段の事情のない限り、子会社の取締役の業務執行の結果生じた損害について、親会社に対して責任を負わない旨を判示したものがありました（東京地判平成13年1月25日判時1760号144頁）。他方で、近時、親会社の取締役の子会社に対する監視

義務違反が認定された裁判例もあります（福岡高判平成 24 年 4 月 13 日金判 1399 号 24 頁。なお、この裁判例の上告審である最一判平成 26 年 1 月 30 日判時 2213 号 123 頁参照）。

（注 2）　法制審議会会社法制部会では、複数の学者の委員・幹事から、会社の資産である子会社の株式の価値を維持するために必要・適切な手段を講じることが親会社取締役の善管注意義務から要求されており、株主である親会社として、取ることのできる手段を適切に用いて対処するというのも、当然その内容に含まれ得るとの意見が出されました。このような意見が出されたことを踏まえて、2012 年 8 月 1 日開催の法制審議会会社法制部会第 24 回会議（最終回）において、岩原紳作部会長は、同部会を締めくくるに当たって、「当部会では、親会社取締役会による子会社の監督の職務についても、活発に御議論を頂きました。監督の職務の範囲の不明確性への御懸念などから、新たな明文の規定を設けることにこそ至りませんでしたが、当部会における御議論を通じて、そのような監督の職務があることについての解釈上の疑義は、相当程度払拭されたのではないかと思われます。」と述べています（同部会第 24 回会議議事録 9 頁）。

第3 親会社による子会社の株式等の譲渡

Q144 株式会社によるその子会社の株式等の譲渡について、一定の場合には、株主総会の承認を受けなければならないこととした理由は、何ですか。

A 1 改正前の会社法では、株式会社がその子会社の株式等（株式または持分）を譲渡しようとする場合に、株主総会の承認が必要である旨の明文の規定は設けられていませんでした。

2 しかし、株式会社が、その子会社の株式等を譲渡することにより、株式等の保有を通じた当該子会社の事業に対する直接の支配を失う場合（例えば、子会社の議決権の総数の過半数の議決権を有しないこととなる場合）には、事業譲渡と実質的に異ならない影響が当該株式会社に及ぶと考えられます。したがって、このような子会社の株式等の譲渡については、事業譲渡と同様、株主総会の決議による承認を要することとするのが相当です。

もっとも、株式会社が譲り渡す子会社の株式等の帳簿価額が小さい場合には、当該譲渡により当該株式会社がその子会社の事業に対する直接の支配を失ったとしても、当該株式会社に及ぶ影響は比較的小さいものにとどまるといえます。したがって、このような場合にまで、株主総会の決議による承認を経る必要はないと考えられます。また、株式会社がその子会社の株式等を譲渡する場合に、常に株主総会の承認を要するものとすると、迅速な意思決定という企業集団における経営のメリットが損なわれるおそれがあります。

3 そこで、改正法では、株式会社は、その子会社の株式等の全部または一部の譲渡をする場合であって、①当該譲渡により譲り渡す株式等の帳簿価額が当該株式会社の総資産額として法務省令で定める方法により算定される額の5分の1を超えるとき（Q145参照）、②効力発生日において、当該株式会社が、当該子会社の議決権の総数の過半数の議決権を有しないとき（Q146参照）のいずれにも該当するときは、効力発生日の前日までに、株主総会の特別決議によって、当該株式等の譲渡に係る契約の承認を受けなければならないこととしています（第467条第1項第2号の2、第309条第2項第11

号）^{(注1)(注2)}。

（注1）　子会社の株式等の全部または一部の譲渡も「事業譲渡等」（第 468 条第 1 項）
に該当しますので、事業譲渡等に係る反対株主の株式買取請求制度（第 469 条、第 470
条）やいわゆる略式事業譲渡等（総株主の議決権の 10 分の 9 以上を有する会社との間の
事業譲渡等。第 468 条第 1 項）の規律が適用されることになります。

（注2）　改正前の会社法では、特別清算手続中の株式会社が事業の全部または重要な一
部の譲渡をする場合には、株主総会の決議に代えて、裁判所の許可を得なければならない
こととされていました（改正前の第 536 条第 1 項・第 3 項）。

そして、改正法では、所定の要件を満たす子会社の株式等の譲渡について株主総会の決
議を要することとすることを踏まえて、特別清算手続中の株式会社によるその子会社の株
式等の譲渡についても、同一の要件を満たすものにつき、株主総会の決議に代えて裁判所
の許可を得なければならないこととしています（第 536 条第 1 項第 3 号・第 3 項、施行規
則第 152 条）。

また、同様に手続開始後の事業の全部または重要な一部の譲渡につき裁判所の許可が必
要とされている再生手続および更生手続についても、再生手続開始後の子会社の株式等の
譲渡（民事再生法第 42 条第 1 項、第 43 条第 1 項・第 8 項、民事再生法施行規則（平成
27 年法務省令第 13 号））または更生手続開始後更生計画案を決議に付す旨の決定がされ
るまでの間の子会社の株式等の譲渡（会社更生法第 46 条第 2 項・第 10 項）であって会社
法と同一の要件を満たすものにつき、裁判所の許可の対象としています（民事再生法の改
正につき整備法第 10 条、会社更生法の改正につき整備法第 12 条。それぞれの改正の内容
の詳細については、内野宗揮＝近江弘行「平成 26 年会社法改正に伴う民事再生法の整備
と民事再生法施行規則の制定」NBL1049 号 21 頁（2015 年）、深山卓也「平成 26 年会社法
改正に伴う会社更生法の整備について」高橋宏志ほか編『（伊藤眞先生古稀祝賀論文集）
民事手続の現代的使命』1137 頁（有斐閣、2015 年）参照）。

Q145
子会社の株式等の譲渡につき株主総会の決議による承認が必要な場合として、譲り渡す株式等の帳簿価額が当該株式会社の総資産額の5分の1を超える場合とした理由は、何ですか。

A　1　改正法では、株式会社によるその子会社の株式等の譲渡について、事業譲渡と実質的に異ならない影響を当該株式会社に及ぼし得ることを考慮して、株主総会の決議を要することとしています（第467条第1項第2号の2)。

　2　そして、事業譲渡については、原則として、株主総会の決議による承認を要することとしつつ、当該譲渡により譲り渡す資産の帳簿価額が当該株式会社の総資産額の5分の1を超えない場合には、株主総会の決議による承認を受けることは要しないこととされています（第467条第1項第2号)。これは、譲り渡す資産の帳簿価額が小さければ、当該株式会社に及ぶ影響が小さく、また、常に株主総会の決議を要するものとすると、取引の迅速性が害されることを考慮したものです。

　3　株式会社がその子会社の株式等を譲渡する場合についても、当該株式等の帳簿価額が小さければ、当該譲渡が当該株式会社に及ぼす影響は比較的小さいものにとどまることや、常に当該株式会社の株主総会の承認を要するものとすると、取引の迅速性が害されることは、事業譲渡と同じです。

　そこで、株式会社がその子会社の株式等を譲渡する場合についても、事業譲渡についての第467条第1項第2号の規定を参考にして、譲り渡す子会社の株式等の帳簿価額が株式会社の総資産額として法務省令で定める方法(注)により算定される額の5分の1を超える場合に限り、株主総会の決議による承認を要することとしています（第467条第1項第2号の2イ)。

　（注）　改正省令では、第467条第1項第2号の2イの要件に該当するかどうかの基礎となる株式会社の総資産額の算定方法について、事業譲渡に係る契約についての株主総会の決議による承認の要否の基準となる譲渡会社の総資産額の算定方法と同じ算定方法によることとしています（施行規則第134条)。すなわち、原則として当該株式会社の最終事業年度に係る貸借対照表の資産の部に計上された額をもって総資産額とし、最終事業年度の末日後、算定基準日（原則として、その子会社の株式または持分の譲渡に係る契約を締結した日）までの間に、当該株式会社において剰余金の配当等がされ、または、組織再編行

244 第1章 親会社株主の保護等 第3 親会社による子会社の株式等の譲渡

為等による資産の変動があった場合には、その変動をも反映するため、規定上は、貸借対照表の貸方の各項目を基準として算定することとしています（同条第1項）。また、算定基準日において当該株式会社が清算株式会社である場合には、清算の開始原因が生じた日における当該株式会社の貸借対照表の資産の部に計上した額をもって総資産額とすることとしています（同条第2項）。

Q146

子会社の株式等の譲渡につき株主総会の決議による承認が必要な場合として、株式会社が、効力発生日においてその子会社の議決権の総数の過半数の議決権を有しないときとし、当該株式会社が親会社でなくなるときとしなかった理由は、何ですか。

A　1　株式会社が株主総会の決議による承認が必要であるにもかかわらず、これを得ずにその子会社の株式等を譲渡した場合には、当該譲渡の効力に影響が生じ得ることとなります。そこで、子会社の株式等の譲渡につきどの範囲で株主総会の決議による承認を要することとするかについては、客観的かつ形式的な基準によって定めることが相当です。

2　他方で、「親会社」（第2条第4号）には、その定義上、株式会社の議決権の過半数を有する法人のほか、株式会社の経営を支配している法人として法務省令で定めるもの（施行規則第3条第2項・第3項参照）が含まれます。

このような「親会社」の定義に照らして、株式会社がその子会社の株式等を譲渡する場合に、効力発生日においてなお親会社であるかどうかを客観的かつ形式的に判断することは、必ずしも容易ではありません。

3　そこで、第467条第1項第2号の2ロは、株式会社が、効力発生日において子会社の議決権の総数の過半数の議決権[注1]を有しないときに限り、株主総会の決議による承認を要することとしています[注2]。

（注1）「当該株式会社」が効力発生日において直接有する議決権に限られます。したがって、例えば、当該株式会社が子会社の株式等を他の子会社に譲渡することにより、間接保有の子会社（いわゆる孫会社）とする場合にも、第467条第1項第2号の2ロに該当することとなります。

（注2）子会社の株式等を譲渡した結果、その効力発生日において議決権の総数の過半数の議決権を有しないこととなる場合だけではなく、譲渡前からその子会社につき過半数の議決権を有していなかった場合（例えば、株式会社がその子会社の議決権の45パーセントの議決権を有している場合）であっても、当該株式会社がその子会社の株式等を譲渡すれば、第467条第1項第2号の2ロに該当することとなります。したがって、このような譲渡が同号イにも該当すれば、株主総会の決議による承認を要することになります。

246　第1章　親会社株主の保護等　　第3　親会社による子会社の株式等の譲渡

Q147 子会社の株式等の譲渡に関する経過措置の内容は、どのようなものですか。

A　1　改正法では、株式会社による子会社の株式等の譲渡について所定の要件を満たす場合には、当該株式会社の株主総会の承認を受けなければならないこととしています（第467条第1項第2号の2）。もっとも、改正法の施行日前に譲渡に係る契約が締結された場合には、改正前の規律を前提に、子会社の株式等の譲渡に向けた一連の手続が開始されたものといえますから、これに改正後の新たな規律を適用すると、株主総会による承認を得るために株主総会を招集しなくてはならず、契約締結時に予期していた以上の時間的、費用的な負担が生じる等、当該譲渡の当事者その他の利害関係者に予期せぬ不利益を与えるおそれがあります。

　また、改正法では、所定の要件を満たす特別清算手続中の株式会社による子会社の株式等の譲渡については、裁判所の許可を要することとしています（第536条第1項第3号）。これは、当該譲渡につき、改正前の会社法では第535条第1項第1号の規定による裁判所の許可または監督委員の同意を要することとされていたのを、第536条第1項の規定による裁判所の許可を要することに改めるものです。もっとも、改正法の施行日前に子会社の株式等の譲渡に係る契約が締結された場合に、第535条ではなく第536条が適用されると、監督委員の同意による代替が認められなくなるほか、知れている債権者や労働組合等の意見聴取（第896条）が必要となり、契約締結時に予期していた以上の時間的、費用的な負担が生じる等、当該譲渡の当事者その他の利害関係者に予期せぬ不利益を与えるおそれがあります。

　2　そこで、改正法の施行日前に子会社の株式等の譲渡に係る契約が締結された場合における当該譲渡については、第467条第1項および第536条第1項の規定にかかわらず、なお従前の例による（すなわち、改正前の規律が適用される）こととしています（改正法附則第17条）^(注)。

（注）　再生手続および更生手続の開始後にされた子会社の株式等の譲渡（Q144（注2）参照）に関する経過措置については、整備法第11条第1項および第13条第1項を参照。

第4　子会社少数株主等の保護

Q148 子会社少数株主等を保護するために、どのような規律を設けていますか。

A　1　「会社法制の見直しに関する中間試案」（2011年12月法制審議会会社法制部会取りまとめ）では、株式会社とその親会社との利益が相反する取引によって当該株式会社が不利益を受けた場合における当該親会社の責任に関して、「当該取引により、当該取引がなかったと仮定した場合と比較して当該株式会社が不利益を受けた場合には、当該親会社は、当該株式会社に対して、当該不利益に相当する額を支払う義務を負うものとする」との案が挙げられていました（同中間試案第2部第2、1のA案）。

しかし、この案に対しては、法制審議会会社法制部会において、親子会社間の取引に萎縮効果を及ぼし企業集団による経営を不当に妨げるおそれがあること、グループ経営により子会社が得る利益は算定が困難なことが多く、利益・不利益という観点から法定責任を創設すると合理的なグループ経営まで規制されてしまうおそれがあること等を理由とする反対意見も強く、結局、コンセンサスが得られませんでした。そのため、要綱には、そのような規律を設けることは盛り込まれませんでした。

これを踏まえて、改正法では、子会社少数株主等を保護するための親会社の責任や、株主代表訴訟によるその責任の追及に関する規定は設けていません。

2　もっとも、要綱では、個別注記表等に表示された親会社等との利益相反取引に関し、株式会社の利益を害さないように留意した事項、当該取引が株式会社の利益を害さないかどうかについての取締役（会）の判断およびその理由等を事業報告の内容とし、また、それらについての監査役等の意見を監査報告の内容とすることとされました（要綱第2部第1（第1の後注））。これを受けて、改正省令では、親会社等との利益相反取引の取引条件等の適正を確保し、株式会社の利益を保護する観点から、株式会社とその親会社等との一定の利益相反取引 [注1] について、事業報告またはその附属明細書 [注2]

において、これらの事項等^(注3)を開示することを義務付けるとともに（施行規則第118条第5号、第128条第3項。Q237参照）、当該事項等についての監査役等の意見を監査報告の内容とすることとしています（施行規則第129条第1項第6号等）。

　（注1）　具体的には、当該株式会社とその親会社等との間の取引（当該株式会社と第三者との間の取引で当該株式会社とその親会社等との間の利益が相反するものを含みます。）であって、当該株式会社の当該事業年度に係る個別注記表において、関連当事者との取引に関する注記（計算規則第112条第1項）を要するものをいいます（施行規則第118条第5号）。

　なお、完全親会社との利益相反取引も、これに含まれます。これは、①計算規則上、完全親会社との利益相反取引であるからといって関連当事者取引注記が不要であるとはされていないこと（計算規則第112条参照）、②本文記載の開示を求める趣旨は、完全親会社との利益相反取引であっても、妥当すると考えられること等によるものです。

　（注2）　計算規則上、会計監査人設置会社でない公開会社においては、注記事項のうち、取引の内容等（計算規則第112条第1項第4号～第6号・第8号）の個別注記表における記載を省略することができ、その場合には、記載を省略した事項を計算書類の附属明細書に記載しなければならないこととされていること（同項ただし書、計算規則第117条第4号）を踏まえて、この場合には、後掲（注3）記載の事項も、事業報告ではなく、その附属明細書の内容とすることとしています。

　（注3）　具体的には、①当該取引をするに当たり当該株式会社の利益を害さないように留意した事項（当該事項がない場合にあっては、その旨）、②当該取引が当該株式会社の利益を害さないかどうかについての当該株式会社の取締役（取締役会設置会社にあっては、取締役会）の判断およびその理由、③社外取締役を置く株式会社において、上記②の取締役（取締役会設置会社にあっては、取締役会）の判断が社外取締役の意見と異なる場合には、その意見を事業報告等の内容とする必要があります（施行規則第118条第5号イ～ハ、第128条第3項）。なお、上記①に関して、一概にどのような内容を記載すべきかを述べることはできませんが、たとえば、(i)親会社等以外の独立した第三者との間の取引と同等の取引条件等であることを確認した旨、(ii)独立した第三者同士の間の類似の取引と同等の取引条件等であることを確認した旨、(iii)独立した第三者機関から取引条件等が適正であることの確認を得た旨等を記載すること等が考えられます。そして、上記②に関して、取締役会の「判断」は、取締役会の決議による判断を意味し、また、その「理由」は、当該取締役会の決議による判断の理由を意味し、当該決議の審議の過程に即した内容とすることが求められます。この取締役会または取締役の判断およびその理由については、開示の対象となる取引について、個別にまたは取引の時点で判断をすることまで求め

られるものではなく、取引の類型ごとに包括的に判断し、また、当該判断の内容が記載された事業報告またはその附属明細書の承認をもって取締役会または取締役の判断とすることも許容されます。

第2章 キャッシュ・アウト

第1 特別支配株主の株式等売渡請求

Q149 株式等売渡請求制度の概要は、どのようなものですか。

A 1 株式等売渡請求の制度は、株式会社の総株主の議決権の10分の9以上を有する株主が、他の株主の全員に対し、その有する当該株式会社の株式の全部を売り渡すことを請求することができることとする制度です。このような請求を「株式売渡請求」と呼び、また、株式売渡請求をすることができる株主を「特別支配株主」と、売渡しの対象となる株式を発行している株式会社を「対象会社」と呼ぶこととしています（第179条第1項・第2項）。

この制度においては、特別支配株主が株式売渡請求をすることを認めるほか、これに併せて、新株予約権や新株予約権付社債についても売渡請求をすることを認めることとしています（第179条第2項・第3項）。そして、これらの請求を総称して「株式等売渡請求」と呼ぶこととしています（第179条の3第1項）。

2 この制度は、特別支配株主が、対象会社の株主総会の決議を要することなく、キャッシュ・アウト（支配株主が、少数株主の有する株式の全部を、少数株主の個別の承諾を得ることなく、金銭を対価として取得すること）を行うことを可能とするものです。これにより、特別支配株主は、機動的にキャッシュ・アウトを行い[注1]、そのメリット[注2]を実現することができるようになります。

（注1） 上場会社等の株主数の多い株式会社においては、株主の特定や招集通知の準備等に相当の時間を要するため、株主総会の開催まで数か月を要することもあると指摘され

ています。これに対して、株式等売渡請求の制度を利用すれば、最短20日間程度（第179条の4第1項参照）でキャッシュ・アウトを行うことが可能となります。

（注2）　キャッシュ・アウトのメリットとしては、例えば、次のようなものが挙げられます。

①　長期的視野に立った柔軟な経営の実現（積極的な事業の改革等を行うことにより会社の短期的な収益が悪化する場合には、少数株主から代表訴訟等による経営責任の追及を受けるリスクをおそれて、取締役がこのような改革等を躊躇する可能性があるが、ある株主が株式会社の全ての株式を有するという支配関係を形成することにより、このようなリスクを払拭し、柔軟かつ積極的な経営を行うことができるようになります。）

②　株主総会に関する手続の省略による意思決定の迅速化（株主が1人であれば、実際に株主総会を開催するのではなく、書面による株主総会決議の制度（第319条）を利用することが容易になります。）

③　株主管理コストの削減

252　第2章　キャッシュ・アウト　第1　特別支配株主の株式等売渡請求

Q150　株式等売渡請求制度を創設することとした理由は、何ですか。

A　1　改正前の会社法上、キャッシュ・アウトを行うための手法としては、金銭を対価とする組織再編（株式交換等）や全部取得条項付種類株式の取得等が考えられましたが、税制上の理由等により、実務上は、全部取得条項付種類株式の取得（注1）を用いることが通例とされていました。

2　もっとも、全部取得条項付種類株式の取得については、キャッシュ・アウトを行おうとする株主が大多数の議決権を保有していたとしても、常に対象会社の株主総会の特別決議を要することとなります（第171条第1項、第309条第2項第3号）（注2）。そのため、キャッシュ・アウトを完了するまでに長期間を要し、時間的・手続的コストが大きいという指摘がされていました。

また、キャッシュ・アウトが行われる場合には、それに先行して公開買付けが行われることが多いところ、そのような公開買付けの完了後、キャッシュ・アウトが行われるまでに長期間を要する場合には、その間、公開買付けに応募しない株主が不安定な立場に置かれることから、公開買付けの強圧性（注3）が高まるとの指摘もされていました。

3　そこで、機動的なキャッシュ・アウトを可能とするため、改正法では、対象会社の総株主の議決権の10分の9以上を有する株主（特別支配株主）が、対象会社の株主総会決議を要することなく、他の株主の全員に対し、その有する対象会社の株式の全部を売り渡すことを請求することができるという株式等売渡請求の制度を創設することとしています（第179条以下）（注4）。

（注1）　株式を対価とする全部取得条項付種類株式の取得により、少数株主の有する株式の全部をいったん端数株式とした後、端数の処理（第234条）により、当該端数株式の売却代金を少数株主に交付するという手法が用いられることが通例でした。

（注2）　これに対し、金銭を対価とする株式交換の手法を用いる場合には、キャッシュ・アウトを行う株主が対象会社の総株主の議決権の10分の9以上を有していれば、

対象会社における株主総会の決議を省略することができます（第784条第1項。いわゆる略式株式交換）。しかし、これがキャッシュ・アウトの手法として実務上広く利用されるには至っていなかったことは、本文で述べたとおりです。

（注3）　公開買付けの「強圧性」とは、一般的には、公開買付けの買付価格が不十分であると考える株主も、応募しないことから生ずる不利益を避けるために、公開買付けに応募してしまうおそれがあることをいうとされています。

（注4）　法制審議会会社法制部会においては、キャッシュ・アウトのための新しい制度を設けるのであれば、他の手法、特に、全部取得条項付種類株式の取得等を用いた端数処理型の手法によるキャッシュ・アウトは行うことができないようにすべきであるとの意見がありました。しかし、そのような手法が実務に広く定着していることを踏まえると、現時点でこれを一律に禁止することは相当でないとの意見もあったことから、情報開示の充実等、株主の利益を確保するための措置（Q175参照）を講ずることを前提に、全部取得条項付種類株式の取得等を用いた端数処理型の手法によるキャッシュ・アウトを禁止することとはされませんでした。

Q151

株式等売渡請求の法的性質およびその効力は、どのようなものですか。

A　1　株式等売渡請求は、一種の形成権の行使です。すなわち、対象会社の承認（第179条の3第1項）を経て、対象会社から売渡株主等（売渡株主および売渡新株予約権者。第179条の4第1項第1号。Q159参照）に対する通知等（第179条の4第1項・第2項）がされることにより、特別支配株主から売渡株主等に対し、株式等売渡請求がされたものとみなされると（同条第3項）、売渡株主等の個別の承諾を要することなく、特別支配株主と売渡株主等との間に売渡株式等（売渡株式および売渡新株予約権。第179条の2第1項第5号。Q159参照）の売買契約が成立したのと同様の法律関係が生ずることとなります。

　そして、株式等売渡請求に際して特別支配株主が定めた取得日（第179条の2第1項第5号）に、法律上当然に、売渡株主等から特別支配株主に対する売渡株式等の譲渡の効力が生じ、特別支配株主が売渡株式等の全部を取得することとなります（第179条の9第1項）。

　2　このように、株式等売渡請求による売渡株式等の取得は、特別支配株主と売渡株主等との間の売買取引であり、対象会社は、当該取引の当事者ではありません。この点において、株式等売渡請求による売渡株式等の取得は、合併等の組織再編とは法的性質を異にするものです。

　このような整理を前提に、株式等売渡請求に関する規定は、組織再編等について定める会社法第5編ではなく、株式について定める同法第2編第2章第4節の2に置くこととしています。また、売渡株式等の取得の無効の訴えに関する規定も、会社の組織に関する訴えについて定める同法第7編第2章第1節とは別に、同章第1節の2に置くこととしています。

Q152 株式等売渡請求により株式等を売り渡すこととなる株主等の利益は、どのようにして確保されるのですか。

A 1　株式等売渡請求がされると、特別支配株主および対象会社を除く対象会社の株主（売渡株主）や新株予約権者（売渡新株予約権者）は、その意思にかかわらず、自らの有する対象会社の株式（売渡株式）や新株予約権（売渡新株予約権）を売り渡すこととなります。

2　そこで、そのような売渡株主等の利益を確保するため、株式等売渡請求には対象会社の承認を要することとし（第179条の3第1項）、株主等の利益に配慮すべき立場にある対象会社の取締役が、株式等売渡請求を認めるかどうかを判断することとしています（Q161、Q162参照）。

3　また、株式等売渡請求が法令に違反する場合や交付される対価の額が不当である場合等に、売渡株主等がその利益を確保するための方法として、売渡株式等の取得の差止請求（第179条の7。Q171参照）、裁判所に対する売買価格の決定の申立て（第179条の8。Q172参照）および売渡株式等の取得の無効の訴え（第846条の2。Q173参照）を認めることとしています。

Q153 対象会社が公開会社でない場合にも株式等売渡請求を認める理由は、何ですか。

A 1 株式等売渡請求の制度における対象会社は、「株式会社」としており（第179条第1項・第2項）、公開会社でなければならない旨の限定は付していませんから、公開会社でない株式会社を対象会社とする株式等売渡請求も認められることとなります。

これは、公開会社でない株式会社においても、キャッシュ・アウトを認めるメリットがあると考えられること[注1]や、改正前の会社法において認められていた他の手法（金銭を対価とする組織再編や、全部取得条項付種類株式の取得等）によるキャッシュ・アウトについても、対象会社は公開会社に限定されていないこととの均衡等を考慮したものです[注2]。

2 なお、対象会社が公開会社でない場合には、公開会社の場合に比べると株主その他の利害関係人の数が少なく、法的安定性の確保の観点から無効訴訟の提訴期間を限定する必要性が比較的小さいといえます。そこで、対象会社が公開会社でない場合には、売渡株式等の取得の無効の訴えの提訴期間を公開会社の場合（公開会社の場合は、取得日（第179条の2第1項第5号）から6か月以内）よりも伸張し、取得日から1年以内としています（第846条の2第1項。Q173参照）。

（注1） キャッシュ・アウトのメリット（Q149（注2）参照）のうち、特に、①長期的視野に立った柔軟な経営の実現や、②株主総会に関する手続の省略による意思決定の迅速化等のメリットは、対象会社が公開会社でない場合にも生じ得ると考えられます。

（注2） 特例有限会社は、株式交換をすることができないこととされていますが（会社法整備法第38条）、株式等売渡請求については、特例有限会社を対象会社とすることを制限していません。これは、改正前の会社法上、キャッシュ・アウトは全部取得条項付種類株式の取得を用いて行われることが一般的であったところ（Q150参照）、特例有限会社が全部取得条項付種類株式を発行し、または取得することは制限されていないこと等を考慮したものです。

Q154 清算株式会社を対象会社とする株式等売渡請求をすることができないこととした理由は、何ですか。

A 1 改正法では、清算株式会社を対象会社とする株式等売渡請求については、清算手段としての合理性を欠き、必要性が乏しいことから、これを認めないこととしています（第509条第2項）。これは、清算株式会社が他の会社の完全子会社となる株式交換が認められていないことを踏まえたものです（同条第1項第3号）。

2 これに対し、改正法では、清算株式会社が他の株式会社の特別支配株主である場合に、当該清算株式会社が株式等売渡請求をすることは禁止していません（第509条参照）。これは、清算株式会社が他の株式会社を対象会社とする株式等売渡請求を行って完全子会社とした上で、当該他の株式会社の発行済株式の全てを一括して第三者に売却することにより売却価格を高めることには、清算株式会社による財産の処分方法として一定の合理性があることによります。

なお、清算株式会社が他の株式会社の完全親会社となる株式交換は認めないこととされていますが（第509条第1項第3号）、これは、株式等売渡請求と異なり、株式交換においては、完全親会社となる清算株式会社の側で株式買取請求権（第797条）の取扱いが問題となることを考慮したためです。他方で、株式等売渡請求においては、特別支配株主である清算株式会社の側でこのような問題は生じないことから、清算株式会社による株式等売渡請求を認めることに障害はありません[注]。

（注）　清算株式会社の株主は、清算株式会社がその債権者に対する債務を弁済した後でなければ残余財産の分配を受けることができませんが（第502条）、株式交換において完全親会社となる清算株式会社の株主が株式買取請求権を行使することができることとなると、債権者に対する債務の弁済が完了する前に清算株式会社の株主が会社財産の払戻しを受けることができることとなり得ます。また、そのような事態を防ぐために清算株式会社の株主について株式買取請求権の行使を認めないこととすると、株式交換に反対する株主の保護が問題となります。他方で、株式等売渡請求においては、特別支配株主が株式会社である場合でも、その株主は、株式買取請求をすることはできないことから、このような問題は生じません。

258　第2章　キャッシュ・アウト　第1　特別支配株主の株式等売渡請求

Q155　株式等売渡請求をすることができるのは、どのような者ですか。

A　1　株式等売渡請求をすることができるのは、特別支配株主です。この「特別支配株主」とは、対象会社の総株主の議決権の10分の9（これを上回る割合を対象会社の定款で定めた場合にあっては、その割合）以上を有する者をいいます（第179条第1項）。

　この「10分の9」という議決権保有割合の要件は、事業譲渡や組織再編において、いわゆる略式手続により株主総会決議を省略するための要件（契約の相手方が事業譲渡等をする株式会社の総株主の議決権の10分の9以上を有する会社であること。第468条第1項、第784条第1項等）と平仄を合わせたものであり、対象会社の株主総会決議を経ることなくキャッシュ・アウトを行うための要件として、大多数の議決権の保有を求めるものです。

　2　議決権保有割合の算定に当たっては、特別支配株主となる者が自ら有する議決権に加えて、その者の特別支配株主完全子法人が有する議決権も合算することとしています。この「特別支配株主完全子法人」とは、特別支配株主となる者が発行済株式の全部を有する株式会社その他これに準ずるものとして法務省令で定める法人[注1]をいうこととしています（第179条第1項）。これは、特別支配株主が直接または間接に100％支配している法人の有する議決権は、特別支配株主が自ら有するのと同視し得ることから、その合算を認めるものです。これに対し、特別支配株主完全子法人以外の者が有する議決権を合算することはできません[注2]。

　3　株式等売渡請求による売渡株式等の取得は、特別支配株主と売渡株主等との間の売買取引であるため（Q151参照）、合併等の組織再編とは異なり、その主体を会社に限る必要はありません。そこで、権利主体として株式等の売買取引を行うことができる者であれば、会社以外の者（例えば、会社以外の法人や自然人）も特別支配株主となり得ます。

　4　株式等売渡請求をし、売渡株式等を取得する特別支配株主は、1人（1社）に限られます[注3]。上記のとおり、議決権保有割合の算定に当たっては、特別支配株主となる者が自ら有する議決権に加えて、その者の特別支配株主完全子法人が有する議決権も合算することとしていますが、その場合

でも、株式等売渡請求をし、売渡株式等を取得する特別支配株主は1人（1社）です。

（注1）　改正省令では、略式事業譲渡（第468条第1項）における特別支配会社についての規定（施行規則第136条）を参考として、特別支配株主となる者が直接または間接にその持分の全部を有する法人を、特別支配株主完全子法人とすることとしています（施行規則第33条の4）。

（注2）　このことは、議決権を合算することができる対象として、特別支配株主完全子法人が特に規定されていること（第179条第1項）から明らかです。

（注3）　株式等売渡請求制度は、総株主の議決権の10分の9以上を有する特別支配株主が株主総会決議を経ずに機動的にキャッシュ・アウトを行って単独株主となることを認めるためのものであること（Q150参照）等から、株式等売渡請求をし、売渡株式等を取得する特別支配株主は、1人（1社）であることが必要です。そして、このことは、条文上、「当該株式会社以外の者」を受けて「当該者」という文言が用いられていること（第179条第1項）からも、明らかです。

260　第2章　キャッシュ・アウト　第1　特別支配株主の株式等売渡請求

Q156 特別支配株主の議決権保有要件は、どの時点で満たされている必要がありますか。

A 特別支配株主は、対象会社に対し株式等売渡請求をする旨等を通知する時およびその承認を受ける時（第179条の3第1項）ならびに売渡株式等の全部を取得する取得日（第179条の9第1項）において、株式会社の総株主の議決権の10分の9以上を直接または間接に有していなければなりません[注1][注2]。第179条第1項において、株式会社の総株主の議決権の10分の9以上を直接または間接に有している者を「特別支配株主」とし、第179条の3第1項および第179条の9第1項において、対象会社への通知等や売渡株式等の取得は「特別支配株主」がするものとしているのは、その趣旨です。

そして、特別支配株主が、上記の各時点で議決権保有要件を満たさないことは、売渡株式等の取得の差止事由（第179条の7第1項第1号・第2項第1号）および売渡株式等の取得の無効の訴えの無効事由（第846条の2）に該当し得ると考えられます。

（注1）　①特別支配株主が、対象会社に対し株式等売渡請求をする旨等を通知する時およびその承認を受ける時（第179条の3第1項）に議決権保有要件を満たさなければならないこととしているのは、その時点から株式等売渡請求の一連の手続が開始するところ、議決権保有要件を満たした特別支配株主に限ってそのような手続を開始することを認めるのが相当であり、また、株式等売渡請求をするためには議決権保有要件を満たしていることが必要ですので、対象会社が承認するに当たっては、この要件を満たしているかどうかを確認する必要があるからです。また、②特別支配株主が、売渡株式等の全部を取得する取得日（第179条の9第1項）において議決権保有割合を満たさなければならないこととしているのは、株式等売渡請求は、特別支配株主が対象会社の総株主の議決権の10分の9以上を有する場合に限って機動的なキャッシュ・アウトを行うことを認める制度であるため、特別支配株主がキャッシュ・アウトの効力が生ずる時点で議決権保有要件を満たすことを求めるのが相当であるからです。

（注2）　対象会社は、これらの時点において特別支配株主が議決権保有要件を満たしていることを、株主名簿の記載や、振替機関等から特別支配株主または対象会社に提供された特別支配株主の振替口座の情報（振替法第277条）等により、確認することとなります。なお、特別支配株主が有する対象会社の株式が振替株式である場合であっても、株式

等売渡請求は、特別支配株主と売渡株主等との間の売買取引であって、対象会社に対する「株主の権利」の行使（振替法第147条第4項）ではないので、特別支配株主は、株主等売渡請求をするに当たって個別株主通知（振替法第154条）をする必要はありません。

262　第2章　キャッシュ・アウト　第1　特別支配株主の株式等売渡請求

Q157 株式だけでなく、新株予約権についても売渡請求をすることを認める理由は、何ですか。

A　1　対象会社が新株予約権を発行している場合には、株式売渡請求によって特別支配株主が発行済株式の全部を有することとなっても、その後に新株予約権が行使されると、新株予約権者が株主となり、株式売渡請求の意義が損なわれるおそれがあります。そこで、特別支配株主が株式売渡請求をする場合には、その選択により、併せて、対象会社の新株予約権についても、売渡請求をすることができることとしています（第179条第2項）。そして、この請求を、「新株予約権売渡請求」と呼ぶこととしています（同条第3項）。

　2　新株予約権付社債に付された新株予約権も請求の対象となりますが、その場合には、原則として、社債部分についても併せて売渡請求をしなければならないこととしています（第179条第3項）[注]。これは、新株予約権付社債に付された新株予約権は、基本的に社債と分離して譲渡することができないものとされていることを踏まえたものです（Q159参照）。

　[注]　例外として、新株予約権付社債に付された新株予約権について別段の定めがある場合には、社債部分について売渡請求をすることを要しないこととしています（第179条第3項ただし書）。この「別段の定め」は、新株予約権の募集事項として定める必要があることとしています（第238条第1項第7号）。

Q158 株式売渡請求と併せてする場合に限って新株予約権売渡請求を認める理由は、何ですか。

A 1 改正法において、新株予約権売渡請求を認めることとしているのは、株式売渡請求により特別支配株主が発行済株式の全部を有することとなった後に新株予約権が行使されることによって、株式売渡請求の意義が損なわれるという事態が生ずることを防ぐためです（Q157参照）。このような趣旨に照らして、株式売渡請求と併せてする場合に限って、新株予約権売渡請求をすることができることとしています（第179条第2項）。

2 このように、新株予約権売渡請求は、株式売渡請求に付随して認められるものです。これと同様の観点から、①対象会社は新株予約権売渡請求のみを承認することはできないこと（第179条の3第2項）、②特別支配株主は、株式売渡請求と併せて新株予約権売渡請求をしている場合に、株式売渡請求のみを撤回することはできないこと（第179条の6。Q167参照）、③株式等売渡請求に対する差止請求をするときは、売渡株式等の全部の取得についてこれを行うことを要すること（第179条の7第1項。Q171参照）等の規律を設けており、新株予約権売渡請求による売渡新株予約権の取得は、株式売渡請求による売渡株式の取得が行われる場合に限って行われることとしています。

264　第2章　キャッシュ・アウト　　第1　特別支配株主の株式等売渡請求

Q159 株式等売渡請求の相手方および対象となる株式等は、どのようなものですか。

A

1　株式売渡請求

(1)　請求の相手方（売渡株主）

　株式売渡請求は、対象会社の株主（対象会社および特別支配株主を除きます。）の全員に対して行わなければなりません（第179条第1項本文）。

　しかし、特別支配株主完全子法人（その意義については、Q155参照）の有する株式は、既に特別支配株主の完全な支配下にあるといえるため、これを常に株式売渡請求の対象とすることを強制する必要はありません。そこで、特別支配株主は、株式売渡請求を行う際にその旨を定めることにより、特別支配株主完全子法人に対して株式売渡請求をしないことを選択することができることとしています（第179条第1項ただし書、第179条の2第1項第1号）[注]。このような選択がされた場合には、対象会社および特別支配株主に加えて当該特別支配株主完全子法人も株式売渡請求の相手方から除かれ、「売渡株主」に該当しないこととなります。

(2)　請求の対象となる株式（売渡株式）

　株式売渡請求は、売渡株主の有する対象会社の株式の全部について行わなければなりません（第179条第1項本文）。したがって、対象会社が複数の種類の株式を発行している場合には、全種類の株式を株式売渡請求の対象（売渡株式）としなければなりません。この場合、対価として交付する金銭の割当てについては、売渡株式の種類ごとに異なる取扱いを行うことができます（第179条の2第2項）。

2　新株予約権売渡請求

　新株予約権売渡請求は、株式売渡請求の場合と同様に、新株予約権者（対象会社および特別支配株主を除きます。）の全員に対して行わなければなりませんが（第179条第2項本文）、特別支配株主の選択により、特別支配株主完全子法人に対しては、新株予約権売渡請求をしないことができます（第179条第2項ただし書、第179条の2第1項第4号イ）。

　また、新株予約権売渡請求を行う場合には、その相手方となる新株予約権者（売渡新株予約権者）が有する対象会社の新株予約権の全部を請求の対象

（売渡新株予約権）としなければなりません（第179条第2項本文。なお、売渡株主と売渡新株予約権者を併せて「売渡株主等」（第179条の4第1項第1号）といい、売渡株式と売渡新株予約権を併せて「売渡株式等」（第179条の2第1項第5号）ということとしています。）。

　新株予約権付社債に付された新株予約権も請求の対象となりますが、その場合には、併せて、社債部分についても売渡請求をしなければなりません（第179条第3項本文）。これは、新株予約権付社債に付された新株予約権は、基本的に社債と分離して譲渡することができないものとされていること（第254条第2項、第787条第2項等参照）を踏まえたものです。ただし、当該新株予約権付社債に付された新株予約権の募集事項において別段の定め（例えば、社債部分は売渡請求の対象とならない旨の定め等。改正後の第238条第1項第7号）がある場合は、その定めに従います（第179条第3項ただし書）。

　（注）　複数の特別支配株主完全子法人が存する場合は、そのそれぞれについて、株式売渡請求の対象とするかどうかを選択することができます。

266　第2章　キャッシュ・アウト　第1　特別支配株主の株式等売渡請求

Q160　株式等売渡請求の手続の概要は、どのようなものですか。

A

1　特別支配株主から対象会社への通知

　株式等売渡請求の手続は、特別支配株主が株式等売渡請求の条件等を定め（第179条の2）、これらを対象会社に通知すること（第179条の3）によって開始されます^(注1)。

2　対象会社の承認

　株式等売渡請求については、対象会社の承認を受けなければなりません（第179条の3第1項。Q161参照）^(注2)。また、対象会社が取締役会設置会社である場合には、この承認をするか否かの決定は、取締役会の決議によらなければなりません（同条第3項）。

3　対象会社による情報開示等

　対象会社は、売渡株式等の売買取引の当事者ではありませんが（Q151参照）、株式等売渡請求について承認した場合には、売渡株主等の利益への配慮という観点から、次のとおり、売渡株主等に対する情報開示等について一定の役割を果たすこととしています。

(1)　売渡株主等に対する通知等

　対象会社は、取得日の20日前までに、売渡株主等に対し、株式等売渡請求の承認をした旨、特別支配株主の氏名または名称および住所、株式等売渡請求の条件（第179条の2第1項第1号〜第5号）その他法務省令で定める事項^(注3)を通知しなければなりません（第179条の4第1項第1号）。また、売渡株式の登録株式質権者および売渡新株予約権の登録新株予約権質権者に対しても、株式等売渡請求の承認をした旨を通知しなければなりません（同項第2号。Q163参照）。

　これらの通知のうち、売渡株主に対するもの以外については、公告による代替を認めることとしています（第179条の4第2項）。これに対して、売渡株主に対する通知については、公告による代替は認めていませんが、売渡株式が振替株式である場合には、株主名簿の記載が真の株主と必ずしも一致せず、株主名簿上の株主に対して通知する意義が乏しいと考えられることから、当該振替株式の株主に対する通知について公告による代替を強制するこ

ととしています（振替法第161条第2項）。

　これらの公告により代替された場合を含め、売渡株主等に対する通知等がされたときは、特別支配株主から売渡株主等に対し、株式等売渡請求がされたものとみなされます（第179条の4第3項）。これにより、特別支配株主から個別の売渡株主等に対する株式等売渡請求の意思表示を要することなく、全ての売渡株主等に対して株式等売渡請求の効果が生ずることとなります。

　(2)　事前開示手続

　対象会社は、売渡株主等に対する通知またはこれに代わる公告のいずれか早い日から取得日後6か月（対象会社が公開会社でない場合にあっては、取得日後1年）[注4]を経過するまでの間、特別支配株主の氏名等や株式等売渡請求の条件等を記載した書面等[注5]をその本店に備え置き、売渡株主等による閲覧等に供しなければなりません（第179条の5）。

　(3)　事後開示手続

　対象会社は、取得日後遅滞なく、株式等売渡請求により特別支配株主が取得した売渡株式等の数その他の株式等売渡請求による売渡株式等の取得に関する事項として法務省令で定める事項[注6]を記載した書面等を作成し、取得日から6か月間（対象会社が公開会社でない場合にあっては、取得日から1年間）、当該書面等をその本店に備え置くとともに、取得日に売渡株主等であった者による閲覧等に供しなければなりません（第179条の10）。

4　売渡株式等の取得の効力発生

　株式等売渡請求をした特別支配株主は、取得日に、売渡株式等の全部を取得します（第179条の9第1項）。これは、株式等売渡請求はキャッシュ・アウトの手法として創設するものであって、集団的・画一的に株式の移転の効力を生じさせる必要があることから、売渡株式等の全部が取得日に一括して特別支配株主に移転することとしたものです[注7]。売渡株式等に譲渡制限が付されている場合でも、対象会社による譲渡承認があったものとみなされるため（同条第2項）、実際に譲渡承認を得る必要はありません。

　（注1）　株式等売渡請求をする場合に、特別支配株主が定めるべき事項は、次のとおりです（第179条の2第1項）。
　①　特別支配株主完全子法人に対して株式売渡請求をしないこととするときは、その旨

および当該特別支配株主完全子法人の名称

② 売渡株主に対して売渡株式の対価として交付する金銭（株式売渡対価）の額または
その算定方法

③ 売渡株主に対する上記②の金銭の割当てに関する事項

④ 新株予約権売渡請求をする場合には、当該請求に係る上記①から③までに相当する
事項

⑤ 特別支配株主が売渡株式および売渡新株予約権を取得する日（取得日）

⑥ 上記①から⑤までに掲げるもののほか、法務省令で定める事項

　この法務省令で定める事項として、改正省令では、まず、国会、特に参議院法務委員会における法案審議や、法制審議会会社法制部会での議論において、売渡株主等への対価の支払を確保する方策を講ずる必要性が指摘されたことを踏まえ、(a)株式売渡対価等の支払のための資金を確保する方法を規定することとしています（施行規則第33条の5第1項第1号）。具体的には、特別支配株主の預金残高証明書や金融機関からの融資証明書等が想定されます。

　また、株式等売渡請求による売渡株式等の取得は、特別支配株主と売渡株主等との間の売買取引であって（Q151参照）、上記①から⑤までの事項のほかにも、売買取引の内容または条件として様々なものが定められることが想定され、対象会社の取締役（会）は、当該内容または条件も踏まえて、株式等売渡請求を承認するか否かを決定する必要がありますので（Q162参照）、(b)上記①から⑤までの事項のほか、株式等売渡請求に係る取引条件を定めるときは、その取引条件を規定することとしています（施行規則第33条の5第1項第2号）。

　（注2）　対象会社が種類株式発行会社である場合において、株式等売渡請求の承認が、ある種類の株式の種類株主に損害を及ぼすおそれがあるときは、当該種類の株式の種類株主を構成員とする種類株主総会の決議を要することとしています（第322条第1項第1号の2）。なお、改正前の会社法の下で発行されている種類株式について、第322条第1項の規定による種類株主総会の決議を要しない旨の定款の定め（同条第2項）が設けられている場合、当該定款の定めは、その具体的な文言によっては、株式等売渡請求の承認についても種類株主総会の決議を要しない旨を定めたものと解し得ると考えられます。

　（注3）　法務省令では、売渡株主等に対する通知事項として、前掲（注1）の(b)の株式等売渡請求に係る取引条件を規定することとしています（施行規則第33条の6）。これは、当該取引条件は、特別支配株主と売渡株主等との間の売買取引の内容または条件であることから、売渡株主等に対して通知する必要があることによるものです。これに対し、前掲（注1）の(a)の資金確保の方法については、金融機関からの融資証明書等ある程度分量が多くなることも想定されるため、売渡株主等への個別通知に必ずしも適さない面があり、また、上記の取引条件と異なり、特別支配株主と売渡株主等との間の売買取引の内容または条件となるものではないことから、必ずしも売渡株主等に個別に通知しなければな

らないものではないと考えられます。そのため、資金確保の方法については、その相当性を売渡株主等の閲覧等に供される事前開示事項に含めることとした上で（後掲（注5）参照）、売渡株主等への通知事項には含めないこととしています。

（注4）　対象会社が公開会社でない場合における事前開示手続および事後開示手続の取得日後の期間を1年としているのは、この場合の売渡株式等の取得の無効の訴えの提訴期間を1年としていること（第846条の2第1項。Q173参照）に合わせたものです。

（注5）　事前開示手続において開示すべき事項は、次のとおりです（第179条の5第1項）。

① 特別支配株主の氏名または名称および住所
② 第179条の2第1項各号に掲げる事項（株式等売渡請求の条件等）
③ 株式等売渡請求を承認した旨
④ その他法務省令で定める事項

この法務省令で定める事項として、改正省令では、株式等売渡請求と同様にキャッシュ・アウトに用いられることが考えられる株式交換における株式交換完全子会社の事前開示事項（施行規則第184条）を参考にして、次のような事項を定めることとしています（施行規則第33条の7）。

まず、(a)対価の相当性に関する事項として、株式売渡対価の額またはその算定方法および売渡株主に対するその割当てに関する事項等についての定めの相当性に関する事項（相当性についての対象会社の取締役等の判断およびその理由を含みます。）を開示することとし、その例示として、株式売渡対価の総額等の相当性に関する事項、株式等売渡請求の承認に当たり売渡株主等の利益を害さないように留意した事項（当該事項がない場合にあっては、その旨）を挙げています（施行規則第33条の7第1号。この留意した事項の例としては、第三者算定機関から株式価値の評価書を取得している場合には、その旨を記載すること等が想定されます。）。これにより、対象会社の取締役（会）は、株式等売渡請求を承認するか否かを決定するに当たって、売渡株主等に交付される対価の相当性を含めて、株式等売渡請求の条件等が適正といえるか否かを検討する必要があること（Q162参照）を明確にしています。

また、国会、特に参議院法務委員会における法案審議や、法制審議会会社法制部会での議論において、売渡株主等への対価の支払を確保する方策を講ずる必要性が指摘されたことを踏まえ、(b)株式売渡対価等の交付の見込みに関する事項（この見込みについての対象会社の取締役等の判断およびその理由を含みます。）を事前開示事項とし、その例示として、前掲（注1）の(a)の資金確保の方法についての定めの相当性を挙げています（施行規則第33条の7第2号）。これにより、対象会社の取締役（会）は、株式等売渡請求を承認するか否かを決定するに当たって、資金確保の方法の相当性だけでなく、特別支配株主の負債の面など、特別支配株主から売渡株主等に対する対価の交付の見込み全般を含めて、株式等売渡請求の条件等が適正といえるか否かを検討する必要があること（Q162参照）

270　第2章　キャッシュ・アウト　　第1　特別支配株主の株式等売渡請求

を明確にしています。

　さらに、前掲（注1）の(b)の株式等売渡請求に係る取引条件が特別支配株主により定められた場合には、(c)取引条件の相当性に関する事項（相当性についての対象会社の取締役等の判断およびその理由を含みます。）を事前開示事項としています（施行規則第33条の7第3号）。これにより、対象会社の取締役（会）は、株式等売渡請求を承認するか否かを決定するに当たって、取引条件の相当性を含めて、株式等売渡請求の条件等が適正といえるか否かを検討する必要があること（Q162参照）を明確にしています。

　以上のほか、(d)対象会社における最終事業年度の末日後の重要な後発事象等（施行規則第33条の7第4号）や、(e)備置開始日後特別支配株主が売渡株式等の全部を取得する日までの間に、事前開示事項に変更が生じたときは、変更後の当該事項（同条第5号）を事前開示事項としています。

　（注6）　改正省令では、事後開示事項として、事前開示事項と同様（前掲（注5）参照）、株式交換完全子会社の事後開示事項（施行規則第190条）を参考にして、①特別支配株主が売渡株式等の全部を取得した日（施行規則第33条の8第1号）、②売渡株式等の取得の差止請求（第179条の7）に係る手続の経過（施行規則第33条の8第2号）、③売渡株式等の売買価格の決定の申立て（第179条の8）に係る手続の経過（施行規則第33条の8第3号）、④株式売渡請求により特別支配株主が取得した売渡株式の数等（同条第4号）、⑤新株予約権売渡請求により特別支配株主が取得した売渡新株予約権の数（同条第5号）、⑥上記⑤の売渡新株予約権が新株予約権付社債に付されたものである場合には、当該新株予約権付社債についての各社債の金額の合計額（同条第6号）、⑦上記①から⑥までに掲げるもののほか、株式等売渡請求に係る売渡株式等の取得に関する重要な事項（同条第7号）を挙げています（なお、株式交換完全子会社の事後開示事項についても、上記②と同様に、改正法により設けられる株式交換の差止請求（第784条の2）に係る手続の経過を加えることとしています（施行規則第190条第2号イ。Q206（注2）参照）。）。

　（注7）　したがって、特別支配株主による売渡株式等の取得と対価の支払とは、同時履行の関係にはなりません。この場合の対価の支払の確保の手段、対価が支払われなかった場合の売渡株主等の救済方法については、Q162およびQ170参照。

Q161
株式等売渡請求について、対象会社の承認を受けなければならないこととした理由は、何ですか。

A 1 株式等売渡請求について対象会社の承認を受けなければならないこととしている（第179条の3第1項）のは、売渡株主等の利益への配慮という観点から、株式等売渡請求に手続的な制約を課したものです。したがって、対象会社の取締役は、この承認をするか否かの決定に当たって、売渡株主等の利益に配慮し、株式等売渡請求の条件等が適正といえるか否かを検討する役割を担うこととなります。

2 取締役は、善管注意義務をもって、株式等売渡請求の条件等が適正といえるか否かを検討することを要し（Q162参照）、当該条件等が適正でないにもかかわらず当該承認をしたことにより売渡株主等に損害を与えた場合には、対象会社に対する善管注意義務（第330条、民法第644条）の違反を理由として、売渡株主等に対する損害賠償責任（第429条第1項）を負うこととなり得ます。

272　第2章　キャッシュ・アウト　第1　特別支配株主の株式等売渡請求

Q162
取締役（会）が株式等売渡請求を承認するか否かを決定するに当たっては、どのような要素を考慮する必要があるのですか。

A　1　対象会社の取締役（会）は、株式等売渡請求を承認するか否かを決定するに当たっては、善管注意義務をもって、売渡株主等の利益に配慮し、株式等売渡請求の条件等が適正といえるか否かを検討する必要があります（注1）。

　そして、対象会社の取締役（会）が、株式等売渡請求を承認するか否かを決定するに当たって、売渡株主等の利益を確保するために考慮すべき要素は、株式等売渡請求の条件全般にわたり、取締役（会）は、例えば、売渡株主等に交付される対価の相当性（注2）や特別支配株主から売渡株主等に対する対価の交付の見込み（注3）、取引条件についての定めがあるときはその相当性（注4）を確認する必要があります。

　2　なお、対象会社の取締役（会）は、株式等売渡請求の対価の交付の見込みを判断するに当たって、特別支配株主の資金確保の方法（注5）だけでなく、その負債の面も含めて、特別支配株主が売渡株主等に対して対価を交付することが合理的に見込まれるかどうかを確認しなければなりません。具体的には、資金確保の方法としては、特別支配株主の預金残高証明や金融機関からの融資証明等を、また、特別支配株主の負債については、特別支配株主の貸借対照表等を確認することが想定されます。

　（注1）　対象会社の取締役は、その職務として、株式等売渡請求を承認するか否かを決定することから（第179条の3第1項・第3項参照）、善管注意義務をもってその決定を行うこととなります（第330条、民法第644条参照）。また、本来、取締役の善管注意義務は、対象会社、ひいては対象会社の全株主の利益を保護することを目的とするものですが、株式等売渡請求は、特別支配株主が請求するものであるため、対象会社の取締役にその「承認」を求める意味は、取締役に、特別支配株主以外の株主等、すなわち、売渡株主等の利益を保護することを求めるところにあることは、そのような承認という手続が設けられたこと自体から明らかといえます。

　（注2）　この点を明らかにするとともに、売渡株主等が対価の相当性に関する取締役（会）の判断の内容を確認して、必要に応じて売渡株式等の売買価格の決定の申立て（第

179条の8）等の手段（Q169参照）を採ることができるようにするために、改正省令では、売渡株主等の閲覧等に供する事前開示事項（第179条の5第1項第4号）として、株式等売渡請求の対価の相当性に関する事項を規定することとしています（施行規則第33条の7第1号。Q160（注5）参照）。

（注3）　この点を明らかにするとともに、売渡株主等が対価の交付の見込みに関する取締役（会）の判断の内容を確認して、必要に応じて取締役の損害賠償責任（第429条第1項）の追及等の手段（Q170参照）を採ることができるようにするために、改正省令では、事前開示事項として、特別支配株主から売渡株主等に対する対価の交付の見込みに関する事項を規定することとしています（施行規則第33条の7第2号。Q160（注5）参照）。そして、対象会社が対価の交付の見込みについて事前開示した内容に虚偽があれば、対象会社は第179条の5の規定に違反したこととなりますから、売渡株主等は、特別支配株主に対し、株式等売渡請求に係る売渡株式等の全部の取得をやめることを請求することができます（第179条の7第1項第2号・第2項第2号。Q171参照）。

（注4）　この点を明らかにするために、改正省令では、事前開示事項として、取引条件の相当性に関する事項を規定することとしています（施行規則第33条の7第3号。Q160（注5）参照）。

（注5）　特別支配株主の資金確保の方法については、①特別支配株主が定めて対象会社に通知する事項とするとともに（施行規則第33条の5第1項第1号。Q160（注1）参照）、②事前開示事項である対価の交付の見込みに関する事項の例示として、資金確保の方法についての定めの相当性を挙げることとしています（施行規則第33条の7第2号。Q160（注5）参照）。

274　第 2 章　キャッシュ・アウト　第 1　特別支配株主の株式等売渡請求

Q163　対象会社が株式等売渡請求の承認をした場合における売渡株主等への通知等は、特別支配株主ではなく対象会社がしなければならないこととした理由は、何ですか。

A　1　株式等売渡請求は、特別支配株主と売渡株主等との間の売買取引であるため、対象会社は取引の当事者ではありません（Q151参照）。しかし、対象会社が売渡株主等に対する情報開示につき一定の役割を果たすものとすることで、株式等売渡請求の条件の周知を徹底し、売渡株主等の利益を確保することとするため、対象会社が株式等売渡請求の承認をした場合における売渡株主等への通知またはそれに代替する公告は、対象会社がしなければならないこととしています（第 179 条の 4 第 1 項・第 2 項、振替法第 161 条第 2 項。Q160 参照）。

2　また、株式等売渡請求の意思表示が特別支配株主から個別の売渡株主等に対してされなければならないこととすると、時間的・手続的コストが増大するとともに、法律関係の画一的処理が損なわれるおそれが生じます。そこで、株式等売渡請求においては、そのような個別の意思表示を要することとはせず、売渡株主等に対する情報開示について一定の役割を果たすべき立場にある対象会社が売渡株主等に対する通知またはそれに代替する公告をした場合には、特別支配株主から売渡株主等に対する株式等売渡請求があったものとみなすこととしています（第 179 条の 4 第 3 項）[注]。

（注）　第 179 条の 4 第 3 項により株式等売渡請求がされたものとみなされるのは、同条第 1 項の規定による通知またはそれに代替する公告が全て遺漏なく行われた場合です。したがって、例えば、売渡株式の登録株式質権者に対する通知またはそれに代替する公告も、遺漏なく行われる必要があります。また、売渡株式が振替株式でない場合に、売渡株主に対する通知につき公告による代替が認められないにもかかわらず公告のみが行われたときは、公告による代替が認められる通知先（売渡新株予約権者）に対するものも含めた株式等売渡請求の全体について、同条第 3 項は適用されず、株式等売渡請求がされたものとはみなされないこととなります。なお、対象会社は、同条第 1 項の規定による通知については、株主名簿または新株予約権原簿の記載等に基づいて発すれば足り（第 126 条第 1 項、第 253 条第 1 項等）、また、当該通知は通知先に通常到達すべきであった時に到達したものとみなされる（第 126 条第 2 項、第 253 条第 2 項等）こととなります。

Q164
対象会社が株式等売渡請求を承認した場合の売渡株主に対する通知については、公告をもって代えることができないこととした理由は、何ですか。

A
1 株式等売渡請求に係る対象会社から売渡株主等または売渡株式の登録株式質権者等に対する通知（第179条の4第1項）については、売渡株主に対してするものを除き、公告をもって代えることができることとしています（同条第2項）。

2 これに対し、売渡株主に対する通知は、個別の売渡株主に対する株式売渡請求の意思表示に代わるものと位置付けられることに加え（Q163参照）、売渡株主が差止請求（第179条の7第1項）や売買価格の決定の申立て（第179条の8第1項）を行う契機を与える機能を果たすものでもあります。そのため、株式売渡請求により売渡株式を失うこととなる売渡株主の利益の確保の観点からは、公告よりも個別通知によるほうが望ましいと考えられます。そこで、売渡株主に対してする通知は、公告によって代替することができないこととしています(注)。

ただし、対象会社が振替株式を発行している場合には、株主名簿の記載が真の株主と必ずしも一致しないことを踏まえ、当該振替株式の株主に対する通知については、公告による代替を強制することとしています（振替法第161条第2項）。

(注) これに対し、売渡新株予約権者に対する通知については、公告による代替を認めることとしています。これは、売渡新株予約権者は、株式会社に対して行使することにより当該株式会社の株式の交付を受けることができる権利（第2条第21号）を有する者にとどまり、既に出資の履行を完了した株主に比べると、株式会社について有する利害関係は希薄であるため、株主たる地位を失う売渡株主と同程度の保護を与える必要はないことによるものです。

276　第2章　キャッシュ・アウト　第1　特別支配株主の株式等売渡請求

Q165
対象会社が株式等売渡請求を承認した場合における通知または公告の費用を特別支配株主の負担とすることとした理由は、何ですか。

A　株式等売渡請求に係る対象会社から売渡株主等または売渡株式の登録株式質権者等に対する通知またはそれに代替する公告の費用は、特別支配株主の負担とすることとしています（第179条の4第4項）。

　これは、株式等売渡請求は、特別支配株主と売渡株主等との間の売買取引であるため、対象会社自身は取引の当事者とはならないこと（Q151参照）に加え、これらの通知または公告は、特別支配株主から売渡株主等に対する意思表示に代わる機能を有すること（Q163参照）からすれば、その費用は特別支配株主に負担させることが相当であることによるものです。

Q166

株式等売渡請求の撤回の手続の概要は、どのようなものですか。

A 　1　株式等売渡請求の撤回は、株式等売渡請求について対象会社の承認を受けた後は、取得日の前日までに対象会社の承諾を得た場合に限って行うことができることとしています（第179条の6第1項）。対象会社が取締役会設置会社である場合には、この承諾をするか否かの決定は、取締役会の決議によらなければなりません（同条第2項）。

　2　対象会社は、撤回の承諾をするか否かの決定をしたときは、特別支配株主に対し、当該決定の内容を通知しなければなりません（第179条の6第3項）。

　3　対象会社は、撤回の承諾をしたときは、遅滞なく、売渡株主等に対し、当該承諾をした旨を通知しなければなりませんが（第179条の6第4項）、この通知は公告により代替することもできます（同条第5項）^(注)。また、対象会社が振替株式を発行している場合には、株主名簿の記載が真の株主と必ずしも一致せず、株主名簿上の株主に対して通知する意義が乏しいと考えられることから、当該振替株式の株主に対する通知については、公告による代替を強制することとしています（振替法第161条第2項）。

　これらの公告により代替された場合を含め、売渡株主等に対する通知等がされたときは、株式等売渡請求は、売渡株式等の全部について撤回されたものとみなされます（第179条の6第6項）。

（注）　株式等売渡請求を承認した場合（第179条の4第1項・第2項）と異なり、売渡株主に対する通知についても公告による代替を認めることとしているのは、株式等売渡請求の承認について既に通知がされている以上、売渡株主は、これに関連する対象会社の行動に注意すべき状況となったものといえることから、その撤回の承諾に関する通知について公告による代替を認めても、問題ないと考えられるためです。

278　第2章　キャッシュ・アウト　第1　特別支配株主の株式等売渡請求

Q167　株式等売渡請求の撤回は、どのような場合にすることができるのですか。

A　1　株式等売渡請求の撤回は、株式等売渡請求について対象会社の承認を受けた後は、取得日の前日までに対象会社の承諾を得た場合に限って行うことができることとしています（第179条の6第1項）。

　株式等売渡請求の撤回を認めることとしているのは、株式等売渡請求がされた後に、特別支配株主の財務状態が悪化し、対価の交付が困難となった場合等において、株式等売渡請求の撤回の余地を全く認めないこととすることは、かえって売渡株主等の利益に反する不合理な結果につながるおそれがあるからです[注1]。

　他方で、特別支配株主の一方的な意思表示による撤回を無制限に認めることは、売渡株主等の予測可能性を害する等、売渡株主等の利益の確保という観点から相当ではありません。そこで、株式等売渡請求の承認後にこれを撤回するためには、対象会社の承諾を要することとしたものです[注2]。そして、売渡株式等の取得の効果が生じた後に撤回を認めると、売渡株式等に関する法律関係を複雑化し、法的安定性を害することになるため、対象会社による承諾は、取得日の前日までにされなければならないこととしています[注3]。

　2　また、撤回は、売渡株式等の全部について一括して行わなければならないこととしており（第179条の6第1項）、新株予約権売渡請求がされている場合に、株式売渡請求のみを撤回することはできません。これは、新株予約権売渡請求が株式売渡請求に付随するものであることから、売渡新株予約権の取得は、売渡株式の取得が行われる場合に限って行われることとするためです（Q158参照）。

　これに対して、新株予約権売渡請求のみを撤回することは、このような新株予約権売渡請求の付随的性質には反しません。そこで、株式等売渡請求の全体を撤回する場合に準じた手続により、新株予約権売渡請求のみを撤回することは認めることとしています（第179条の6第8項）。

（注1）　株式等売渡請求の撤回を認めないこととすると、例えば、株式等売渡請求の承

認を受けた後に特別支配株主の財務状況が悪化したこと等によって対価の支払の見込みが
なくなり、特別支配株主も売渡株式等の取得を取りやめることを望んでいるという場合に
も、売渡株式等の取得の効果が生ずることとなります。その結果、売渡株主等においてそ
の対価の支払を求めるための手続を採ったり、取得の無効等を争ったりする必要が生ずる
こととなり、相当ではありません。

（注2）　対象会社の取締役は、対象会社に対する善管注意義務に基づき撤回を承諾する
かどうかを判断しなければならず、特別支配株主の求める撤回に合理的な理由がある場合
に限って、これを承諾することとなります。仮に、対象会社の取締役が、合理的な理由が
ないにもかかわらず撤回を承諾して、売渡株主等に損害を与えた場合には、売渡株主等
は、当該取締役に対し、対象会社に対する善管注意義務違反を理由とする損害賠償責任
（第429条第1項）を追及することが考えられます。

（注3）　この趣旨に照らせば、売渡株主等に対する撤回の承諾をした旨の通知等（第
179条の6第4項等）も、取得日の前日までにされなければならないものと解されます。

280　第2章　キャッシュ・アウト　　第1　特別支配株主の株式等売渡請求

Q168　売渡株式等に係る株券等の取扱いは、どのようになるのですか。

A　1　株券発行会社においては、株式の譲渡は、株券の交付がなければ効力を生じず、これを第三者に対抗することもできません（第128条第1項参照）^(注1)。しかし、株式売渡請求の場合には、売渡株式の取得の効力は、株券の交付を要することなく、取得日に一括して生じます（第179条の9第1項。Q160参照）。

この場合に、取得日以降も売渡株主の手元に株券が残ることになれば、これにつき善意取得（第131条第2項）が生ずる可能性等があり、株式売渡請求の意義が損なわれることになりかねません。

そこで、改正法では、株券発行会社が対象会社として株式売渡請求を承認した場合には、株券の提出に関する公告等を行うこととし（第219条第1項）、その効果として、特別支配株主は株券を提出しない者に対する対価の交付を拒絶し得ること（同条第2項）^(注2)や、取得日（条文上は、株券提出日（同条第1項参照））に株券が無効となること（同条第3項）等を定めることとしています。

2　また、改正法では、新株予約権売渡請求がされる場合における新株予約権証券や新株予約権付社債券についても、同様の規律を設けています（第293条）。

（注1）　特別支配株主が対象会社（株券発行会社以外の会社にあっては、対象会社および第三者）に売渡株式の取得を対抗するためには、株主名簿の名義書換をする必要があります（第130条参照）。

しかし、①株主名簿の名義書換について売渡株主と共同して請求しなければならないこと（第133条第2項参照）とすると、キャッシュ・アウトの手法として株式売渡請求制度を設けた趣旨が損なわれてしまうと考えられることや、②特別支配株主が売渡株式を取得したことは対象会社にも明らかであり、特別支配株主が単独で株主名簿の名義書換を請求することができることとしても、利害関係人の利益を害するおそれはないと考えられること（同項参照）等から、改正省令では、株式売渡請求により売渡株式の全部を取得した場合の株主名簿の名義書換については、特別支配株主が単独で請求することができることとしています（施行規則第22条第1項第6号・第2項第2号）。これと同様に、新株予約権

売渡請求がされた場合における、売渡新株予約権に係る新株予約権原簿の名義書換（第260条第2項）および新株予約権付社債に付された社債に係る社債原簿の名義書換（第691条第2項）についても、特別支配株主が単独で請求することができることとしています（施行規則第56条第1項第5号・第2項第2号、第168条第1項第5号・第2項第2号）。

　また、株式売渡請求により特別支配株主が取得した売渡株式に単元未満株式が含まれる場合には、株式売渡請求制度を設けた趣旨に照らして、当該単元未満株式についても株主名簿の名義書換請求を認める必要があることから、改正省令では、定款で制限することができない単元未満株式についての権利として（第189条第2項第6号参照）、株式売渡請求により売渡株式の全部を取得した場合に株主名簿の名義書換請求をする権利を加えることとしています（施行規則第35条第1項第4号ロ）。

　なお、改正省令では、定款で制限することができない単元未満株式についての権利として、これ以外にも、株式売渡請求により特別支配株主が売渡株式の取得の対価として交付する金銭の交付を受ける権利を加えることとしています（施行規則第35条第1項第6号・第2項第1号）。

　（注2）　これと併せて、第219条第2項では、株券発行会社以外の者が金銭等の交付義務を負う場合には、当該者が金銭等の交付を拒絶することができることを明確にすることとしています。

282 第2章 キャッシュ・アウト 第1 特別支配株主の株式等売渡請求

Q169 売渡株式等の売買価格に不服がある売渡株主等は、どのような方法を採ることができるのですか。

A 1 対象会社の取締役（会）は、株式等売渡請求を承認するか否かを決定する（第179条の3第1項）に際して、売渡株式等の売買価格（売渡株主等に交付される対価）が相当であるかどうかを確認しなければなりません（Q162参照）。したがって、売渡株式等の売買価格の相当性は、第一次的には、この承認によって担保されることとなります。

2 しかし、対象会社の取締役（会）が承認することとした売買価格に対して、売渡株主等が不服を有する場合もあり得ます。

このような場合に、売渡株主等としては、次のような手段を採ることが考えられます。

(1) 売渡株式等の売買価格に不服がある売渡株主等は、取得日の20日前の日から取得日の前日までの間に、裁判所に対し、その有する売渡株式等の売買価格の決定の申立てをすることができます（第179条の8）。

(2) また、売渡株式等の売買価格が著しく不当である場合には、売渡株主等は、売渡株式等の全部の取得の差止めを請求することができます（第179条の7）。

(3) これらに加えて、売渡株式等の売買価格が不当であることが売渡株式等の取得の無効の訴え（第846条の2）における無効事由となるかどうかは、解釈論に委ねられます。もっとも、対象会社の株主総会の決議を経てキャッシュ・アウトが行われる場合（例えば、全部取得条項付種類株式の取得による場合）に、キャッシュ・アウトの対価が著しく不当であるときは、株主総会決議の取消事由（第831条第1項第3号）に該当することがあり得ることとの均衡上、少なくとも、売渡株式等の売買価格が著しく不当であることは、売渡株式等の取得の無効事由となり得るものと解されます。

(4) さらに、対象会社の取締役が上記の株式等売渡請求の承認に際して売渡株主等の利益への配慮を怠り、売渡株式等の売買価格が相当でないにもかかわらず承認をした場合には、売渡株主等は、取締役に対し、対象会社に対する善管注意義務違反を理由とする損害賠償責任（第429条第1項）を追及することも考えられます。

Q170 売渡株式等の対価が支払われない場合、売渡株主等は、どのような方法で救済を求めることができるのですか。

A 1 対象会社の取締役（会）は、株式等売渡請求を承認するか否かを決定する（第179条の3第1項）に際して、売渡株式等の対価の交付の見込みがあるかどうかを確認しなければなりません（Q162参照）。したがって、売渡株式等の対価の支払の確実性は、第一次的には、この承認によって担保されることとなります。

2 しかし、対象会社の取締役（会）が売渡株式等の対価の交付の見込みがあると判断して株式等売渡請求を承認したとしても、結果として、これが支払われないこととなる可能性もないとはいえません。

このような場合に、売渡株主等としては、次のような手段を採ることが考えられます。

⑴ 売渡株式等の取得の無効の訴え

株式等売渡請求の無効事由は、株式発行等や組織再編の無効事由と同様、法律上は明示せず、解釈論に委ねることとしています。したがって、売渡株式等の対価が支払われないことが売渡株式等の取得の無効の訴え（第846条の2）における無効事由となるかどうかについても、解釈論に委ねられます。もっとも、法制審議会会社法制部会において、売渡株式等の取得の無効の訴えの無効事由については、株式発行等や組織再編よりも広く考えてよいという意見が有力に主張されたこと[注1]等を踏まえると、売渡株式等の大部分について対価が支払われないことは、売渡株式等の取得の無効事由となり得るものと解されます。

⑵ 売買取引の個別解除

売渡株式等の取得の無効は訴えをもってのみ主張することができることとしていること（第846条の2第1項）との関係で、一部の売渡株主等が自分の株式等の売買取引について対価が支払われないことを理由に、当該売買取引を個別解除することができるかどうかも、解釈論に委ねられます。もっとも、法制審議会会社法制部会における議論等を踏まえると、取得の無効と個別解除を区別して、株式等売渡請求に基づく株式等の全部の取得の無効は訴えをもってしか主張できないが、個別の売渡株主等が対価の支払がされない

ことを理由に自らとの関係で売渡株式等の売買取引を個別解除することは妨げられないとする解釈も成り立つと解されます[注2]。

(3) 対象会社の取締役に対する損害賠償請求

対象会社の取締役が上記の株式等売渡請求の承認に際して売渡株主等の利益への配慮を怠り、対価が支払われる見込みがないにもかかわらず承認をした場合等には、売渡株主等は、取締役に対し、対象会社に対する善管注意義務違反を理由とする損害賠償責任（第429条第1項）を追及することも考えられます。

（注1）　これは、株式等売渡請求がされた場合、①無効の訴えを提起することができる期間内に、株式等売渡請求により取得された株式が再び分散して転々流通する可能性は低いことから、株式の発行に比べると、株式の取引の安全を考慮する必要性が高いとはいえないこと、②株式等売渡請求に伴う対象会社の財産の移転はないから、合併等の場合と異なり、移転した財産関係を前提に法律関係が形成されることはないこと等を理由とするものです。

（注2）　無効の訴えの制度が設けられている行為による個別の権利関係の変動について、無効の訴えによることなくその効力を争うことを認めた判例として、最二判平成22年7月12日民集64巻5号1333頁があります。同判決は、会社分割における労働契約の承継の効力が争われた事案において、会社分割の無効の訴えによることなく、個別の労働契約の承継の効力を争うことを認めています。

Q171

売渡株式等の取得の差止請求の制度の概要は、どのようなものですか。

A

1 売渡株主による差止請求

⑴ 制度趣旨

　株式売渡請求による売渡株式の取得については、全部取得条項付種類株式の取得等の手法によるキャッシュ・アウトと異なり、対象会社の株主総会決議を要しないため、株主が株主総会決議取消しの訴え（第831条）によりキャッシュ・アウトの効力の発生を事前に阻止する余地がありません。そこで、これに代わる株主の事前の救済方法として、売渡株主が売渡株式等の全部の取得の差止めを請求することができることとしています（第179条の7第1項）（注1）（注2）。

⑵ 差止請求の要件

　売渡株主が差止請求をすることができるのは、①株式売渡請求が法令に違反する場合（第179条の7第1項第1号）、②対象会社が売渡株主に対する通知もしくは事前開示手続を行う義務に違反した場合（同項第2号）または③売渡株主に対して売渡株式の対価として交付される金銭の額もしくはその算定方法もしくは売渡株主に対するその金銭の割当てに関する事項が対象会社の財産の状況その他の事情に照らして著しく不当である場合（同項第3号）です。これらは、略式組織再編の差止請求について定める第784条の2（改正前の第784条第2項）と実質的に同様の要件を定めるものですが、株式売渡請求においては、組織再編と異なり、対象会社が取引の当事者ではないこと（Q151参照）を踏まえ、請求の主体である特別支配株主に違反があった場合を第179条の7第1項第1号で、対象会社に違反があった場合を同項第2号で、それぞれ号を分けて規定することとしています。

⑶ 差止請求の効果

　売渡株主による差止請求の対象は、「売渡株式等の全部の取得」です。

　したがって、差止請求の効果は、差止請求を行う売渡株主が自ら有する売渡株式のみならず、他の売渡株主の有する売渡株式も含めた売渡株式の取得の全体に及びます。

　また、株式売渡請求と併せて新株予約権売渡請求がされている場合は、売

渡株主による差止請求の効果は、新株予約権売渡請求による売渡新株予約権の取得にも及びます。この場合に、株式売渡請求による売渡株式の取得のみを差し止めることは、新株予約権売渡請求が株式売渡請求に付随するものとしていること（Q158参照）と矛盾する結果となるため、これを避ける趣旨です。

2 売渡新株予約権者による差止請求

株式売渡請求に併せて新株予約権売渡請求がされている場合には、売渡新株予約権者にも、売渡株式等の全部の取得の差止請求を認めることとしています（第179条の7第2項）。

差止請求の要件は、売渡株主による差止請求と平仄を合わせていますが、売渡新株予約権者の利益を保護するための制度であることから、新株予約権売渡請求に手続違反等があった場合に差止請求を認めることとし、株式売渡請求に手続違反等があったことは、売渡新株予約権者による差止請求の理由にはならないこととしています。

また、特別支配株主がその意図に反して株式売渡請求による売渡株式の取得のみを行うことを強いられることにならないよう、売渡新株予約権者による差止請求の効果も、株式等売渡請求による売渡株式等の取得の全体に及ぶこととしています。

（注1）　株式売渡請求は、特別支配株主と売渡株主との間の売買取引であり、差止めの対象も当該売買取引による取得であることからすれば、差止めの請求は、対象会社に対する「株主の権利」の行使（振替法第147条第4項）ではありません。したがって、差止めを請求する売渡株主が有する売渡株式が振替株式である場合であっても、売渡株主は、差止めの請求について個別株主通知（振替法第154条）をする必要はありません。

（注2）　改正省令では、売渡株式等の取得の差止請求に係る手続の経過を事後開示事項としています（施行規則第33条の8第2号。Q160（注6）参照）。

Q172　売渡株式等の売買価格の決定の申立ての制度の概要は、どのようなものですか。

A　1　売渡株主等は、取得日の20日前の日から取得日の前日までの間に、裁判所に対し、その有する売渡株式等の売買価格の決定の申立てをすることができることとしています（第179条の8第1項）[注1][注2]。

この申立てについては、全部取得条項付種類株式の取得の価格の決定の申立て（第172条第1項）と同様に、裁判所の決定した売買価格に対する取得日後の年6分の利息の支払義務（第179条の8第2項）や価格決定前の支払制度（同条第3項）を設けることとしています（Q175参照）。なお、株式等売渡請求による売渡株式等の取得は、特別支配株主と売渡株主等との間の売買取引であるため（Q151参照）、裁判所が決定した売買価格の支払義務は、全部取得条項付種類株式の取得の場合とは異なり、特別支配株主が負うこととなります。

売渡新株予約権者も、「売渡株主等」に含まれるため、売渡新株予約権の売買価格の決定の申立てをすることができます[注3]。

2　売渡株式等の売買価格の決定の申立てに係る事件は、対象会社の本店の所在地を管轄する地方裁判所の管轄に属します（第868条第3項）。

また、裁判所は、売渡株式等の売買価格の決定をする場合には、審問の期日を開いて、申立人および特別支配株主の陳述を聴かなければなりません（第870条第2項第5号）。

（注1）　株式売渡請求は、特別支配株主と売渡株主との間の売買取引であって、その売買価格の決定の申立ても、対象会社に対する「株主の権利」の行使（振替法第147条第4項）ではありません。したがって、価格決定の申立てに係る売渡株式が振替株式である場合であっても、売渡株主は、当該申立てについて個別株主通知（振替法第154条）をする必要はありません。

（注2）　改正省令では、売渡株式等の売買価格の決定の申立てに係る手続の経過を事後開示事項としています（施行規則第33条の8第3号。Q160（注6）参照）。

（注3）　この点について、要綱第2部第2、1(3)②においては、新株予約権売渡請求の対価についての定めが売渡新株予約権の内容として定められた条件に合致する場合には、当該売渡新株予約権について売買価格の決定の申立てを認めないこととされていました

が、政府内での検討の結果、改正法においては、そのような例外規定は設けないこととしています。

Q173

売渡株式等の取得の無効の訴えの制度の概要は、どのようなものですか。

A 　1　株式等売渡請求による売渡株式等の取得は、特別支配株主と売渡株主等との間の売買取引であり（Q151参照）、「会社の組織に関する行為」（第828条）とは異なりますが、利害関係人が多数に上るため、法律関係の早期安定や画一的処理により、法的安定性を確保する必要がある点では、会社の組織に関する行為と同様です。

　そこで、改正法では、会社の組織に関する行為の無効と同様、株式等売渡請求による売渡株式等の全部の取得の無効は、会社法第7編第2章第1節の2（第846条の2〜第846条の9）に定めるところによる「売渡株式等の取得の無効の訴え」によってのみ主張することができることとしています（第846条の2第1項）。

　2　売渡株式等の取得の無効の訴えに関する規律の概要は、以下のとおりです。

(1)　提訴期間

　売渡株式等の取得の無効の訴えの提訴期間は、取得日から6か月間です（第846条の2第1項）。ただし、対象会社が公開会社でない場合には、公開会社の場合に比べると利害関係者が少なく、法的安定性の確保の観点から提訴期間を短期間に限定する必要性は比較的小さいといえます。そこで、売渡株主等の利益を確保する観点から、この場合における提訴期間は、取得日から1年間に伸長することとしています[注1]。

(2)　提訴権者

　売渡株式等の取得の無効の訴えの提訴権者は、以下のとおりです（第846条の2第2項）。

①　取得日において売渡株主または売渡新株予約権者であった者

②　取得日において対象会社の取締役、監査役または執行役であった者

③　対象会社の取締役、監査役、執行役または清算人

(3)　無効事由

　売渡株式等の取得の無効事由については、明示的な規定は設けず、会社の組織に関する行為の無効の訴え（第828条）における無効事由と同様、解釈

に委ねることとしています^(注2)。

⑷　その他訴訟手続等に関する規律

売渡株式等の取得の無効の訴えの被告は、特別支配株主です（第846条の3）。対象会社は、売渡株式等の取得に係る取引の当事者ではないため、被告とはなりません。

また、原告以外の売渡株主等による訴訟参加の便宜や証拠の所在等に配慮して、売渡株式等の取得の無効の訴えは、対象会社の本店の所在地を管轄する地方裁判所の管轄に専属することとしています（第846条の4）。

その他、担保提供命令（第846条の5）、弁論等の必要的併合（第846条の6）、認容判決の対世効（第846条の7）および将来効（第846条の8）ならびに原告が敗訴した場合の損害賠償責任（第846条の9）については、会社の組織に関する行為の無効の訴えに関する規律（第836条～第839条、第846条）に倣った規律を設けることとしています。

　（注1）　これに合わせて、対象会社が公開会社でない場合は、株式等売渡請求に係る事前開示手続や事後開示手続の期間の末日を、取得日後1年を経過する日としています（第179条の5第1項、第179条の10第2項。Q160参照）。

　（注2）　無効事由の例としては、以下のものが考えられます（売買価格が著しく不当であることや対価が支払われないことが無効事由に該当するかについては、Q169およびQ170参照）。

　・特別支配株主となるための議決権保有割合（総株主の議決権の10分の9。ただし、これを上回る割合を対象会社の定款で定めた場合にあっては、その割合）の要件が満たされていない場合（Q156参照）

　・株式等売渡請求について対象会社の承認を受けていない場合

Q174 株式等売渡請求制度の創設に伴い、株式および新株予約権の質入れ関係の規定は、どのように整備されるのですか。

A 1 改正法では、株式売渡請求により売渡株式が取得された場合には、売渡株式に設定された質権は、物上代位（民法第362条第2項、第350条、第304条）により、取得の対価として交付される金銭について存在することとなることを、条文の文言上明確にすることとしています（第151条第2項）^(注1)。

あわせて、登録株式質権者は、全部取得条項付種類株式の取得の対価や組織再編の対価として金銭が交付される場合等と同様に、株式売渡請求に係る売渡株式の取得の対価として交付される金銭を、自ら受領して、自己の債権の優先弁済に充てることができることとするとともに（第154条第1項）、自己の債権の弁済期が到来していないときは、特別支配株主に当該金銭に相当する金額を供託させることができることとしています（同条第3項）^(注2)。

2 また、改正法においては、新株予約権売渡請求により売渡新株予約権が取得された場合についても、売渡株式と同様の規律を整備することとしています（第272条第4項）^(注3)。

（注1） 株式売渡請求は、改正前の第151条各号（改正後の同条第1項各号）列挙の行為とは異なり、「株式会社」が行う行為ではないことから、改正前の同条各号に列挙するのではなく、同条第2項を新設することとしています。

（注2） 株式売渡請求を第154条第2項各号に列挙するのではなく、同条第3項を新設することとしたのも、前掲（注1）と同様の理由に基づきます。

（注3） 質入れ関係の規定をこのように整備するのに併せて、合併その他の株式会社の行為によって株主が受けることのできる金銭について登録株式質権者が供託させることができる旨を定めた第154条第2項についても、株主が金銭の交付を受けることとなる可能性がある行為に限った規定とするとともに、当該株式会社以外の者が金銭の交付義務を負う場合には当該者が供託の主体となることを明確にすることとしています。また、新株予約権についてこれに相当する規定である第272条第3項についても、同様の整備をすることとしています。

第2　全部取得条項付種類株式の取得

Q175　全部取得条項付種類株式の取得手続についての改正の概要は、どのようなものですか。

A　1　全部取得条項付種類株式の取得は、実務上キャッシュ・アウトの手段として用いられることが多いという状況を踏まえて、組織再編と同程度に株主への情報開示を充実させる観点から、全部取得条項付種類株式の取得に際して開催される株主総会の前に情報開示を行う事前開示手続（第171条の2、施行規則第33条の2）および当該取得後に情報開示を行う事後開示手続（第173条の2、施行規則第33条の3）を設けることとしています（Q176参照）。

2　そして、取得日後に取得の価格の決定の申立てがされるという事態が生じないようにするため、改正法では、当該申立ての期間を取得日の20日前の日から取得日の前日までの間と改めています（第172条第1項。Q177参照）。

また、株主に事前に全部取得条項付種類株式の取得の事実を知らせるために、会社は、取得日の20日前までに、全部取得条項付種類株式の株主に対し、全部取得条項付種類株式の全部を取得する旨を通知または公告しなければならないこととしています（第172条第2項・第3項。Q178参照）。

さらに、全部取得条項付種類株式の取得の価格の決定の申立てをした株主は株主総会の決議により定められた取得の対価の交付を受けないことを明らかにするため、改正法では、取得の対価の交付を受ける株主から当該申立てをした株主を除くこととしています（第173条第2項。Q179参照）。

3　このほか、改正法では、株主による全部取得条項付種類株式の取得の差止請求の制度（第171条の3。Q206参照）や、価格決定の申立てがされている場合の価格決定前の支払制度（第172条第5項。Q202参照）を新設しています。

Q176
全部取得条項付種類株式の取得について、事前開示手続や事後開示手続を新設した理由および開示事項の概要は、どのようなものですか。

A
1　全部取得条項付種類株式の取得は、実務上、キャッシュ・アウトの手段として用いられることが多いとされています。この場合、多数の株主が株主の地位を失う可能性もあるなど、組織再編等の場合と同様、株主の権利に特に大きな影響を及ぼすこととなります。しかし、組織再編等の場合に比べ、全部取得条項付種類株式の取得に当たっての株主に対する情報開示が不十分であるとの指摘がされていました[注1]。

　そこで、改正法では、全部取得条項付種類株式の取得に際し、組織再編と同程度に株主への情報開示を充実させる観点から、当該取得に際して開催される株主総会の前に情報開示を行う事前開示手続（第171条の2）および当該取得後に情報開示を行う事後開示手続（第173条の2）を設けることとしています。

　2　事前開示手続では、①株主総会の日の2週間前の日または②株主に対する通知の日もしくは公告の日のいずれか早い日から、取得日後6か月を経過する日までの間、全部取得条項付種類株式の取得に係る株主総会において決議すべき事項（取得対価に関する事項、取得対価の割当てに関する事項、取得日）その他法務省令で定める事項[注2]を記載した書面等を本店に備え置くこととしています（第171条の2第1項）[注3]。

　そして、株主は、事前開示に係る書面等の閲覧等を請求することができます（第171条の2第2項）。

　3　事後開示手続では、取得日後遅滞なく、全部取得条項付種類株式の取得に関する事項として法務省令で定める事項[注4]を記載した書面等を作成し（第173条の2第1項）、取得日から6か月間、本店に備え置くこととしています（同条第2項）。

　そして、株主または取得日に全部取得条項付種類株式の株主であった者は、事後開示に係る書類等の閲覧等を請求することができます（第173条の2第3項）。したがって、全部取得条項付種類株式の取得がキャッシュ・アウトに利用される場合には、キャッシュ・アウトにより株式を失った者も、閲

294 第2章 キャッシュ・アウト 第2 全部取得条項付種類株式の取得

覧等を請求することができます。

　（注1）　全部取得条項付種類株式は、会社法制定時に新たに認められた種類株式ですが、会社法の制定過程においては、主として会社の任意整理の場面で100％減資をするための手段として議論されており、キャッシュ・アウトの手段として用いることを前提として議論されていなかったことから、本文で述べたように、情報開示が不十分であるとの指摘がされていました。

　（注2）　改正省令では、事前開示事項について、株式交換における株式交換完全子会社の事前開示事項（施行規則第184条。なお、同条につき、改正省令では、交換対価が株式交換完全親会社等の社債や新株予約権等である場合の株式交換完全子会社の事前開示事項に、当該株式交換完全親会社等の定款の定めを追加するなどしています（同条第4項第3号・第4号ロ）。また、施行規則第182条についても、同様の改正をしています。）を参考にして、規定を設けています（施行規則第33条の2）。

　具体的には、まず、①取得対価の相当性に関する事項（施行規則第33条の2第1項第1号）として、取得対価となる財産の内容および数またはその算定方法ならびに取得対価の割当てに関する事項についての定め（当該定めがない場合にあっては、当該定めがないこと）の相当性に関する事項を事前開示事項としています。そして、その例示として、(i)取得対価の総数または総額の相当性に関する事項、(ii)取得対価として当該種類の財産を選択した理由、(iii)全部取得条項付種類株式を取得する株式会社に親会社等がある場合には、当該株式会社の株主（当該親会社等を除きます。）の利益を害さないように留意した事項（当該事項がない場合にあっては、その旨）、(iv)1に満たない端数の処理をすること（第234条）が見込まれる場合における当該処理の方法に関する事項、当該処理により株主に交付することが見込まれる金銭の額および当該額の相当性に関する事項を挙げています（施行規則第33条の2第2項）。なお、上記(iv)は、法制審議会会社法制部会での議論を踏まえ、全部取得条項付種類株式がキャッシュ・アウトの手段として用いられる場合には、少数株主は、取得対価として端数の株式のみが割り当てられ、端数処理の方法により、当該株式の端数の合計数の整数部分を売却した代金を対価として受け取ることになる（第234条）のが一般的であって、このような場合、少数株主にとっては、むしろ最終的に交付されることとなる金銭の額等に関する情報が重要であると考えられること、また、キャッシュ・アウトの実務においては、端数処理の方法や交付が見込まれる金銭等については、事前に合意されることも多いことから、事前開示事項とするものです。

　このほか、②取得対価について参考となるべき事項（施行規則第33条の2第1項第2号・第3項）、③計算書類等に関する事項（同条第1項第3号・第4項）、④備置開始日後株式会社が全部取得条項付種類株式の全部を取得する日までの間に、事前開示事項に変更が生じたときは、変更後の当該事項（同条第1項第4号）を事前開示事項としています。

　（注3）　改正法により全部取得条項付種類株式の取得に関して事前開示手続制度が設け

られたことに伴い、全部取得条項付種類株式の取得に関する議案に係る株主総会参考書類記載事項について、同じく事前開示手続制度が設けられている株式交換の承認に関する議案に係る株主総会参考書類記載事項（施行規則第88条）に倣った規定を設けることとしています（施行規則第85条の2。Q236参照）。また、株主総会の招集の決定事項についても、①株主総会参考書類記載事項について決定すべき範囲を、株式交換等の承認に関する議案に係る株主総会参考書類記載事項について決定すべき範囲と同様とするとともに（施行規則第63条第3号イ）、②株主総会参考書類が作成されない場合には、株式交換等と同様に、議案の概要等を決定することとしています（同条第7号ハ）。さらに、全部取得条項付種類株式の取得に係る議案は株主提案の対象となり得ることから、株主提案による当該議案に関する株主総会参考書類記載事項が株主から会社に対して通知された場合には、その内容を株主総会参考書類に記載することとしています（施行規則第93条第1項第5号イ。Q236参照）。

　（注4）　改正省令では、事後開示事項について、株式交換における株式交換完全子会社の事後開示事項（施行規則第190条）を参考にして、規定を設けています（施行規則第33条の3）。具体的には、①株式会社が全部取得条項付種類株式の全部を取得した日（同条第1号）、②全部取得条項付種類株式の取得の差止請求（第171条の3）に係る手続の経過（施行規則第33条の3第2号）、③価格決定の申立て（第172条）の手続の経過（施行規則第33条の3第3号）、④株式会社が取得した全部取得条項付種類株式の数（同条第4号）、⑤これらの事項のほか、全部取得条項付種類株式の取得に関する重要な事項（同条第5号）を事後開示事項としています。なお、改正法により、全部取得条項付種類株式に関する定めを設ける定款変更に対する株式買取請求（第116条第1項第2号）に係る株式の買取りの効力が当該定款変更の効力発生日に生ずることとなり（第117条第6項）、最二決平成24年3月28日民集66巻5号2344頁の前提が変更され、当該株式買取請求に係る価格決定の申立ては不適法とならないと考えられることに伴い（Q201参照）、全部取得条項付種類株式の取得に係る決議に先立ち、当該定款変更に係る決議が同一の株主総会で行われるような場合には、当該株式買取請求に係る手続の経過についても、上記⑤の事項に該当するものとして開示することが考えられます。

Q177 全部取得条項付種類株式の取得の価格の決定の申立期間を、取得日の20日前の日から取得日の前日までの間としたのは、なぜですか。

A 1 改正前の会社法では、全部取得条項付種類株式の取得の価格の決定の申立期間は、当該取得に係る決議をした株主総会の日から20日以内とされていました（改正前の第172条第1項）。他方で、当該株主総会の日と取得日との関係については、会社法上特段の規律は存在しないため、取得日が株主総会の日から20日以内に設定される場合には、取得の価格の決定の申立てが取得日後にされる可能性もありました。

2 しかし、株主が取得日後に取得の価格の決定の申立てをした場合には、会社は、株主総会の決議によって決定された取得の対価を株主に交付した上で、後に裁判所の決定した取得の価格を支払い、従前交付した対価の返還を受けることが必要になり得るなど、法律関係が複雑になるおそれがあります。

3 そこで、改正法では、全部取得条項付種類株式の取得の価格の決定の申立期間につき、組織再編において株式買取請求をすることができる期間（第785条第5項等）と同様、取得日の20日前の日から取得日の前日までの間とすることとしています（第172条第1項）。

Q178
株式会社は、全部取得条項付種類株式の株主に対して、取得日の20日前までに全部取得条項付種類株式を取得する旨の通知または公告をしなければならないこととしたのは、なぜですか。

A　　1　会社法は、全部取得条項付種類株式の取得に際して、取得に係る株主総会の決議において議決権を行使することができない株主にも価格の決定の申立権を認めています（第172条第1項第2号）。

　2　しかし、改正前の会社法は、全部取得条項付種類株式の取得をする旨の株主に対する通知または公告の手続を設けていなかったので、それらの株主が、全部取得条項付種類株式の取得がされる事実を知らないまま、取得の価格の決定の申立期間が経過してしまう可能性がありました。また、改正法において取得の価格の決定の申立期間を取得日の20日前の日から取得日の前日までの間と改めることにより（Q177参照）、取得の価格の決定の申立期間が株主総会の決議より前に始まる可能性もあるところ、取得に係る株主総会の決議について議決権を行使することのできる株主についても、取得の価格の決定の申立てをする機会を確保するため、事前に全部取得条項付種類株式の取得の事実を知らせる必要があります。

　3　そこで、改正法では、全部取得条項付種類株式を取得しようとする株式会社は、取得日の20日前までに、全部取得条項付種類株式の株主に対して、当該全部取得条項付種類株式の全部を取得する旨を通知しなければならないこととしています（第172条第2項）。

　なお、この通知は、公告により代替することができることとしています（第172条第3項）^{（注）}。

　（注）　全部取得条項付種類株式の取得は、常に株主総会の決議を要することから、公開会社であるかどうかにかかわらず、常に公告による代替を認めることとしています（組織再編の場面における株式買取請求についての第785条第4項第2号等参照）。
　また、振替株式の株主に対する通知については、常に公告によらなければならないこととしています（振替法第161条第2項）。

298 第2章 キャッシュ・アウト 第2 全部取得条項付種類株式の取得

Q179 取得対価を取得する全部取得条項付種類株式の株主から、取得の価格の決定の申立てをした株主を除いたのは、なぜですか。

A 　1　改正前の会社法では、全部取得条項付種類株式の取得の対価が株式、社債、新株予約権または新株予約権付社債と定められた場合には、全部取得条項付種類株式の株主は、取得日に、それらの対価を取得することとされていました（改正前の第173条第2項）。そして、法文上は、取得の価格の決定の申立てをしている株主に対しても、取得の対価が交付されるようにも読めました。

　2　しかし、取得の価格の決定の申立てをした株主については、取得対価にかかわらず金銭による処理が予定されており、このような株主に対して取得日に取得対価が交付されることは合理的でないと考えられます。

　3　そこで、改正法では、取得対価が交付される全部取得条項付種類株式の株主から、取得の価格の決定の申立てをした株主を除く旨を明文で規定することとしています（第173条第2項）。

Q180

Q180 全部取得条項付種類株式の取得に関する規律の見直しについての経過措置の内容は、どのようなものですか。

A 1 改正法では、全部取得条項付種類株式の取得について、事前開示手続および事後開示手続の新設（第171条の2、第173条の2）や差止制度の導入（第171条の3）、取得の価格の決定の申立てに関する規律の改正（第172条）等を行うこととしています。

しかし、施行日前に全部取得条項付種類株式の取得の決議（第171条第1項）をするための株主総会の招集手続が開始された場合には、改正前の規律を前提に、当該取得に向けた一連の手続が開始されたといえますので、これに改正後の新たな規律を適用すると、株式会社や株主その他の利害関係者の予測に反し、また、既に開始した手続のやり直しを余儀なくされるなど、無用な混乱やコストが生ずることになります。

2 そこで、改正法附則第10条は、施行日前に第171条第1項の決議をするための株主総会の招集手続が開始された場合におけるその全部取得条項付種類株式の取得については、なお従前の例によることとし、改正前の規律を適用することとしています。

第3 株式の併合により端数となる株式の買取請求等

Q181 株式の併合により端数となる株式の株主を保護するための規律の見直しの概要は、どのようなものですか。

A　1　改正前の会社法では、株式の併合によって生ずる1株未満の端数の処理は、専ら端数の合計数に相当する数の株式の売却等によって得られた代金を端数に応じて株主に交付することによることとされていました（第235条、第234条）。

2　もっとも、株式の併合によって多くの端数が生ずる場合には、このような処理のみによることとすると、市場価格の下落や、売却先の確保が困難となること等により、端数について適切な対価が交付されないおそれもあります。また、このような場合には、株主がその有する株式の多くを失うこととなり、株主の利益に大きな影響を与えます。

3　そこで、改正法では、端数となる株式の株主の利益を保護する観点から、株式の併合について、①株主総会等の前に併合の割合等についての情報を開示する事前開示手続（第182条の2、施行規則第33条の9）および②併合の効力の発生後に併合後の発行済株式の総数等についての情報を開示する事後開示手続（第182条の6、施行規則第33条の10）を設けて、情報開示の充実を図ることとしています（Q182参照）。また、③株主による差止請求の制度（第182条の3。Q206参照）および④反対株主による株式買取請求の制度（第182条の4。Q183参照）を新設することとしています。

これらの新設する規律は、その趣旨に鑑み、株式の併合によって生ずる端数の数等に照らして、端数が生ずることによる株主への影響が大きいと考えられる場合に限って適用することとしています。

具体的には、

① 単元株式数を定めていない株式会社による株式の併合

② 単元株式数を定めている株式会社による株式の併合であって、当該単元株式数に併合の割合を乗じて得た数に1に満たない端数が生ずるもの[注]

が、これらの規律の適用対象となります（第182条の2第1項）。

　（注）　この②は、端数となるのが単元未満株式に限られない場合をいい、単元株式数に
併合の割合を乗じて得た数が1未満となる場合（例えば、単元株式数が10株で、100株
を1株とする株式の併合がされる場合）のほか、その数が1を超えるが整数とならない場
合（例えば、単元株式数が10株で、3株を1株とする株式の併合がされる場合）も含み
ます。

302　第2章　キャッシュ・アウト　　第3　株式の併合により端数となる株式の買取請求等

Q182 株式の併合における情報開示に関する規律の見直しの概要は、どのようなものですか。

A　1　第182条の2第1項に規定する株式の併合が行われる場合には、多くの端数を生じ、多数の株主が株主の地位を失う可能性もある等、組織再編等の場合と同様に、株主の権利に特に大きな影響を及ぼすこととなります。

そこで、改正法では、このような株式の併合について、組織再編の場合と同様の事前開示手続（第182条の2）および事後開示手続（第182条の6）を設けることとしています。

2　まず、事前開示手続では、①株式の併合について決議する株主総会もしくは種類株主総会の日の2週間前の日または②株主に対する通知もしくは公告の日^(注1)のいずれか早い日から株式の併合の効力発生日後6か月を経過する日までの間、株主総会において決議すべき事項（併合の割合、効力発生日、併合する株式の種類および効力発生日における発行可能株式総数。第180条第2項）その他法務省令で定める事項^(注2)を記載した書面等を本店に備え置くこととしています（第182条の2第1項）^(注3)。

そして、「株主」は、事前開示に係る書類等の閲覧等を請求することができます（第182条の2第2項）。なお、この「株主」とは、種類株式発行会社においては、併合される種類の株式に係る種類株主に限られます（第181条第1項）。

3　また、事後開示手続では、効力発生日後遅滞なく、株式の併合が効力を生じた時における発行済株式の総数その他の株式の併合に関する事項として法務省令で定める事項^(注4)を記載した書面等を作成し（第182条の6第1項）、効力発生日から6か月間、本店に備え置くこととしています（同条第2項）。

そして、株主または効力発生日に株主であった者は、事後開示に係る書面等の閲覧等を請求することができます（第182条の6第3項）。したがって、株式の併合がキャッシュ・アウトに利用される場合には、キャッシュ・アウトにより株式を失った者も、閲覧等を請求することができます。種類株式発行会社において、「株主」が併合される種類の株式に係る種類株主に限られ

る点は、事前開示手続と同様です。

　（注1）　この通知または公告は、効力発生日の20日前までに行う必要があります（第182条の4第3項の規定による第181条第1項の読替え）。

　（注2）　改正省令では、事前開示事項について、全部取得条項付種類株式の取得の場合と同様（Q176（注2）参照）、株式交換における株式交換完全子会社の事前開示事項（施行規則第184条）を参考にして、規定を設けています（施行規則第33条の9）。具体的には、①併合の割合（第180条第2項第1号）および併合する株式の種類（同項第3号）についての定めの相当性に関する事項を事前開示事項とし、その例示として、(i)株式の併合をする株式会社に親会社等がある場合には、当該株式会社の株主（当該親会社等を除きます。）の利益を害さないように留意した事項（当該事項がない場合にあっては、その旨）、(ii)1株に満たない端数の処理をすること（第235条）が見込まれる場合における当該処理の方法に関する事項、当該処理により株主に交付することが見込まれる金銭の額および当該額の相当性に関する事項を挙げています（施行規則第33条の9第1号）。なお、上記(ii)は、全部取得条項付種類株式の取得の場合（Q176（注2）参照）と同様、株式の併合がキャッシュ・アウトの手段として用いられる場合には、少数株主にとっては、最終的に交付されることとなる金銭の額等に関する情報が重要であると考えられること等から、事前開示事項とするものです。

　このほか、②計算書類等に関する事項（施行規則第33条の9第2号）、③備置開始日後株式の併合がその効力を生ずる日までの間に、事前開示事項に変更が生じたときは、変更後の当該事項（同条第3号）を事前開示事項としています。

　（注3）　改正法により事前開示手続制度が設けられたことに伴い、全部取得条項付種類株式の取得の場合と同様（Q176（注3）参照）、株式の併合に関する議案に係る株主総会参考書類記載事項について、株式交換の承認に関する議案に係る株主総会参考書類記載事項（施行規則第88条）に倣った規定を設けることとしています（施行規則第85条の3。Q236参照）。また、株主総会の招集の決定事項についても、①株主総会参考書類記載事項について決定すべき範囲を、株式交換等の承認に関する議案に係る株主総会参考書類記載事項について決定すべき範囲と同様とするとともに（施行規則第63条第3号イ）、②株主総会参考書類が作成されない場合には、株式交換等と同様に、議案の概要等を決定することとしています（同条第7号ニ）。さらに、株式の併合に係る議案は株主提案の対象となり得ることから、株主提案による当該議案に関する株主総会参考書類記載事項が株主から会社に対して通知された場合には、その内容を株主総会参考書類に記載することとしています（施行規則第93条第1項第5号ロ。Q236参照）。

　（注4）　改正省令では、事後開示事項について、全部取得条項付種類株式の取得の場合と同様（Q176（注4）参照）、株式交換における株式交換完全子会社の事後開示事項（施行規則第190条）を参考にして、規定を設けています（施行規則第33条の10）。具体的

には、①株式の併合が効力を生じた日（同条第1号）、②株式の併合の差止請求（第182条の3）に係る手続の経過（施行規則第33条の10第2号）、③株式買取請求（第182条の4）の手続の経過（施行規則第33条の10第3号）、④株式の併合が効力を生じた時における発行済株式（種類株式発行会社にあっては、第180条第2項第3号の種類の発行済株式）の総数（施行規則第33条の10第4号）、⑤これらの事項のほか、株式の併合に関する重要な事項（同条第5号）を事後開示事項としています。

Q183

株式の併合における反対株主の株式買取請求の制度の概要は、どのようなものですか。

A
　1　改正前の会社法では、株式の併合によって生ずる1株未満の端数の処理は、専ら端数の合計数に相当する数の株式の売却等によって得られた代金を端数に応じて株主に交付することによることとされていました（第235条、第234条）。

　もっとも、第182条の2第1項に規定する株式の併合においては、多くの端数が生ずるため、このような処理のみによることとすると、市場価格の下落や、売却先の確保が困難となること等により、端数について適切な対価が交付されないおそれもあります。

　そこで、改正法では、そのような株式の併合によって生ずる端数について、株主に対して適正な対価が交付されることを確保するため、反対株主による株式買取請求の制度を創設することとしています（第182条の4）[注1]。

　2　新設する株式買取請求の制度において、株式買取請求権を有するのは、組織再編等における株式買取請求と同様、「反対株主」です（第182条の4第1項）[注2]。「反対株主」とは、以下のいずれかに該当する株主をいいます（同条第2項）。

① 株式の併合について決議する株主総会に先立って当該株式の併合に反対する旨を当該株式会社に対し通知し、かつ、当該株主総会において当該株式の併合に反対した株主

② 当該株主総会において議決権を行使することができない株主

　3　株式の併合における株式買取請求は、端数となる株式の株主の保護を目的とするものですので、株式の併合により端数となる株式についてのみ認めることとしています。また、ある反対株主が有する端数となる株式の一部についてのみ買取請求がされると、端数処理の手続（第235条）が無用に複雑化するおそれもあるため、反対株主は、自己の有する株式のうち端数となるものの全部につき一括して買取請求をしなければならず、そのうち一部のみを買取請求の対象とすることはできないこととしています（第182条の4第1項）[注3]。

　4　株式の併合における株式買取請求および買取価格の決定に係る手続等

は、価格決定前の支払制度（第182条の5第5項）や整備法により創設される買取口座の制度（振替法第155条）等の規律も含め、基本的に、組織再編等における株式買取請求と同様です（Q187以下参照）。

なお、改正前の会社法では、株式の併合の効力発生日の2週間前までにしなければならないこととされていた株主に対する通知または公告の期限（第181条第1項・第2項）について、改正法では、株式買取請求制度の適用対象となる株式の併合の場合には、会社を新設する類型以外の組織再編等における株式買取請求の場合（第785条第3項等）と同様、効力発生日の20日前までにしなければならないこととしています（第182条の4第3項）。

この株式買取請求に応じた場合の自己株式の取得については、自己株式の取得財源に関する規制（第461条第1項）は適用されませんが、このことを悪用した濫用的な会社財産の還元を防止するため、業務執行者[注4]は、注意を怠らなかったことを証明した場合を除き、会社に対し、分配可能額を超えて株主に支払った額を支払う責任を負うこととしています（第464条第1項）。

（注1）　株式の併合において株式買取請求の制度が導入されたことを踏まえ、改正省令では、株式会社が自己の株式を取得することができる場合として、当該株式買取請求に応じて当該株式会社の株式を取得する場合を加える（施行規則第27条第5号）等の改正をしています。

（注2）　法制審議会会社法制部会では、株式買取請求権を有する株主を反対株主に限るべきではないとの意見も出されました。しかし、あえて反対をしなかった株主の保護の必要性が高いとはいえないこと、会社の予期に反して会社の資金負担の増大が生じる可能性があること、債権者保護の観点等から、要綱では、反対株主に限ることとされました。これを受けて、改正法でも、反対株主に限って、株式買取請求権を有することとしています。

（注3）　「端数となるものの全部」とは本文で述べたような意味であり、株主総会の基準日後に取得した株式が株式買取請求の対象となるか等については、引き続き解釈に委ねられることとなります。

（注4）　改正省令では、第116条第1項各号の行為に係る株式買取請求に応じて株式を取得した場合に責任を負う取締役等について規定する計算規則第159条第9号を参考にして、株式の併合に係る株式買取請求に応じて株式を取得した場合に責任を負う者を定める規定を設けています（同条第10号）。具体的には、①株式の取得による金銭等の交付に関する職務を行った取締役、②株主総会に株式の併合に関する議案を提案した取締役、③当

該議案の提案の決定に同意した取締役（取締役会設置会社の取締役を徐きます。）、④当該議案の提案が取締役会の決議に基づいて行われたときは、当該取締役会の決議に賛成した取締役が当該責任を負うこととしています。

Q184

単元株式数を定款で定めている場合には、当該単元株式数に併合の割合を乗じて得た数に1に満たない端数が生ずるときに限って、株式買取請求を認めることとしたのは、なぜですか。

A 1 ①単元株式数を定めていない株式会社による株式の併合または②単元株式数を定めている株式会社による株式の併合であって当該単元株式数に併合の割合（第180条第2項第1号）を乗じて得た数に1に満たない端数が生ずるものが行われる場合には、多くの端数を生じ、一部の株主が株主の地位を失う可能性もある等、株主の権利に特に大きな影響を及ぼすこととなります。

これに対し、単元株式数に併合の割合を乗じて得た数に1に満たない端数が生じないような場合（例えば、単元株式数が100株で、10株を1株とする株式の併合が行われる場合（併合の割合が10分の1という場合））には、単元未満株式の部分についてしか端数が生じないため、株主への影響が小さいと考えられます。

2 そこで、改正法では、単元株式数を定款で定めている場合には、当該単元株式数に併合の割合を乗じて得た数に1に満たない端数が生ずるときに限って、株式買取請求を認めることとしています（第182条の4。同条における「株式の併合」の意義については、第182条の2第1項参照）。

Q185 株式の併合に関する経過措置の内容は、どのようなものですか。

A 1 改正法では、株式の併合について、効力発生日における発行可能株式総数を株主総会決議事項に追加し（第180条第2項第4号。Q222参照）、事前開示手続および事後開示手続（第182条の2、第182条の6）や端数となる株式の買取請求制度（第182条の4以下）を新設する等の改正をすることとしています（Q181参照）。

2 しかし、改正法の施行日前に、株式の併合の決議（改正前の第180条第2項）をするための株主総会の招集手続が開始された場合には、改正前の規律を前提に、株式の併合に向けた一連の手続が開始されたものといえます。

このような場合に改正後の新たな規律を適用すると、事前開示手続等が必要となり、また、反対株主に株式買取請求権が認められることとなる等、株式の併合をする株式会社やその株主その他の利害関係者の予測に反する結果を招くおそれがあります。また、既に開始した一連の手続のやり直しを余儀なくされる等、無用な混乱やコストを生ずることにもなり得ます。

3 そこで、改正法附則第11条は、改正法の施行日前に株式の併合の決議をするための株主総会の招集手続が開始された場合におけるその株式の併合については、なお従前の例によることとし、改正前の規律を適用することとしています。

第4　株主総会等の決議の取消しの訴えの原告適格

Q186　株主総会等の決議取消しの訴えの原告適格についての改正の概要は、どのようなものですか。

A　1　改正前の会社法では、株主総会等の決議の取消しの訴えを提起することができる者として、当該決議の取消しにより取締役等となる者は挙げられていましたが、当該決議の取消しにより株主となる者は挙げられていませんでした（改正前の第831条第1項）。

2　しかし、そのような者は、株主総会等の決議が取り消されれば株主の地位を回復し得る以上、株主総会等の決議の取消しにより取締役等となる者と同様に、株主総会等の決議の取消しの訴えの原告適格が認められるべきであり、現にこのような者の原告適格を認めた裁判例もあります[注]。

3　そこで、改正法では、明文の規定により、株主総会等の決議の取消しにより株主となる者が当該決議の取消しの訴えを提起することができることを認めることとしています（第831条第1項）。

4　なお、この改正について、特段の経過措置は設けられていません。したがって、施行日前に提起された株主総会等の決議の取消しの訴えについても、施行日後は改正後の規定が適用されることとなります。

（注）　東京高判平成22年7月7日金判1347号18頁。

第3章 組織再編における株式買取請求等

第1 株式買取請求の撤回の制限の実効化

Q187 株式買取請求の撤回の制限を実効化するための改正の概要は、どのようなものですか。

A 1 会社法上は、株式買取請求をした反対株主は、株式会社の承諾を得た場合に限り、その株式買取請求を撤回することができることとされています（改正前の第785条第6項（改正後の同条第7項）等）。この規定の趣旨は、株式買取請求権の濫用（例えば、市場価格のある株式について、株式買取請求をしつつ、その後の株価の動向等により株式を市場で売却した方が有利な状況であれば当該株式買取請求を撤回して市場で売却するなど、株式買取請求を投機的に用いるようなこと）を防ぐ点にあります。

しかし、改正前の会社法および振替法の下では、反対株主は、株式買取請求に係る株式を市場で売却することにより、事実上、会社の承諾を得ることなく株式買取請求を撤回することが可能となっており、現にそのような実例が散見されました。

2 そこで、株式買取請求の撤回の制限をより実効化するため、整備法によって振替法を改正し、株式買取請求に係る株式が振替株式である場合について、買取口座の制度を創設しています（Q188以下参照）。そして、株主が振替株式について株式買取請求をしようとするときは、振替株式の発行者の申請により開設される買取口座（株式買取請求に係る振替株式の振替を行うための口座）を振替先口座とする振替の申請をしなければならないこととし（振替法第155条第1項・第3項）、当該株主が当該振替株式を市場で自由に売却することができないようにしています。これにより、事実上も、株式会社の承諾なく株式買取請求を撤回することができなくなり、株式買取請求の撤回制限の実効化がより図られることとなります[注1][注2]。

312　第 3 章　組織再編における株式買取請求等　第 1　株式買取請求の撤回の制限の実効化

　3　株式買取請求に係る株式が振替株式でない場合についても、同様の趣旨から、①株券が発行されている株式について株式買取請求をしようとするときは、当該株式の株主は、原則として、株式会社に対して当該株式に係る株券を提出しなければならないこととするとともに（第 785 条第 6 項等。Q198 参照）、②株式買取請求に係る株式については、株主名簿の書換えの請求をすることができないこととしています（同条第 9 項等。Q200 参照）。これらの手当てにより、株式買取請求に係る株式を譲渡して、事実上、株式会社の承諾なく株式買取請求を撤回することができないようにしています。

　4　なお、改正法および整備法では、新株予約権および新株予約権付社債についても、株式と同様の規律を設けています（第 787 条第 6 項・第 7 項・第 10 項等、振替法第 183 条、第 215 条）。

　（注 1）　社債、株式等の振替に関する法律施行令第 30 条は、振替株式の併合により端数が生ずる場合の取扱いについて規定しているところ、会社法の一部を改正する法律及び会社法の一部を改正する法律の施行に伴う関係法律の整備等に関する法律の施行に伴う金融庁関係政令の整備に関する政令（平成 27 年政令第 23 号）により、同条について買取口座の創設に伴う改正をしています。すなわち、買取口座に記載または記録がされた振替株式のうち買取りの効力が生じていないものについては、当該買取口座の加入者（当該振替株式の発行者）ではなく株式買取請求をした株主が実体法上の株主であることから、譲渡担保権設定者等を特別株主とする旨の申出（振替法第 151 条第 2 項第 1 号）がされた振替株式（社債、株式等の振替に関する法律施行令第 30 条第 1 項第 1 号）や質権欄に記載または記録がされている振替株式の株主（同項第 2 号）と同様に（仁科秀隆「株券電子化関係政省令の解説〔上〕」旬刊商事法務 1830 号 8 頁（2008 年）参照）、株式買取請求をした株主ごとに、振替株式の併合により減少の記載または記録をすべき数の計算を行うこととしています（同項第 1 号）。振替株式の分割により端数が生ずる場合の取扱いについて規定する同令第 31 条、合併等により他の銘柄の振替株式が交付される際に端数が生ずる場合の取扱いについて規定する同令第 32 条についても、同様の改正をしています。

　（注 2）　社債、株式等の振替に関する命令第 61 条は、振替口座に記載または記録がされている事項を証明した書面の交付等の請求（いわゆる情報提供請求）をすることができる利害関係者を列挙しているところ、一般振替機関の監督に関する命令等の一部を改正する命令（平成 27 年内閣府・法務省令第 2 号）により、同条について買取口座の創設に伴う改正をしています。すなわち、買取口座に記載または記録がされた振替株式のうち買取りの効力が生じていないものについては、当該買取口座の加入者（当該振替株式の発行者）ではなく株式買取請求をした株主が実体法上の株主であることから、振替口座の質権

欄に記載または記録がされている振替株式の株主等（同条第5号）や振替口座の保有欄に記載または記録がされている振替株式の特別株主等（同条第6号）と同様に（仁科秀隆＝池田和世＝麻生裕介「株券電子化関係政省令の解説〔下〕」旬刊商事法務1832号71頁（2008年）参照）、買取口座に記載または記録がされている振替株式等について、当該買取口座を振替先口座とする振替の申請をした振替株式等の株主等を、当該利害関係者に加えることとしています（同条第7号）。

314　第3章　組織再編における株式買取請求等　第1　株式買取請求の撤回の制限の実効化

Q188　振替株式の発行者が買取口座の開設をしなければならないのは、どのような場合ですか。

A　1　整備法[注]では、振替株式の発行者は、組織再編等の株主に株式買取請求権が生じ得る行為をしようとする場合には、振替機関等に対して、株式買取請求に係る振替株式の振替を行うための口座（買取口座）の開設の申出をしなければならないこととしています（振替法第155条第1項）。

2　しかし、例えば、発行者が過去に組織再編等の株主に株式買取請求権が生じ得る行為を行った際に買取口座を開設していた場合等、既に当該発行者が開設の申出をした買取口座があるときは、買取口座を重ねて開設する必要はありません。

また、例えば、簡易組織再編の場合のように、株式買取請求をすることのできる株主が存しない場合（第785条第1項第2号、第797条第1項ただし書等参照。Q203参照）には、株式買取請求がされることがない以上、買取口座を設ける必要はありません。

そこで、整備法では、これらの場合には、発行者は、買取口座の開設の申出をすることを要しないこととしています（振替法第155条第1項ただし書）。

（注）　振替法は、整備法第49条により改正されています。

| Q189 | 反対株主が買取口座への振替の申請をせずに行った株式買取請求の効力は、どうなるのですか。 |

A 整備法による改正後の振替法第155条第3項は、振替株式について株式買取請求をしようとするときは、当該振替株式につき買取口座への振替の申請をしなければならないこととし、買取口座に振替の申請をすることを株式買取請求の要件としています。

したがって、当該申請をせずにされた株式買取請求は、無効となります。ただし、組織再編等をしようとする株式会社が買取口座を開設しなかった場合（振替法第155条第1項参照）や、買取口座の公告をしなかった場合（同条第2項参照）等、株主が買取口座への振替の申請をしないことがやむを得ないと考えられる特別な事情がある場合には、当該申請をせずにされた株式買取請求も有効であると解されます。

316　第3章　組織再編における株式買取請求等　　第1　株式買取請求の撤回の制限の実効化

Q190 買取口座への振替の申請をする場合であっても、株式買取請求を行うことについて個別株主通知をする必要があるのですか。

A　1　改正前の振替法では、振替株式の株主による株式買取請求は、少数株主権等（振替法第147条第4項参照）の行使に該当し、振替株式の株主が株式買取請求をする場合において、振替株式の発行者が当該株主の地位を争ったときは、個別株主通知（振替法第154条）を行う必要があると解されていました[注]。

2　整備法では、株主が振替株式について株式買取請求をしようとする場合には、買取口座を振替先口座とする振替の申請をしなければならないこととしています（振替法第155条第3項）。その結果、会社は、買取口座への振替がされたことおよび当該振替の申請をした者を確認することができれば、株式買取請求をした者が株主であることを確認することができることから、それに加えて個別株主通知を求める実益はないとも考えられます。

しかし、株式買取請求は、少数株主権等の行使に該当するため、会社が株主の地位を争った場合にも個別株主通知を要しないと解することは、文言上困難です。また、個別株主通知が株主であることを発行者に対抗するために必要とされていることに照らして、発行者の負担において株主であることを確認しなければならないこととするのは相当でないと考えられます。

したがって、振替株式について株式買取請求をする株主は、買取口座への振替の申請をした場合であっても、発行者である会社が株主の地位を争う場合には、個別株主通知を行う必要があると解されます。

（注）　最三決平成22年12月7日民集64巻8号2003頁、最二決平成24年3月28日民集66巻5号2344頁参照。

Q191

買取口座については、加入者がこれに記載または記録がされた振替株式についての権利を適法に有するものとの推定が働かないこととしたのは、なぜですか。

A 買取口座の加入者は、振替株式の発行者ですが、株式買取請求に係る株式の買取りの効力が生ずるまでは、買取口座に記載または記録がされた振替株式についての権利は株式買取請求をした株主が有しています（第786条第6項等参照）。

このように、買取口座に記載または記録がされた振替株式の保有者は買取請求をした株主であることがあり得ることから、当該振替株式について加入者である発行者が株主である蓋然性が高いということはできず、当該振替株式につき、加入者が適法に権利を有するものと推定する基礎を欠くことになります。

そこで、買取口座に記載または記録がされた振替株式については、加入者が適法に権利を有するとの推定の対象から除外することとしています（振替法第143条）。

Q192

総株主通知または個別株主通知においては、買取口座に記載または記録がされている株式につき、誰を株主として通知がされるのですか。

A 　1　買取口座に記載または記録がされた振替株式についての権利は、株式買取請求に係る株式の買取りの効力が生ずるまでは、株式買取請求をした株主が有しています。

　そのため、総株主通知においては、当該振替株式の買取りの効力が生じるまでの間は、買取口座を振替先口座とする振替の申請をした振替株式の株主（すなわち、株式買取請求をした株主）を当該振替株式の株主として通知し、当該振替株式の買取りの効力が生じた後にあっては、当該買取口座の加入者（すなわち、当該振替株式の発行者）を当該振替株式の株主として通知することとしています（振替法第151条第2項第3号）。

　2　また、株式買取請求をして、当該振替株式につき買取口座への振替の申請をした株主が個別株主通知の申出をした場合には、振替機関は、発行者に対し、振替株式の買取りの効力が生ずるまでの間は^(注)、当該申請により買取口座に記載または記録がされた振替株式の数等を通知することとしています（振替法第154条第3項第4号）。

　（注）　株式買取請求をした株主が個別株主通知の申出をした場合、株式の買取りの効力が生ずるまでの間は、当該株式は「当該株主についてのもの」（振替法第154条第3項第4号参照）であることから、個別株主通知の対象となります。他方で、株式買取請求に係る株式の買取りの効力が生じた後は、当該株式は「当該株主についてのもの」に該当せず、個別株主通知の対象とはなりません。

Q193

株式買取請求に係る株式の買取りの効力が生ずる時まで、振替株式の発行者が買取口座から自己の口座に振替をすることができないこととしたのは、なぜですか。

A 1 買取口座に記載または記録がされた振替株式についての権利は、株式買取請求に係る株式の買取りの効力が生ずるまでは、株式買取請求をした株主が有しています。

したがって、当該買取りの効力が生ずるまでは、買取口座の加入者である振替株式の発行者が買取口座に記載または記録がされている振替株式を処分することができないようにする必要があります。

2 そこで、株式買取請求に係る株式の買取りの効力が生ずる時までは、買取口座から発行者の口座への振替の申請をすることができないこととしています（振替法第155条第4項）。

なお、振替法第155条第4項が、振替の申請が制限される振替株式について「当該行為に係る株式買取請求に係るものに限る。」という限定を付しているのは、振替株式の発行者が、株式買取請求権が生じ得る行為を複数並行して行い、その結果、複数の原因に基づく株式買取請求が並行してされ、1つの買取口座に複数の原因に基づいてされた株式買取請求に係る振替株式の記載または記録がされている場合が想定されることから、振替の申請が制限されるのは、それぞれの行為を原因とする株式買取請求に係る振替株式に限られることを明らかにするためです。

320 第3章 組織再編における株式買取請求等 第1 株式買取請求の撤回の制限の実効化

Q194 株式買取請求をした株主が当該株式買取請求を撤回し、会社がこれを承諾した場合には、買取口座に記載または記録がされている株式は、どのように取り扱われるのですか。

A 買取口座は、株式買取請求の撤回の制限を実効化するためのものですから、株式買取請求をした株主が、発行者の承諾を得て株式買取請求を撤回した場合には、撤回された株式買取請求に係る振替株式について買取口座に記載または記録をしておく必要はなく、改めて当該株主の口座に記載または記録をする必要があります。

そこで、発行者は、株式買取請求の撤回を承諾したときは、遅滞なく、買取口座に記載され、または記録された振替株式であって当該撤回に係るものについて、当該株式買取請求をした株主の口座を振替先口座とする振替の申請をしなければならないこととしています（振替法第155条第5項）。

Q195

買取口座から振替をすることができる口座や買取口座への振替の申請をすることができる者を制限したのは、なぜですか。

A 1 買取口座は、株式買取請求の撤回の制限を実効化するために創設するものですから、買取口座に記載され、または記録された振替株式について、当該振替株式の買取りの効力が生じた後に発行者の口座に振替をすること[注]と、株式買取請求が撤回された場合に、株式買取請求をした株主の口座に振替をすること以外に振替の申請をすることを認める必要はありません。

そこで、発行者は、買取口座に記載され、または記録された振替株式については、当該発行者または買取口座への振替の申請をした振替株式の株主の口座以外の口座を振替先口座とする振替の申請をすることができないこととしています（振替法第155条第6項）。

2 また、買取口座は、振替株式について株式買取請求がされる場面においてのみ利用することを目的として開設される口座であり、他の目的で買取口座を利用することを認める必要はありません。

そこで、振替株式について株式買取請求をするために買取口座を振替先口座とする振替の申請をする株主以外の加入者は、買取口座を振替先口座とする振替の申請をすることができないこととしています（振替法第155条第7項）。

（注） 発行者は、株式買取請求に係る株式の買取りの効力が生ずる時までは、買取口座から当該発行者の口座への振替をすることができないとされていること（振替法第155条第4項）については、Q193参照。

322　第3章　組織再編における株式買取請求等　　第1　株式買取請求の撤回の制限の実効化

Q196 単元未満株式の株式買取請求をしようとする場合には、買取口座に振替の申請をすることを要しないこととしたのは、なぜですか。

A 単元未満株式の買取請求（第192条第1項）は、請求の時期が限定される他の株式買取請求と異なり、単元未満株主がいつでもすることができることから、買取口座への振替請求をその要件とすると、発行者は常に買取口座を開設しておく必要があることになり、その維持・管理のためのコストや手間が生じます。

　そして、株式買取請求の撤回制限を実効化する必要性のある他の株式買取請求の場面とは異なり、単元未満株式の買取請求については、特に実務的に問題が生じているとの指摘はされていません。また、単元未満株式の流通は必ずしも盛んでないことからも、撤回制限を実効化するための手当てを行う必要性は高いとはいえません。

　以上のことから、単元未満株式の株式買取請求をする場合については、改正前の振替法の規律を維持し(注)、買取口座への振替の申請をすることは要しないこととしています。

　(注)　単元未満株式の買取請求がされた場合には、発行者は、振替株式の株主に対し、代金の支払と引換えに発行者の口座に振り替えることを請求することができることとする改正前の振替法の規律（改正前の振替法第155条）を、改正後も維持しています（振替法第155条第8項）。

Q197

買取口座に記載または記録がされた振替新株予約権付社債に係る証明書の交付に関する改正の内容は、どのようなものですか。

A 1 振替法上、振替新株予約権付社債については、社債原簿の記載または記録がその譲渡の対抗要件となりません（振替法第224条は、振替新株予約権付社債について、会社法第688条第1項の適用を除外しています。）。そのため、振替新株予約権付社債の振替新株予約権付社債権者が会社法第718条第1項の規定による社債権者集会の招集の請求等をする場合には、その地位を証明するため、振替新株予約権付社債権者が振替機関等から振替口座簿に記載または記録がされている事項を証明した書面の交付を受けた上で、発行者、社債管理者等に当該書面を提示しなければならないこととされています（振替法第222条第1項）。

2 整備法では、振替新株予約権付社債についても、振替株式と同様、買取口座の制度を創設することとしています（振替法第215条）。そして、買取口座に記載または記録がされた振替新株予約権付社債についての権利は、新株予約権付社債買取請求に係る新株予約権付社債の買取りの効力が生ずるまでは、当該新株予約権付社債買取請求をした振替新株予約権付社債権者が有しています。そこで、当該振替新株予約権付社債権者は、買取口座に記載または記録がされている当該申請に係る振替新株予約権付社債についての証明書の交付を請求することができることとしています（振替法第222条第5項）。

なお、当該新株予約権付社債権者の自己の口座に記載または記録がされている振替新株予約権付社債に係る証明書（振替法第222条第3項）とは異なり、証明書の記載事項に振替法第194条第3項「第三号に掲げる数のうち当該振替新株予約権付社債権者の申請に係るものの数並びに当該振替新株予約権付社債権者の氏名又は名称及び住所」を加えている（振替法第222条第5項）のは、買取口座の加入者（発行者）と当該買取口座に記載または記録がされた振替新株予約権付社債についての権利を有する者が異なることから、買取口座の記載事項ではないこれらの事項を証明書に記載する必要があるためです。

ただし、新株予約権付社債買取請求に係る新株予約権付社債の買取りの効

力が生じた後は、当該新株予約権付社債買取請求をした振替新株予約権付社債権者は、買取口座に記載または記録がされた振替新株予約権付社債についての権利を有しないため、この場合には証明書の交付を請求することができないこととしています（振替法第222条第5項第1号）。また、証明書の二重交付を防ぐため、既にこの証明書の交付を受けた者であって、当該証明書を振替機関等に返還していないものも、この証明書の交付を請求することができないこととしています（同項第2号）。

　3　振替新株予約権付社債権者による新株予約権付社債買取請求が撤回された場合には、買取口座に記載または記録がされた振替新株予約権付社債は当該振替新株予約権付社債権者の口座に振り替えられます（振替法第215条第6項参照）。その結果、買取口座に記載または記録がされている当該振替新株予約権付社債の数が減少し、当該振替新株予約権付社債権者の口座に記載または記録がされている振替新株予約権付社債の数が増加することとなります。

　このため、新株予約権付社債買取請求をした振替新株予約権付社債権者が、当該請求を撤回する前に、振替法第222条第5項の規定により証明書（当該証明書には、当該新株予約権付社債買取請求に係る新株予約権付社債の数が記載されています。）の交付を受けた上で、当該請求の撤回後に同条第3項の規定により証明書（当該証明書には、振替法第215条第6項の規定により買取口座から振り替えられた新株予約権付社債の数が記載されます。）の交付を受ける場合には、撤回された新株予約権付社債買取請求に係る振替新株予約権付社債が二重に証明されることとなる事態が生ずるおそれがあります。

　そこで、このような事態が生ずることを避けるために、買取口座の加入者である発行者は、振替法第222条第5項本文の規定により証明書の交付を受けた振替新株予約権付社債権者が当該証明書を振替機関等に返還するまでの間は、当該証明書における証明の対象となった振替新株予約権付社債であって買取口座に記載または記録がされているものについては、振替新株予約権付社債権者の口座を振替先口座とする振替の申請をしてはならないこととしています（同条第6項）。

Q198
株券が発行されている株式について株式買取請求をしようとするときは、当該株式の株主は、当該株式に係る株券を提出しなければならないこととしたのは、なぜですか。

A 1 改正前の会社法では、株券が発行されている株式について株式買取請求がされた場合に、当該株券を提出することは要求されていませんでした。しかし、株式買取請求がされた後も当該株券が株式買取請求をした者の手元に残るとすると、当該者から当該株券に係る株式が第三者に譲渡され、当該株券に係る株式について善意取得がされるおそれがあります（第131条第2項参照）。その結果、事実上、株式会社の承諾を得ることなく株式買取請求を撤回することが可能となるとともに、当該譲渡が株式の買取りの効力発生後にされた場合には、株式会社は、株式買取請求をした者に対して当該株式の代金を支払う義務を負い続けると同時に、当該株券の所持人を正当な株主として取り扱わなければならないこととなるおそれがあります(注1)。

他方で、株主が株式買取請求をすることができる期間は効力発生日の20日前から効力発生日の前日までであるため（第785条第5項等）、株式買取請求をした時から買取りの効力が生ずるまでの間、当該請求をした株主が株券を保有し続けるべき法的利益はないと考えられます。

そこで、改正法では、株券が発行されている株式について株式買取請求をしようとするときは、当該株式の株主は、原則として、当該株式に係る株券を提出しなければならないこととしています（第785条第6項等）。

2 もっとも、このような規定を設けることにより、株券を提出することができない株主が、株式買取請求権を行使することができないこととなるのは相当でありません。そこで、株券を喪失して提出することができない株主であっても、当該株券について株券喪失登録の請求（第223条）をした者については、株式買取請求をするために株券を提出することを要しないこととしています（第785条第6項ただし書等）(注2)。

（注1） もっとも、この場合、株式買取請求をした者は、株券を提出することができないので、会社は、株式の代金の支払を拒むことができます（第786条第7項）。

326　第3章　組織再編における株式買取請求等　　第1　株式買取請求の撤回の制限の実効化

（注2）　新株予約権証券が発行されている新株予約権および新株予約権付社債券が発行されている新株予約権付社債についても、株券が発行されている株式と同様の取扱いをすることとしています。すなわち、これらにつき買取請求をしようとする場合には、原則として、それぞれ新株予約権証券または新株予約権付社債券を提出しなければならないこととした上で、新株予約権証券または新株予約権付社債券を喪失してこれを提出することができない場合にも買取請求をすることができるようにするため、当該新株予約権証券または新株予約権付社債券について有価証券無効宣言公示催告の申立て（非訟事件手続法第114条）をした者については、これらの提出を要しないこととしています（第777条第6項・第7項等参照）。

Q199

株券が発行されている株式について株式買取請求をしようとする場合には、当該株式に係る株券を提出しなければならないこととするにもかかわらず、当該株券と引換えに当該株式買取請求に係る株式の代金を支払わなければならないこととする改正前の第786条第6項（改正後の同条第7項）等を削除しなかったのは、なぜですか。

A 改正法では、株券が発行されている株式について株式買取請求をしようとするときは、当該株式の株主は、原則として、当該株式に係る株券を提出しなければならないこととしています（第785条第6項等。その趣旨について、Q198参照）。そうすると、株券発行者は、当該株券と引換えに当該株式買取請求に係る株式の代金を支払わなければならないとする改正前の会社法の規律（改正前の第786条第6項等）は不要になるとも考えられます。

しかし、当該株券について株券喪失登録の請求（第223条）をした者については、株式買取請求をするために株券を提出することを要しないこととしています（第785条第6項ただし書等）。

このように株券を提出することなく株式買取請求をした株主は、株券の失効後に新しい株券の再発行を受けることとなるため（第228条第2項参照）、改正前の第786条第6項等の規律を設けておかなければ、株式買取請求に係る株式の代金の支払がされたにもかかわらず、当該株式に係る株券が株主の手元に残る事態が生じ得ることになります。そこで、このような場合に備え、改正前の第786条第6項（改正後の同条第7項）等を削除せずに、株券発行会社は、当該株券と引換えに当該株式買取請求に係る株式の代金を支払わなければならないとする規律を維持することとしています[注]。

（注）　株式買取請求を行うに当たって既に株券を株式会社に提出している株主が、改めて株券を提出する必要がないことは、当然です。

Q200 株式買取請求に係る株式については、第133条の規定の適用を除外し、株主名簿の書換えの請求をすることができないこととしたのは、なぜですか。

A 株券不発行会社の株式については、意思表示のみによって譲渡することが可能であるため、株式買取請求をした株主が当該請求後に株式の譲渡をすることで、実質的に株式会社の承諾なく株式買取請求を撤回することができてしまいます。もちろん、株式会社が名義書換請求に応じなければ、株式の譲受人を株主と扱う必要はありませんが（第130条第1項参照）、譲渡人が株式買取請求をしながら譲受人に株式を譲渡したということが、名義書換請求を拒絶することができる正当な理由に該当するかどうかは、必ずしも明確ではありません。

そこで、改正法では、株式会社がこのような名義書換請求を受け得る地位に置かれることを防止し、名義書換がされる余地をなくすことにより、株式買取請求の撤回制限の実効化を図るため、株式買取請求に係る株式については、第133条の規定の適用を除外し、会社に対する対抗要件である株主名簿の書換えを請求することができないこととして、株式の譲渡が会社に対抗されることを防ぐこととしています（第785条第9項等）。

なお、株式会社の承諾を得て株式買取請求が撤回された場合（第785条第7項等）や株式買取請求がその効力を失った場合（同条第8項等）には、もはや「株式買取請求に係る株式」とはいえないことから、同条第9項等の適用はなく、当該株式について名義書換請求をすることができることになります。

第2　株式買取請求に係る株式等の買取りの効力が生ずる時

Q201 存続株式会社等についても、株式買取請求に係る株式等の買取りの効力が生ずる時を代金支払時から効力発生日に改めたのは、なぜですか。

A　1　改正前の会社法では、第116条第1項各号の行為をする株式会社、事業譲渡等をする株式会社、存続株式会社等、吸収分割株式会社または新設分割株式会社に対する株式買取請求について、株式買取請求に係る株式の代金の支払時に、その買取りの効力が生ずることとされていました（改正前の第117条第5項、第798条第5項等）。

そのため、株主が株式買取請求をした後、株式の買取りの効力が生じるまでの間、当該株主は、当該株式に係る剰余金配当受領権や議決権等の株主の権利を有すると解され得ました(注)。

2　他方で、株式買取請求を受けた会社は、価格決定の申立てにつき裁判所の決定する価格に対し、効力発生日から60日が経過した後年6分の利息を支払わなければなりません（第798条第4項等）。その結果、株式買取請求をした株主は、その代金につき年6分の利息を受領しつつ、剰余金配当請求権も有し得ることとなるという、いわば二重取りをすることができることとなり、相当ではありません。

また、株主が株式買取請求をした場合には、当該株主はその株式の保有を継続しない意思を明確にしていると考えられますので、代金の支払時まで剰余金配当受領権、議決権その他の株主としての権利の行使を認める必要はないと解されます。

3　そこで、改正法では、改正前の会社法においては代金支払時に株式の買取りの効力が生ずるとされていた各株式買取請求について、株式の買取りの効力が生ずる時を、代金支払時から組織再編等の効力発生日に改めることとしています（第798条第6項等）。

4　なお、全部取得条項付種類株式を用いてキャッシュ・アウトを行う場合には、全部取得条項付種類株式に関する定めを設ける定款変更を行うこと

が通例です。この定款変更について、反対株主は株式買取請求をすることができます（第116条第1項第2号）。そして、改正前の会社法では、株式買取請求に係る株式の買取りの効力は当該株式の代金支払時に生ずるとされていたところ（改正前の第117条第5項）、反対株主は、代金が支払われることにより買取りの効力が生ずる前に全部取得条項付種類株式の取得の効力の発生によって株式を失う結果、当該株式買取請求に係る株式の価格決定の申立て（第117条第2項）の適格を欠くこととなり、当該申立ては不適法になるとした最高裁決定がありました（最二決平成24年3月28日民集66巻5号2344頁）。これに対し、改正法では、上記のとおり、当該株式買取請求に係る株式の買取りの効力は定款変更の効力発生日に生ずることとしており（第117条第6項）、この最高裁決定の前提が変更されることになることから、改正法による改正後は、株式買取請求に係る株式の価格決定申立ては不適法とならないものと考えられます。

　（注）　株式買取請求をした株主が、当該株式について、剰余金配当受領権や議決権といった株主の権利を有するか否かについては、改正前の会社法では明文の規定はありませんでした。しかし、代金の支払時にその買取りの効力が生ずるとされている以上、株主は当該代金の支払時までの間は、引き続きこれらの権利を有すると解され得ました。

第3 株式等に係る価格決定前の支払制度（仮払制度）

Q202 株式買取請求に係る株式等について、価格決定前の支払制度（いわゆる仮払制度）を新設したのは、なぜですか。

A 1 会社法上は、株式買取請求に係る株式等について、裁判所に価格決定の申立てがされた場合には、消滅株式会社等または存続株式会社等は、裁判所の決定した価格に対する組織再編の効力発生日から60日の期間の満了の日後の年6分の利率により算定した利息を支払わなければならないこととされています（第786条第4項等）。しかし、現在の経済状況等を踏まえると、年6分の利率による利息が付くことが株式買取請求の濫用を招く原因となっているとの指摘がされていました。また、この点に関しては、実務上、早期の支払およびそれによる会社の利息の負担の軽減のために、裁判所による価格の決定がされる前に、反対株主と会社との間で、会社が、反対株主に対し、株式買取請求に係る株式につき、一定の価格を支払う旨の合意をすることがあるとの指摘もされていました。

2 そこで、改正法では、早期の支払およびそれによる会社の利息の負担の軽減を可能とするとともに、株式買取請求の濫用を防止するという観点から、株式買取請求があった場合には、会社は、反対株主に対し、株式の価格の決定がされる前に、当該会社が公正な価格と認める額を支払うことができることとしています（第786条第5項等）。

この価格決定前の支払制度が新設されることにより、会社が、株式買取請求をした株主に対し、公正な価格と認める額を提供すれば、適法な弁済の提供をしたこととなります。したがって、当該株主がその受領を拒絶した場合には、会社は弁済供託をすることができることになります（民法第494条）。

3 なお、会社がこの制度による支払（上記2の弁済供託を含みます。）をした場合には、第786条第4項等の規定にかかわらず、当該支払をした額に対する当該支払後の利息を支払う義務を負わないこととなります。

すなわち、会社が反対株主に対して支払うこととなる額の総額は、(a)会社が公正な価格として支払った額およびこれに対する利息発生日（組織再編の

効力発生日または設立会社の成立の日から60日が経過した日）から当該支払をした日までの利息（利息発生日後に当該支払をしたときに限ります。）ならびに(b)会社が公正な価格として支払った額と株式買取請求に係る株式の価格として決定された額との差額および当該差額に対する利息発生日後の利息となります。

4　このほか、改正法では、全部取得条項付種類株式の取得に係る価格決定等についても、価格決定前の支払制度を設けることとしています（第172条第5項等。Q175等参照）。

第4 簡易組織再編、略式組織再編等における株式買取請求

Q203
存続株式会社等において簡易組織再編の要件を満たす場合に反対株主が株式買取請求権を有しないこととしたのは、なぜですか。

A 1 改正前の会社法では、存続株式会社等（吸収合併存続株式会社、吸収分割承継株式会社または株式交換完全親会社）において簡易組織再編の要件を満たす場合（改正前の第796条第3項）および譲受会社において簡易事業譲渡の要件を満たす場合（第468条第2項）には、存続株式会社等または譲受会社の全ての株主が株式買取請求権を有することとされていました（改正前の第797条第2項第2号、第469条第2項第2号）。

しかし、株式買取請求の制度趣旨は、会社組織の基礎に本質的変更をもたらす行為に反対する株主に投下資本を回収する機会を与えるものであるところ、会社法が簡易組織再編や簡易事業譲渡について株主総会の決議を要しないこととしたのは、これらが会社やその株主に及ぼす影響が軽微であるためです。会社法上、簡易組織再編や簡易事業譲渡につき、このようなことを前提に規律が設けられている以上、これらの行為は、会社組織の基礎に本質的変更をもたらす行為とはいえず、会社がこれらの行為をする場合には、反対株主は、株式買取請求権を有しないこととするのが相当と考えられます[注]。

2 そこで、改正法では、存続株式会社等において簡易組織再編の要件を満たす場合および譲受会社において簡易事業譲渡の要件を満たす場合には、存続株式会社等および譲受会社の株主は、株式買取請求権を有しないこととしています（第797条第1項ただし書、第469条第1項第2号）。

（注） 簡易合併や簡易分割の場合には、存続会社または承継会社が承継する事業等に潜在債務が存する場合には、存続会社または承継会社の株主が大きな影響を受けるおそれもあります。しかし、このような場合も、当該株主は一定数の反対により株主総会決議を求め、また、役員等の損害賠償責任を追及することが可能であるため、簡易株式交換の場合と区別することなく、その株主は、株式買取請求権を有しないこととしています。

334　第3章　組織再編における株式買取請求等　　第4　簡易組織再編、略式組織再編等における株式買取請求

Q204
略式組織再編または略式事業譲渡の要件を満たす場合に、株式買取請求をすることができる株主から特別支配会社を除くこととしたのは、なぜですか。

A　1　会社法上、株主が株式買取請求をするための要件として、組織再編等をするために株主総会の決議を要する場合に、当該株主総会において当該組織再編等に反対することが要求されているのは（第785条第2項第1号イ等）、株主が組織再編等に賛成している場合に株式買取請求を認める必要はないためです。他方で、いわゆる略式組織再編の要件を満たす場合には、株主総会の決議による承認を要しないことから（第784条第1項等）、改正前の会社法では、全ての株主が株式買取請求をすることができることとされていました（改正前の第785条第2項第2号等）。

　しかし、いわゆる略式組織再編の要件を満たす場合に株主総会の決議による承認を要しないこととされているのは、特別支配会社が組織再編の相手方である場合には、仮に株主総会を開催したとしても、特別支配会社による賛成の議決権行使により、当該組織再編が株主総会において承認されることが明らかであるためです。

　これらのことからすれば、特別支配会社に株式買取請求を認めるべき合理的な理由はありません。そこで、株式買取請求をすることのできる株主から特別支配会社を除くこととしています（第785条第2項第2号括弧書等）。

　2　また、いわゆる略式事業譲渡においても、これと同様の理由により、株式買取請求をすることのできる株主から特別支配会社を除くこととしています（第469条第2項第2号括弧書）。

第5　経過措置

Q205　株式買取請求権に関する規律の見直しに係る経過措置の内容は、どのようなものですか。

A　1　改正法および整備法においては、株式買取請求に関して、買取口座の制度の創設（振替法第155条第1項）や株券が発行された株式の株主による株式買取請求（第785条第6項等）、株式買取請求に係る株式等の買取りの効力が生ずる時に関する規律の改正（第798条第6項等）、株式等に係る価格決定前の支払制度（仮払制度）の創設（第786条第5項等）等を行うこととしています。

しかし、株式買取請求が認められている第116条第1項各号の行為、事業譲渡等、合併、吸収分割、新設分割、株式交換または株式移転に係る手続が施行日前に開始された場合には、改正前の規律を前提に一連の手続が開始されたものといえますので、これらに改正後の新たな規律を適用すると、会社や株主の予測に反し、無用な混乱やコストを生じさせることとなります。

2　そこで、改正法附則第8条は、第116条第1項各号の行為について、施行日前に当該行為に係る決議をするための株主総会の招集手続が開始された場合（当該行為をするために株主総会の決議を要しない場合にあっては、当該行為に係る取締役会の決議または取締役もしくは執行役の決定が行われたとき）におけるその行為に係る株式買取請求については、なお従前の例によることとし、改正前の規律を適用することとしています。

また、改正法附則第18条および第20条は、施行日前に事業譲渡等に係る契約が締結された場合におけるその事業譲渡等および施行日前に合併契約、吸収分割契約もしくは株式交換契約が締結され、または新設分割計画もしくは株式移転計画が作成された合併、吸収分割、新設分割、株式交換または株式移転については、なお従前の例によることとし、改正前の規律を適用することとしています。

さらに、整備法では、改正法附則第8条、第18条または第20条の規定によりなお従前の例によることとされる場合における第116条第1項各号の行

為、第 468 条第 1 項に規定する事業譲渡等、合併、吸収分割、新設分割、株式交換または株式移転に係る株式買取請求に関する会社法の特例については、なお従前の例によることとして（整備法第 50 条第 1 項）、買取口座の制度を適用しないこととしています[注]。

(注) 新株予約権買取請求および新株予約権付社債買取請求についても、同様の経過措置を設けています（改正法附則第 9 条、第 20 条、整備法第 50 条第 2 項）。
なお、整備法では、買取口座の制度の適用対象とされている株式の併合につき、特段の経過措置は設けていません（整備法第 50 条第 1 項参照）。これは、株式の併合における株式買取請求（第 182 条の 4）は改正法により新設されるものであるところ（他方で、株式の併合以外の買取口座の制度の適用対象とされている行為については、改正前の会社法でも株式買取請求をすることが認められていました。）、改正法附則第 11 条の規定により、施行日前に株式の併合の決議をするための株主総会の招集手続が開始された場合には、なお従前の例によることとされる結果、この場合には株式買取請求自体をすることができませんので、買取口座に係る経過措置を設ける必要がないためです。

第4章 組織再編等の差止請求

Q206

組織再編等の差止請求に係る規定を新設する理由は、何ですか。

A 　1　改正前の会社法では、総株主の議決権の10分の9以上を有する株主との間の組織再編（いわゆる略式組織再編）については、株主による差止請求に係る明文の規定が設けられていましたが（改正前の第784条第2項、第796条第2項）、略式組織再編以外の通常の組織再編については、このような明文の規定は置かれていませんでした。

　そして、通常の組織再編につき株主による差止めが認められるかどうかについては、解釈論においても見解が分かれていました。また、改正前の会社法において株主や債権者が組織再編の効力を争う手段としては、組織再編の無効の訴えがありましたが（第828条）、事後的に組織再編の効力が否定されることは法律関係を複雑・不安定にするおそれもあります。そうであれば、株主が、当該組織再編の効力発生前に、その差止めを請求することができることとするのが相当と考えられます。

　そこで、改正法では、株主が不利益を受けるような組織再編に対する事前の救済手段として、一般的な組織再編の差止請求に係る明文の規定を新設することとしています。具体的には、組織再編が法令または定款に違反し、当事会社の株主が不利益を受けるおそれがあるときは、株主は、当該組織再編の差止めを請求することができることとしています（第784条の2、第796条の2、第805条の2）[注1][注2]。

　もっとも、いわゆる簡易組織再編（第784条第2項、第796条第2項、第805条）の要件を満たす場合については、株主に及ぼす影響が軽微であるとして株主総会の決議が不要とされていることに鑑み、株主は、当該組織再編の差止めを請求することができないこととしています（第784条の2ただし書、第796条の2ただし書、第805条の2ただし書）。

　2　このほか、全部取得条項付種類株式の取得および株式の併合について

338 第4章 組織再編等の差止請求

も、これらの行為が法令または定款に違反し、株主が不利益を受けるおそれ
がある場合に、事後的にその効力を否定すれば法律関係が複雑・不安定とな
る可能性があり、事前の救済手段を設ける必要があるのは組織再編の場合と
同様です。そこで、改正法では、これらの行為についても、差止請求に係る
規定を新設することとしています（第171条の3、第182条の3。Q175、Q181
参照）。

　3　また、新設する株式売渡請求制度についても、事後的にその効力を否
定すれば法律関係が複雑・不安定となる可能性があり、事前の救済手段を設
ける必要があることは、組織再編等と同様です。また、株式売渡請求による
売渡株式の取得については、対象会社の株主総会の決議を要しないため、株
主が株主総会の決議の取消しの訴え（第831条）等によりキャッシュ・アウ
トの効力の発生を事前に阻止する余地がありません。そこで、改正法では、
売渡株主の事前の救済手段として、売渡株式等の全部の取得の差止請求に係
る規定を設けることとしています（第179条の7第1項。Q171参照）。

　（注1）　これに伴い、組織再編の差止請求については、略式組織再編の差止請求も含め
て、第784条の2および第796条の2にまとめて規定し、略式組織再編の差止請求に関す
る改正前の第784条第2項および第796条第2項を削ることとしています。そして、各項
第1号（法令・定款違反）に規定されていた差止事由と同一の差止事由を通常の組織再編
と共通の差止事由として、また、各項第2号（組織再編の対価が著しく不当であること）
に規定されていた差止事由と同一の差止事由を略式組織再編固有の差止事由として、それ
ぞれ第784条の2および第796条の2の各号に規定しています。
　（注2）　これを受けて、改正省令では、組織再編の事後開示事項として、差止請求に係
る手続の経過を追加することとしています（施行規則第189条第2号イ等）。また、全部
取得条項付種類株式の取得（施行規則第33条の3第2号。Q176（注4）参照）、株式等売
渡請求（施行規則第33条の8第2号。Q160（注6）参照）および株式の併合（施行規則
第33条の10第2号。Q182（注4）参照）についても、同様に差止請求に係る手続の経過
を事後開示事項としています。

Q207

差止請求の要件である「法令又は定款」の違反には、取締役の善管注意義務・忠実義務の違反や、組織再編の対価が不相当である場合も含まれるのですか。

A

1 改正前の会社法において、略式組織再編等についての差止請求の要件とされていた「法令又は定款」の違反（改正前の第784条第2項第1号、第796条第2項第1号）とは、会社を規範の名宛人とする法令または定款の違反を意味しており、取締役の善管注意義務や忠実義務の違反を含まないと解されていました。

このことからすれば、改正法で新設する組織再編の差止請求の要件である「法令又は定款」の違反（第784条の2第1号、第796条の2第1号、第805条の2）についても、これと同様、取締役の善管注意義務や忠実義務の違反を含まないと解されます。

2 そして、組織再編において当事会社の株主に交付される対価が不相当である場合には、当事会社の取締役の善管注意義務・忠実義務の違反の問題が生じ得るとしても、この対価が不相当であることが会社を名宛人とする「法令又は定款」の違反となることはないと解されます。また、改正前の会社法において株主による差止請求が認められていた略式組織再編においても、法令または定款の違反と、組織再編の対価が不相当である場合とは別の差止事由として規定されていました（改正前の第784条第2項第1号・第2号等参照）。

したがって、組織再編の対価が不相当であるということは、その差止請求の要件である「法令又は定款」の違反には含まれないと解されます。

340　第4章　組織再編等の差止請求

Q208 組織再編等の差止請求に関する経過措置の内容は、どのようなものですか。

A 1　改正法では、組織再編について、明文の規定によって、株主による差止請求を認めることとしています（第784条の2、第796条の2、第805条の2。Q206参照）。

　そして、施行日前に合併契約等が締結され、または新設分割計画等が作成された場合には、改正前の規律を前提に組織再編に向けた一連の手続が開始されたものといえますので、これに改正後の新たな規律を適用し、差止請求を認めるとすると、株式会社や株主その他の利害関係者の予測に反し、無用な混乱やコストを生じさせることになります。

　そこで、改正法附則第20条は、施行日前に合併契約等が締結され、または新設分割計画等が作成された合併等については、なお従前の例によることとし、改正前の規律を適用することとしています。

　2　組織再編と同様、明文の規定によって差止請求を認めることとしている全部取得条項付種類株式の取得（第171条の3）および株式の併合（第182条の3）についても、施行日前に株主総会の招集手続が開始された場合には、改正前の規律を前提として一連の手続が開始されたものといえます。このような場合に改正後の新たな規律を適用し、差止請求を認めるとすると、株式会社や株主その他の利害関係者の予測に反し、無用な混乱やコストを生じさせることになります。

　そこで、改正法附則第10条および第11条は、施行日前に株主総会の招集手続が開始された場合におけるその全部取得条項付種類株式の取得および株式の併合については、なお従前の例によることとし、改正前の規律を適用することとしています（Q180、Q185参照）。

　3　なお、株式等売渡請求制度については、売渡株式等の全部の取得の差止請求に係る規定を設けていますが（第179条の7第1項）、株式等売渡請求制度自体が新たに設ける制度であって、施行日前に手続が開始されることもないことから、特に経過措置は設けていません。

第5章 会社分割等における債権者の保護

第1 分割会社に知れていない債権者の保護

Q209 分割会社に知れていない債権者の保護に関する改正（第759条第2項・第3項等の改正）の概要は、どのようなものですか。

A 1 吸収分割会社の債権者が吸収分割について異議を述べることができる場合には、吸収分割会社は、債権者が一定期間内に異議を述べることができる旨等を公告し、かつ、異議を述べることができる債権者であって、吸収分割会社に知れているものには、各別の催告をしなければならないこととされています（第789条第2項）。その上で、当該公告を、官報に加えて、日刊新聞紙に掲載する方法または電子公告により行う場合には、不法行為によって生じた吸収分割会社の債務の債権者（不法行為債権者）を除き、各別の催告をすることを要しないこととされています（同条第3項）。そして、改正前の会社法では、吸収分割について異議を述べることができる債権者のうち「各別の催告をしなければならないもの」^(注1) が各別の催告を受けなかった場合には、当該債権者は、吸収分割契約において吸収分割会社または吸収分割承継株式会社のいずれか一方に対して債務の履行を請求することができないこととされているときであっても、その双方に対して債務の履行を請求することができることとされていました（改正前の第759条第2項・第3項）。

そのため、吸収分割会社に知れていない債権者については、吸収分割会社が各別の催告をすることを要しないことから、当該債権者は、官報公告のみが行われた場合（不法行為債権者にあっては、官報公告に加えて、日刊新聞紙に掲載する方法または電子公告による公告が行われた場合を含みます。）に、各別の催告を受けなかったとしても、改正前の第759条第2項または第3項の規

定の適用はなく、吸収分割契約の内容に従い、吸収分割会社または吸収分割承継株式会社のいずれか一方に対してしか債務の履行を請求することができないこととなっていました。

2 しかし、行われた公告の方法は同じであり、かつ、各別の催告を受けていないという点においても同じである（したがって、債権者が受領し得た情報にも差異がない）にもかかわらず、その債権者が吸収分割会社に知れているかどうかという吸収分割会社側の事情によって、債権者の保護の在り方に差を設ける合理的な理由はないと考えられます。

そこで、改正法では、吸収分割会社に知れているかどうかにかかわらず、吸収分割に対して異議を述べることができる債権者であって、各別の催告を受けなかったもの（吸収分割会社が、官報公告に加え、日刊新聞紙に掲載する方法または電子公告による公告を行った場合には、不法行為債権者に限ります。）は、吸収分割契約の内容いかんにかかわらず、吸収分割会社および吸収分割承継株式会社の双方に対して債務の履行を請求することができることとしています（第759条第2項・第3項）(注2)(注3)。

3 また、持分会社に権利義務を承継させる吸収分割が行われる場合および株式会社または持分会社を設立する新設分割が行われる場合にも、同様の改正を行っています（第761条第2項・第3項、第764条第2項・第3項、第766条第2項・第3項）。

4 なお、改正法の施行日前に吸収分割契約が締結された吸収分割および新設分割計画が作成された新設分割については、なお従前の例によることとしていますので（改正法附則第20条）、改正後の規定は、改正法の施行日以後に吸収分割契約が締結された吸収分割および新設分割計画が作成された新設分割について適用されることとなります。

（注1） 不法行為債権者以外の債権者については、官報公告に加え、日刊新聞紙に掲載する方法または電子公告による公告を行う場合には、各別の催告を要しませんので、これに含まれません。

（注2） 平成17年改正前の商法では、会社分割をする会社の債権者であって、当該会社に知れていないものについては、各別の催告をすることは要しませんが、当該会社が当該債権者に対し各別の催告をしなかったときは、当該債権者（当該会社が、官報公告に加え、日刊新聞紙に掲載する方法または電子公告による公告を行う場合には、不法行為債権

者に限ります。）は、当該会社および会社分割によって営業を承継し、または分割により設立された会社の双方に対して債務の履行を請求することができることとされていました（同法第374条ノ26等）。

改正法は、吸収分割会社に知れていない債権者を、平成17年改正前の商法と同様に保護の対象とするものです。

（注3）　官報公告に加え、日刊新聞紙に掲載する方法または電子公告による公告を行った場合において、保護の対象となる債権者を不法行為債権者に限っているのは、このように二重の公告がされた場合に各別の催告をすることを要しないこととされる債権者から、不法行為債権者が除外されていることによるものです。そして、二重の公告がされた場合でも、不法行為債権者に対しては個別の催告が必要とされているのは、会社と取引関係のない不法行為債権者に会社の公告を確認することを期待することは酷であるからです。

第2 詐害的な会社分割等における債権者の保護

Q210 詐害的な会社分割に対応する規定（第759条第4項等）を設けた趣旨は、何ですか。

A 1 近時、詐害的な会社分割が行われているとの指摘がされています。詐害的な会社分割とは、例えば、吸収分割において、吸収分割会社が、吸収分割承継会社に債務の履行を請求することができる債権者と吸収分割承継会社に承継されない債務の債権者とを恣意的に選別した上で、吸収分割承継会社に優良事業や資産を承継させ、その結果、承継されない債権者が十分に債務の弁済を受けることができないこととなるなどの承継されない債権者を害する会社分割をいいます。

2 これまで、このような詐害的な会社分割において承継されない債権者の保護を図るための方策の1つとして、民法上の詐害行為取消権（同法第424条）が用いられていました[注]。しかし、民法上の詐害行為取消権が行使された場合、判例上、逸出した財産の現物を返還することが原則とされていますが、吸収分割承継会社が、吸収分割会社から承継した事業を構成する資産を返還しなければならないとすると、吸収分割承継会社における当該事業の継続および当該事業に係る従業員や取引先等の利益を害する結果となるおそれがあります。また、吸収分割承継会社が吸収分割会社から承継した事業を継続しているため、承継した資産の内容が変動しており、承継されない債権者が、吸収分割承継会社に承継された資産を特定してこれを返還させることは著しく困難です。そのため、判例では、価格賠償によることが認められていますが、そうであれば、承継されない債権者の保護を図るために会社分割そのものを取り消すまでの必要はなく、端的に、このような債権者は、吸収分割承継会社に対して、債務の履行を直接請求することができることとすることが直截かつ簡明であると考えられます。

3 そこで、改正法においては、吸収分割会社が承継されない債権者を害することを知って会社分割をした場合には、当該債権者は、吸収分割承継株式会社に対して、債務の履行を請求することができることとしています（第

759 条第 4 項)。

　なお、この「債権者を害する」という要件は、民法上の詐害行為取消権の要件を参考にしたものであり、民法上の詐害行為取消権においては、典型的には、債務者の財産処分行為によって債務超過となる場合が「債権者を害する」という要件に該当すると解されています。

　したがって、この「債権者を害する」という要件についても、これと同様に解することとなり、典型的には、分割会社が会社分割により債務超過となる場合が「債権者を害する」という要件に該当することになると考えられます。

　4　また、持分会社に権利義務を承継させる吸収分割および株式会社または持分会社を設立する新設分割のいずれについても、株式会社に権利義務を承継させる吸収分割と同様、詐害的な会社分割により害される承継されない債権者の保護規定を新設しています（第 761 条第 4 項、第 764 条第 4 項、第 766 条第 4 項)。

　このほか、事業譲渡についても、事業の譲受会社に承継されない債権者を害する詐害的な事業譲渡が行われるおそれがあることから、承継されない債権者の保護規定を新設しています（第 23 条の 2)。また、商法上の営業譲渡についても、同様の規定を新設しています（商法第 18 条の 2)。

　（注）　民法上の詐害行為取消権により会社分割の取消しを認めた判例として、最二判平成 24 年 10 月 12 日民集 66 巻 10 号 3311 頁参照。

346 第5章 会社分割等における債権者の保護 第2 詐害的な会社分割等における債権者の保護

Q211 吸収分割承継会社が承継されない債権者を害すべき事実を知らなかったときは、当該債権者は、当該吸収分割承継会社に対して、債務の履行を請求することができないこととした理由は、何ですか。

A 1 詐害的な会社分割により害されることになる承継されない債権者を保護する必要がある反面、本来吸収分割承継会社に対しては債務の履行を請求することができない当該債権者が、常に吸収分割承継会社に対して債務の履行を請求することができることとすると、吸収分割承継会社に不測の損害を与えることになりかねません。

2 そこで、改正法では、吸収分割承継会社の利益にも配慮するため、民法第424条第1項ただし書を参考にして、吸収分割承継会社が吸収分割の効力が生じた時において承継されない債権者を害すべき事実を知らなかったときは、当該債権者が吸収分割承継会社に対して債務の履行を請求することはできないこととしています（第759条第4項ただし書、第761条第4項ただし書）。

Q212
吸収分割の場合とは異なり、詐害的な新設分割の場合には、新設分割設立会社の主観を要件としなかった理由は、何ですか。

A　1　吸収分割については、その相手方である吸収分割承継会社は、吸収分割がその効力を生ずる前から存在する会社であるため、吸収分割承継会社が、吸収分割の効力が生じた時において、承継されない債権者を害すべき事実を知らなかったという状態を観念することができます。したがって、吸収分割の効力が生じた時における吸収分割承継会社の主観を要件とすることができます（Q211 参照）。

　他方で、新設分割の場合には、新設分割の効力が生じた時とは、新設分割設立会社の成立した日を意味することとなります（第 764 条第 1 項等参照）。そして、新設分割設立会社は、新設分割の効力が生じた時までは存在しておらず、かつ、債権者を害することを知って新設分割を行う新設分割会社が設立するものですから、新設分割設立会社が、新設分割の効力が生じた時において、承継されない債権者を害すべき事実を知らなかったという状態を観念することはできません[注]。

　2　そこで、新設分割の場合における詐害的会社分割に関する規定である第 764 条第 4 項および第 766 条第 4 項では、新設分割設立会社の主観を要件とはしていません。

　（注）　民法上の詐害行為取消権に関して、会社の設立行為については、設立者が設立行為の当時債権者を害すべき事実を知っているときは、設立された会社がこれを知っていたものと認めるべきであるとする判例があります（大判大正 7 年 10 月 28 日民録 24 輯 2195 頁）。このように考えた場合には、新設分割において設立者に相当するのは新設分割会社ですので、新設分割会社と別に新設分割設立会社の主観を要件とする必要はないことになります。

348 第5章 会社分割等における債権者の保護 第2 詐害的な会社分割等における債権者の保護

Q213 承継されない債権者の吸収分割承継会社に対する債務の履行の請求は、「承継した財産の価額を限度として」することができることとした理由は、何ですか。

A 1 承継されない債権者が吸収分割承継会社に対して債務の履行を請求することができることとする場合には、吸収分割により吸収分割承継会社に対してのみ債務の履行を請求することができることとされた吸収分割会社の債権者や、吸収分割の前から存在する吸収分割承継会社の債権者の利益にも配慮する必要があります。

また、承継されない債権者は、会社分割が行われなかった場合には、吸収分割会社に帰属していた財産の範囲で弁済を受けることができたのですから、詐害的な会社分割が行われたからといって、吸収分割承継会社が吸収分割会社から承継した財産の価額の範囲を超えて、債務の弁済を請求することができることとしてまで、これを保護する必要はありません。

さらに、いわゆる人的分割の場合（第758条第8号等）に、各別の催告を受けなかった承継されない債権者は、吸収分割承継会社に対して、承継した財産の価額を限度として債務の履行を請求することができることとされていること（第759条第3項、第789条第1項第2号括弧書等）や、民法上の詐害行為取消権において、詐害行為によって利益を受けた者または転得者は、詐害行為の目的となる財産を返還し、またはその価格を賠償することとされていること^(注)との均衡を考慮する必要があります。

2 そこで、改正法では、承継されない債権者に対する吸収分割承継会社の責任は、承継した財産の価額を限度とすることとしています（第759条第4項、第761条第4項）。

また、同様の理由から、詐害的な会社分割が行われた場合における新設分割設立会社の責任についても、承継した財産の価額を限度とすることとしています（第764条第4項、第766条第4項）。

3 なお、「承継した財産の価額」とは、承継した財産のみの価額を意味するものであって、承継した財産の価額から承継した債務の額を差し引いた額を意味するものではありません。仮に「承継した財産の価額」を財産の価額から債務の額を差し引いた額であるとすると、詐害的な会社分割が行われ

ることによって害される承継されない債権者の保護を図るという目的が達せられなくなるからです。

　（注）　大判昭和 7 年 9 月 15 日民集 11 巻 1841 頁参照。

350　第5章　会社分割等における債権者の保護　　第2　詐害的な会社分割等における債権者の保護

Q214　第759条第5項の規定を設けた趣旨は、何ですか。

A　1　第759条第5項は、吸収分割契約に「前条（第758条）第八号に掲げる事項についての定めがある場合」、すなわち、いわゆる人的分割が行われる場合には、詐害的な会社分割が行われた場合における吸収分割承継株式会社の責任について定めた第759条第4項の規定は、適用しないこととするものです。

これは、人的分割が行われる場合には、承継されない債権者であっても債権者保護手続の対象とされ、会社分割について異議を述べることができますので（第789条第1項第2号括弧書）、これに加えて、当該債権者を保護する趣旨で設けられる第759条第4項の請求権を認める必要はないことに基づくものです。

2　これと同様に、持分会社に権利義務を承継させる吸収分割が行われる場合および株式会社または持分会社を設立する新設分割が行われる場合において、人的分割が行われるときにも、それぞれ承継されない債権者を保護する規定である第761条第4項、第764条第4項および第766条第4項の規定は適用しないこととしています（第761条第5項、第764条第5項、第766条第5項）。

Q215　第759条第6項の規定を設けた趣旨は、何ですか。

A　1　第759条第4項の請求権は、民法上の詐害行為取消権の行使に基づき逸出した財産の価格賠償が認められた場合と類似の効果を認めることとなることからすれば、その行使期間についても、詐害行為取消権と同様の行使期間とすることが相当です。

そこで、詐害行為取消権の行使期間について定める民法第426条を参考にして、吸収分割承継株式会社が第759条第4項の規定により債務を履行する責任を負う場合には、当該責任は、吸収分割会社が承継されない債権者を害することを知って吸収分割をしたことを知った時から2年以内に同項による請求またはその予告^(注)をしない当該債権者に対しては消滅することとし、効力発生日から20年を経過したときも、同様とすることとしています（第759条第6項）。

2　持分会社に権利義務を承継させる吸収分割が行われる場合および株式会社または持分会社を設立する新設分割が行われる場合にも、同様の趣旨に基づく規定を設けています（第761条第6項、第764条第6項、第766条第6項）。

（注）　民法第426条と異なり、請求の「予告」を加えているのは、承継されない債権者の吸収分割会社に対する債権に条件や期限が付されている場合には、当該債権者が、吸収分割会社が当該債権者を害することを知って会社分割をしたことを知った時から2年以内に第759条第4項の規定による請求をすることができない場合があり得ることを考慮したものです。

352 第5章 会社分割等における債権者の保護 第2 詐害的な会社分割等における債権者の保護

Q216 第 759 条第 7 項の規定を設けた趣旨は、何ですか。

A 1 詐害的な会社分割が行われた後に、吸収分割会社について破産手続等の倒産手続開始の決定がされることがあり得ます。このような場合、破産管財人等が当該会社分割について否認権を行使し、吸収分割承継会社が承継した財産を破産財団等に復帰させた上で、破産債権者等に対する配当を行うことがあり得ます（注1）。

このような場合であっても、破産債権者等である承継されない債権者が第759 条第 4 項の請求権を個別に行使することができることとすると、破産管財人等による否認権の行使との競合が生ずることになり、破産財団等の確保が事実上困難となる場合が生じ得ます。そして、第 759 条第 4 項の請求権は、詐害性を要件としており、否認権行使の要件とその実質的な内容は類似していることも踏まえると、倒産手続が開始された以上は、破産債権者等の平等を優先し、破産債権者等による第 759 条第 4 項の請求権の個別行使（注2）を認めないこととするのが適切であると考えられます。

2 そこで、吸収分割会社について、破産管財人等に否認権が認められている倒産手続である破産手続開始の決定、再生手続開始の決定または更生手続開始の決定があったときは、承継されない債権者は、第 759 条第 4 項の規定による請求をする権利を行使することができないこととしています（第759 条第 7 項）。

また、持分会社に権利義務を承継させる吸収分割が行われる場合および株式会社または持分会社を設立する新設分割が行われる場合にも、同様の趣旨に基づく規定を新設しています（第 761 条第 7 項、第 764 条第 7 項、第 766 条第 7 項）。

3 第 759 条第 4 項の請求権は、詐害行為取消権や否認権と異なり、債務者の責任財産や破産財団を保全するための権利ではなく、承継されない債権者固有の請求権です。そこで、破産管財人等が当該請求権を行使することができることとはしていません。また、詐害行為取消権（破産法第 45 条等参照）とは異なり、当該請求権に係る訴訟の係属中に吸収分割会社について破産手続等の開始の決定がされた場合であっても、当該訴訟手続が中断し、破

産管財人等がこれを受継することともしていません。

　（注1）　承継されない債権者の第759条第4項の請求権と破産管財人等による否認権の行使が競合する場面の例として、例えば、当該債権者が同項の請求権に係る債務名義に基づく強制執行のため、吸収分割承継株式会社が会社分割により吸収分割会社から承継した不動産を差し押さえたところ、破産管財人が否認権を行使し、吸収分割承継株式会社に対して、当該不動産の返還を請求するというような場合が考えられます。

　（注2）　債権者による権利行使には、訴訟外または訴訟上の請求だけでなく、当該請求権に係る債務名義に基づく強制執行および保全執行が含まれます。

Q217
承継されない債権者が第759条第4項の請求権を行使し、承継会社等から弁済を受けた後に、分割会社について破産手続開始等の決定がされた場合について、破産手続等との調整規定を設けなかった理由は、何ですか。

A　承継されない債権者が第759条第3項の請求権を行使し、吸収分割承継株式会社から弁済を受けた後に、吸収分割会社について破産手続等の開始の決定がされた場合には、これと同様の状況が生じ得ますが、このような場合における第759条第3項の請求権と破産手続等との調整規定は、特段設けられていません。

　そこで、このような場合に特段の調整規定が設けられていないこととの平仄等を考慮して、承継されない債権者が第759条第4項の請求権を行使し、吸収分割承継株式会社から弁済を受けた後に、吸収分割会社について破産手続等の開始の決定があった場合についても、破産手続等との調整規定を設けていません。

Q218	第759条第4項の請求権と民法上の詐害行為取消権との競合が問題となる場面（例えば、承継されない債権者が同項の請求権を行使する一方、他の承継されない債権者が会社分割について民法上の詐害行為取消権を行使して吸収分割承継会社に現物返還や価額賠償を請求する場合等）について、調整規定を設けなかった理由は、何ですか。

A 詐害行為取消権は、手続外での個別的な債権の行使が制限される破産手続等の倒産手続とは異なり、複数の債権者による詐害行為取消権の行使が競合することは制限されておらず、債権者間の平等が制度的に担保されているものではありません。したがって、詐害行為取消権の行使と第759条第4項の請求権の行使との間で、いずれか一方が他方に優先すべき関係にあるということはできません。また、改正後の第759条第4項と同様に承継されない債権者が吸収分割承継会社に対して請求することを認める第759条第3項の請求権の行使と、詐害行為取消権の行使とが競合した場合の調整規定も設けられていません。

そこで、第759条第4項の請求権と民法上の詐害行為取消権との競合が問題となる場面について、調整規定を設けないこととしています。

356 第5章 会社分割等における債権者の保護 第2 詐害的な会社分割等における債権者の保護

Q219
会社法に詐害的な会社分割に対応する規定（第759条第4項等）が設けられることにより、詐害的な会社分割について、民法上の詐害行為取消権を行使することができないこととなるのですか。

A 　第759条第4項等の請求権は、詐害行為取消権とは異なり、総債権者のために責任財産を保全するための権利ではなく、両者はその趣旨を異にするものであって、詐害行為取消権の特則として設けられるものではありません。

　したがって、詐害的な会社分割が行われた場合には、承継されない債権者は、第759条第4項等の請求権と詐害行為取消権のいずれをも行使することができると考えられます。

Q220 詐害的な会社分割等に対応する規定を新設したことに伴う経過措置の内容は、どのようなものですか。

A 1 改正法では、詐害的な会社分割が行われた場合における承継されない債権者の保護規定を新設することとしています（第759条第4項等）。

もっとも、改正法の施行日前に吸収分割契約が締結され、または新設分割計画が作成された場合には、改正前の規律を前提に吸収分割または新設分割に向けた一連の手続が開始されたものといえます。このような場合に、改正後の新たな規律を適用すると、吸収分割承継会社または新設分割設立会社が、これらの会社に承継されない債務の債権者から債務の履行を請求され得るという本来予期していない事態が生じる可能性があります。

そこで、改正法の施行日前に吸収分割契約が締結され、または新設分割計画が作成された吸収分割または新設分割については、なお従前の例による（改正前の規律による）こととしています（改正法附則第20条）。

2 また、改正法および整備法では、詐害的な事業譲渡または営業譲渡が行われた場合における承継されない債権者の保護規定を新設することとしていますが（第23条の2、商法第18条の2）、同様の理由から、改正法または整備法の施行日前に事業の譲渡または営業の譲渡に係る契約が締結された場合におけるその事業の譲渡または営業の譲渡については、改正後の規定は適用しないこととしています（改正法附則第5条、整備法第2条）。

第4編

その他

1 発行可能株式総数に関する規律

Q221 公開会社でない株式会社が定款を変更して公開会社となる場合には、当該定款の変更後の発行可能株式総数は、当該定款の変更が効力を生じた時における発行済株式の総数の4倍を超えることができないこととした理由は、何ですか。

A 1 株式会社は発行可能株式総数を定款で定めなければならず（第37条第1項）、その設立時に発行する株式の総数は、株式会社が公開会社である場合には、発行可能株式総数の4分の1を下ることはできません（同条第3項）。そして、公開会社が設立された後に定款を変更して発行可能株式総数を増加する場合にも、変更後の発行可能株式総数は、当該定款の変更が効力を生じた時における発行済株式の総数の4倍を超えることができません（第113条第3項）。これは、定款における発行可能株式総数の定めが既存株主の持株比率の低下の限界を画することに鑑み、取締役会の決議による株式の発行が認められる公開会社（第201条第1項等）において、株式の発行についての取締役会への授権に一定の制約を付す趣旨です。

他方で、公開会社でない株式会社は、取締役会の決議による株式の発行が認められないこと（第199条第2項等）から、このような発行可能株式総数に係る規律は適用がないこととされています（第37条第3項ただし書、改正前の第113条第3項ただし書（改正後の同項第1号参照））。その結果、公開会社でない株式会社においては、発行済株式の総数の4倍を超える発行可能株式総数を定款に定めることもできます。

2 そして、公開会社でない株式会社が定款を変更して公開会社となる場合には、発行可能株式総数に係る規律の趣旨に照らして、当該規律を及ぼすことが相当であると考えられます。しかし、改正前の会社法では、このような場合に、発行可能株式総数に関する規律が及ぶとの規定はありませんでした。

3 そこで、改正法では、公開会社でない株式会社が定款を変更して公開会社となる場合においても、当該定款の変更後の発行可能株式総数は、当該定款の変更が効力を生じた時における発行済株式の総数の4倍を超えることができないこととしています（第113条第3項第2号）。

Q222

株式の併合の効力発生日における発行可能株式総数は、効力発生日における発行済株式の総数の4倍を超えることができないこととした理由は、何ですか。

A　1　改正前の会社法では、株式の併合がされた場合には、発行済株式の総数は減少しますが、発行可能株式総数は変動しないこととされていました。その結果、株式の併合がされた後、発行可能株式総数が発行済株式の総数の4倍を超えることとなることも禁じられていませんでした。

2　しかし、発行可能株式総数が株式の併合後における発行済株式の総数の4倍を超えることを許容すると、公開会社における株式の発行についての取締役会への授権に制約を付すという発行可能株式総数についての定款の定めに関する規律を設けた趣旨（Q221参照）が達せられなくなるおそれがあります。もっとも、このような発行可能株式総数についての定款の定めに関する規律の趣旨および既存株主の持株比率の低下の限界を画するという発行可能株式総数の機能に照らすと、株式の併合の効力発生日における発行可能株式総数は、一律に発行済株式の総数の4倍とする必要はなく、当該効力発生日における発行済株式の総数の4倍を超えない範囲で、株主の意思によって定めることができることとすることが適切です。

3　そこで、改正法では、株式会社が株式の併合をしようとするときに株主総会の決議によって定めなければならない事項に、株式の併合の効力発生日における発行可能株式総数を追加する（第180条第2項第4号）とともに、公開会社においては、そのような発行可能株式総数は、当該効力発生日における発行済株式の総数の4倍を超えることができないこととしています（同条第3項）。そして、当該効力発生日に発行可能株式総数に係る定款の変更をしたものとみなすこととしています（第182条第2項）。

Q223
新設合併、新設分割または株式移転における設立株式会社の
設立時発行株式の総数は、発行可能株式総数の４分の１を下
ることができないこととした理由は、何ですか。

A 1 設立しようとする株式会社が公開会社である場合における設
立時発行株式の総数は、発行可能株式総数の４分の１を下ることが
できないこととされています（第37条第3項。Q221参照）。

他方で、改正前の会社法では、新設合併、新設分割または株式移転により
設立される株式会社（設立株式会社）の設立については、通常の株式会社の
設立を規定する同法第２編第１章の規定の適用を除外しており、設立に際し
ての発行可能株式総数に関する規律を定める第37条第3項の規定も適用除
外の対象とされていました（改正前の第814条第1項）。

2 しかし、設立株式会社の設立の場合にも、当該設立株式会社が公開会
社であるときは、株式の発行についての取締役会への授権に制約を付すとい
う発行可能株式総数に関する規律の趣旨（Q221参照）は、当てはまると考
えられます。

3 そこで、改正法では、適用除外の対象とされる規定から第37条第3
項の規定を除き、設立株式会社の設立についても同項の規定を適用すること
として、設立株式会社が公開会社である場合の設立時発行株式の総数は、発
行可能株式総数の４分の１を下ることができないこととしています（第814
条第1項）。

Q224
発行可能株式総数に関する規定の改正に伴う経過措置の内容は、どのようなものですか。

A　1　公開会社でない株式会社が定款を変更して公開会社となる場合における発行可能株式総数（第113条第3項第2号。Q221参照）については、施行日前に当該定款の変更の決議（第466条）をするための株主総会の招集手続が開始された場合には、改正後の第113条第3項の規定にかかわらず、なお従前の例によることとし（改正法附則第7条）、改正前の規定を適用することとしています。施行日前に当該定款の変更の決議をするための株主総会の招集手続が開始された場合には、改正前の規律を前提に定款の変更に向けた一連の手続が開始されたものといえますから、これに改正後の新たな規律を適用すると、改正後の規律に従うために発行可能株式総数を改める必要が生じ得ることとなり、株式会社や株主その他の利害関係者の予測に反し、また、既に開始した株主総会の招集手続のやり直しを余儀なくされる等、無用な混乱やコストを生ずることになることを考慮したものです。

2　そして、株式の併合がされる場合の発行可能株式総数（第180条第2項第4号・第3項。Q222参照）についても、同様の理由により、施行日前に株式の併合の決議をするための株主総会の招集手続が開始された場合には、なお従前の例によることとしています（改正法附則第11条）。

3　また、新設合併、新設分割または株式移転により設立される株式会社（設立株式会社）の発行可能株式総数（第814条第1項。Q223参照）については、施行日前に合併契約が締結され、または新設分割計画もしくは株式移転計画が作成された場合には、なお従前の例によることとしています（改正法附則第20条）。設立株式会社の発行可能株式総数は、それぞれ合併契約（第753条第1項第2号）、新設分割計画（改正前の第763条第1号（改正後の同条第1項第1号））または株式移転計画（第773条第1項第1号）の内容とされているところ、施行日前に合併契約が締結された場合等には、改正前の規律を前提に新設合併等に向けた一連の手続が開始されたものといえ、これに改正後の新たな規律を適用すると、合併契約、新設分割計画または株式移転計画の内容を変更する必要が生ずることとなり得る等、株式会社や株主の予測に反し無用な混乱やコストを生じさせることとなることを考慮したものです。

2 株主名簿等の閲覧等の請求の拒絶事由

Q225 株主名簿の閲覧または謄写の請求の拒絶事由から、請求者が株式会社の業務と実質的に競争関係にある事業を営み、またはこれに従事するものであるとき（改正前の第125条第3項第3号）を削ることとした理由は、何ですか。

A 1 改正前の第125条第3項第3号は、株式会社が株主および債権者による株主名簿の閲覧等（閲覧または謄写）の請求を拒絶することができる事由の1つとして、当該請求をした者が当該株式会社の業務と実質的に競争関係にある事業を営み、またはこれに従事するものであることを掲げていました。

2 しかし、近時、買収対象会社の経営陣の承諾を得ることなく行われる企業買収（いわゆる敵対的買収）の場面を中心に、買収対象会社と事業上の競争関係にある買収者が、株主としての正当な権利行使のために（例えば、買収対象会社の株主総会における委任状勧誘のため、他の株主に関する情報を収集する目的で）、株主名簿の閲覧等を請求する事例が生じているといわれています。このような場合にまで、請求者が競業者であることの一事をもって一律に閲覧等の請求を拒絶することができるとすると、株主名簿の閲覧等の請求権を認める意義が損なわれることになります^(注1)。

3 そこで、改正法では、請求者が当該株式会社の業務と実質的に競争関係にある事業を営む者等であることを閲覧等の請求の拒絶事由とする改正前の第125条第3項第3号を削ることとしています^(注2)。

なお、この改正に伴う特別の経過措置は設けていませんので、施行日後は、施行日前にされた株主名簿等の閲覧等の請求についても、改正後の規定が適用され、請求者が競業者であることを理由に当該請求を拒絶することはできないこととなります。

(注1)　東京高決平成20年6月12日金判1295号12頁、東京地決平成22年7月20日金判1348号14頁参照。

(注2)　新株予約権原簿の閲覧等の請求につき改正前の第125条第3項第3号と同様の拒絶事由を定める改正前の第252条第3項第3号についても、これを削ることとしています。

3 募集株式が譲渡制限株式である場合等の総数引受契約

Q226 募集株式を引き受けようとする者がその総数の引受けを行う契約を締結する場合において、当該募集株式が譲渡制限株式であるときは、株式会社は、株主総会（取締役会設置会社にあっては、取締役会）の決議によって、当該契約の承認を受けなければならないこととした理由は、何ですか。

A 1 改正前の会社法では、募集株式の割当てについて、当該募集株式が譲渡制限株式である場合には、株主総会の決議（取締役会設置会社にあっては、取締役会の決議）を要するとする第204条第2項の規定は、総数引受契約（募集株式を引き受けようとする者がその総数の引受けを行う契約）を締結する場合には、適用しないこととされていました（改正前の第205条）。

2 しかし、第204条第2項において株主総会の決議等を要求する趣旨は、譲渡制限株式の譲渡等の承認について株主総会（取締役会設置会社にあっては、取締役会）の決議を要することとする第139条第1項の趣旨を、譲渡制限株式の募集に際しても及ぼそうとするものであるところ、この趣旨は、総数引受契約を締結する場合にも妥当するといえます。

3 そこで、改正法では、総数引受契約を締結する場合であっても、募集株式が譲渡制限株式であるときは、株主総会（取締役会設置会社にあっては、取締役会）の決議によって、当該総数引受契約の承認を受けなければならないこととしています（第205条第2項）[注]。

4 このように、改正法では、総数引受契約を締結する場合に株主総会または取締役会の承認を要することとしているところ、施行日前に募集事項の決定がされた場合には、改正前の規律を前提に、募集株式の発行等に向けた一連の手続が開始されたものということができます。これに改正法の規定を適用すると、改正前の規律を前提に一連の手続を進めた株式会社や株主その他の利害関係者の予測に反し、また、既に開始した募集株式の割当て等に関する手続をやり直す必要が生じ得る等、無用の混乱やコストが生ずるおそれがあります。

そこで、施行日前に募集事項の決定があった場合には、改正後の第205条

第2項の規定は適用しないこととして、改正前の会社法の規律に従えばよいこととしています（改正法附則第12条）。

　（注）　募集新株予約権を引き受けようとする者が総数引受契約を締結する場合において、当該募集新株予約権の目的である株式の全部若しくは一部が譲渡制限株式であるときまたは当該募集新株予約権が譲渡制限新株予約権であるときについても、同様の理由から、株主総会（取締役会設置会社にあっては、取締役会）の決議によって、当該総数引受契約の承認を受けなければならないこととしています（第244条第3項。経過措置につき改正法附則第13条第1項）。

4　人的分割における準備金の計上

Q227　吸収分割株式会社が、吸収分割の効力発生日に当該吸収分割の対価として交付を受けた吸収分割承継会社の株式または持分のみを配当財産として剰余金の配当をする場合には、準備金の計上を要しないこととした理由は、何ですか。

A　1　改正前の第792条第2号は、吸収分割株式会社が行う、吸収分割の効力発生日に当該吸収分割の対価として交付を受けた吸収分割承継会社の株式または持分のみを配当財産とする剰余金の配当（いわゆる人的分割）について、会社法第2編第5章第6節（第461条以下の財源規制等）の規定の適用を除外していました。他方で、改正前の第792条第2号は、剰余金の配当に際して準備金の計上を義務付ける第445条第4項の規定の適用を除外していなかったため、人的分割を行う場合であっても、準備金を計上しなければならないこととされていました。

2　しかし、第445条第4項が剰余金の配当に際して一定の金額の準備金を計上することを義務付けている趣旨は、一定の金額の利益を留保させることによって他日の損失に備えさせることにあります。したがって、分配可能額の有無にかかわらず剰余金の配当が行われる人的分割において、準備金の計上を義務付ける必要はないと考えられます。また、財源規制等の規定の適用を除外しながら、準備金の計上のみを義務付ける理由もないと考えられます。

3　そこで、改正法では、第792条の規定により適用除外の対象となる規定に第445条第4項を加えて、吸収分割株式会社が人的分割を行う場合には、準備金を計上することを要しないこととしています[注]。

なお、施行日前に吸収分割契約が締結された場合には、なお従前の例による（改正前の規律による）こととしています（改正法附則第20条）。

[注]　新設分割株式会社が人的分割を行う場合についても、同様の理由から、第445条第4項の規定の適用を除外し、準備金の計上は要しないこととしています（第812条第2号。経過措置につき、改正法附則第20条）。

5 株式移転の無効の訴えの原告適格

Q228 株式移転の無効の訴えを提起することができる者に、株式移転により設立する株式会社の破産管財人および株式移転について承認をしなかった債権者を追加することとした理由は、何ですか。

A 1 改正前の第828条第2項第12号は、株式移転無効の訴えを提起することができる者として、株式移転をする株式会社の株主等であった者または株式移転により設立する株式会社の株主等のみを定めていました。

2 しかし、株式移転の場合にも、株式移転計画新株予約権（すなわち、株式移転設立完全親会社に承継される株式移転完全子会社の新株予約権。第773条第1項第9号イ）が新株予約権付社債に付された新株予約権である場合には、当該新株予約権付社債についての社債権者を対象として、債権者保護手続が必要とされています（第810条第1項第3号）。そこで、株式交換契約新株予約権（すなわち、株式交換完全親株式会社に承継される株式交換完全子会社の新株予約権。第768条第1項第4号イ）が新株予約権付社債に付された新株予約権である場合には、当該新株予約権付社債についての社債権者を対象として債権者保護手続（第789条第1項第3号）が必要とされている株式交換につき、その無効の訴えの提訴権を株式交換について承認しなかった債権者に認めている（第828条第2項第11号）のと同様、株式移転について承認しなかった債権者に株式移転無効の訴えの提訴権を認めることが適切であると考えられます。

また、株式移転を無効とすることによって、株式移転により設立する株式会社の責任財産を保全することができる場合があり得る[注]ことからすれば、株式移転により設立する株式会社の破産管財人もこの訴えを提起することができることとするのが適切であると考えられます。

3 そこで、改正法では、株式移転無効の訴えの提訴権者に、株式移転について承認をしなかった債権者および株式移転により設立する株式会社の破産管財人を追加することとしています（第828条第2項第12号）。

なお、施行日前に株式移転計画が作成された場合には、なお従前の例によ

る（改正前の規律による）こととしています（改正法附則第20条）。

　（注）　株式移転により設立する株式会社が新株予約権付社債についての社債に係る債務を承継する場合（第774条第5項）において、当該株式移転が無効とされた場合には、当該株式会社は、当該社債の償還義務を免れ得ることとなります。

6 監査役の監査の範囲に関する登記

Q229 監査役設置会社が監査役の監査の範囲を会計に関するものに限定する旨の定款の定めがある株式会社である場合には、その旨を登記事項に追加することとした理由は、何ですか。

A 1 第2条第9号は、「監査役設置会社」につき、監査役の監査の範囲を会計に関するものに限定する旨の定款の定めがある株式会社は含まれないものとして定義しています。他方で、第911条第3項第17号は、「監査役設置会社」であるときは、その旨および監査役の氏名を登記事項としているところ、この場合における「監査役設置会社」には、監査役の監査の範囲を会計に関するものに限定する旨の定款の定めがある株式会社を含むとされています。その結果、登記上は、第2条第9号の監査役設置会社と、監査役の監査の範囲を会計に関するものに限定する旨の定款の定めがある株式会社とは区別されないこととなっていました。

2 しかし、例えば、第2条第9号の「監査役設置会社」が取締役に対して訴えを提起する場合には、監査役が当該株式会社を代表する（改正前の第386条第1項（改正後の同項第1号））のに対し、監査役の監査の範囲を会計に関するものに限定する旨の定款の定めがある株式会社（すなわち、第2条第9号の「監査役設置会社」に該当しない株式会社）が取締役に対して訴えを提起する場合には、第386条の規定は適用されず（第389条第7項）、株主総会または取締役会が定める者等が当該株式会社を代表することとされる（第353条、第364条）等、監査役の監査の範囲を会計に関するものに限定する旨の定款の定めがあるかどうか、すなわち第2条第9号の「監査役設置会社」に該当するかどうかによって、会社法上の規律が異なる場合が生じます。

このように、登記上は「監査役設置会社」とされていても、監査役の監査の範囲を会計に関するものに限定する旨の定款の定めがあるかどうかによって会社法上の規律が異なり得る以上、当該定款の定めがあることを登記上も明らかにするのが適切であると考えられます。

3 そこで、改正法では、監査役の監査の範囲を会計に関するものに限定する旨の定款の定めがある株式会社^(注)であるときは、その旨についても登記事項に追加することとしています（第911条第3項第17号イ）。

（注）　会社法整備法第53条の規定により監査役の監査の範囲を会計に関するものに限定する旨の定款の定めがあるものとみなされる株式会社についても、会社法の施行後、特段、定款の変更をしていない場合には、当該定めがある株式会社である旨が登記事項に追加されることとなります。

Q230

監査役の監査の範囲を会計に関するものに限定する旨の定款の定めがあるものとみなされる特例有限会社については、当該定款の定めがある特例有限会社である旨を登記事項とはしていない理由は、何ですか。

A　1　監査役を置く旨の定款の定めのある特例有限会社（会社法整備法第2条第1項）の定款には、監査役の監査の範囲を会計に関するものに限定する旨の定めがあるものとみなされています（会社法整備法第24条）。

2　しかし、特例有限会社は、「監査役設置会社」であることは登記事項とはされていませんので（改正前の会社法整備法第43条第1項、改正前の会社法第911条第3項第17号）、登記上「監査役設置会社」とされることにより混乱が生じるというおそれ（Q229参照）はありません。また、特例有限会社は、その商号中に「有限会社」という文字を用いること（会社法整備法第3条第1項）から、監査役の監査の範囲が会計に関するものに限定されていることは、その商号からも明らかです。

3　そこで、特例有限会社については、このような定款の定めがある特例有限会社である旨を登記上公示させる必要はないことから、当該定款の定めがある特例有限会社である旨を登記事項に追加することとはしていません（整備法第14条の規定による改正後の会社法整備法第43条第1項）。

Q231

監査役の監査の範囲の限定に係る登記に関する経過措置の内容は、どのようなものですか。

A 改正法では、監査役設置会社の登記について、監査役の監査の範囲を会計に関するものに限定する旨の定款の定めがある株式会社であるときはその旨を登記事項とすることとしていますが（第911条第3項第17号イ）、改正法の施行の際現に監査役の監査の範囲を会計に関するものに限定する旨の定款の定めがある株式会社については、改正法の施行後最初に監査役が就任し、または退任するまでの間は、当該事項を登記することを要しないこととしています（改正法附則第22条第1項）。

これは、当該事項を登記しなければならないこととなる会社の大多数は中小・零細企業であり、改正法の施行後直ちに登記申請をしなければならないとすると、その登記申請の負担が大きくなること、この規定が施行されることにより新たに当該事項を登記しなければならないこととなる会社は、定款にこのような定めがあるものとみなされる株式会社（会社法整備法第53条）を含め、膨大な数に上り、これらの会社が改正法の施行後一斉に当該事項の登記をしなければならないこととすると登記実務に大きな混乱が生じ得ること等を考慮したものです。

この経過措置により、改正法の施行の際現に当該定款の定めがある会社は、改正法の施行後最初に監査役が就任し、または退任することにより当該監査役に係る登記をする際に併せて、当該事項の登記をすればよいこととなります(注)。

（注）　監査役の監査の範囲を会計に関するものに限定する旨の定款の定めがある旨の登記は、役員区に記録することとしており（商業登記規則等の一部を改正する省令（平成26年法務省令第33号）による改正後の商業登記規則別表第5）、また、当該事項の登記については、登録免許税法別表第1第24号(一)カの規定により登録免許税が課せられます。したがって、監査役に係る登記をする際に併せて当該事項の登記をする場合の登録免許税は、監査役に係る登記に要するもので足り、当該事項の登記をすることで追加的な負担は生じません。

7 特別口座の移管

Q232 特別口座の移管を認めることとした理由は、何ですか。

A 1 会社が振替株式を交付する際に、当該振替株式の株主または登録株式質権者の口座を知ることができない場合（典型的には、株主または登録株式質権者が振替口座を有していない場合）には、会社は、当該株主または登録株式質権者のために振替株式の振替を行うための口座（特別口座）を振替機関等に開設する必要があります（振替法第131条第3項）。そして、上場会社間で組織再編をした場合等、振替株式の発行者が複数の振替機関等に特別口座を維持しなければならないこととなる場合があります。更には、振替株式の発行者が、同一の株主について複数の振替機関等に特別口座を維持しなければならないこともあり得ます。

しかし、改正前の振替法では、特別口座を1つの振替機関等に集約する手続を定める規定が存在せず、発行者は、複数の特別口座を開設している場合も、これらを維持し続けざるを得ませんでした。この場合、発行者は、特別口座の維持コストである口座管理料を複数の振替機関等に対して支払う必要がありますが、この口座管理料は、通常、基本料金および口座数に応じた料金の合計額という設定がされているため、特別口座を1つの振替機関等に集約することができれば、発行者はその負担の軽減を図ることができます。

2 また、実務的には、管理上の便宜のため、特別口座は、発行者の株主名簿管理人である振替機関等に開設されることが多いといわれています。しかし、改正前の振替法では、発行者が株主名簿管理人を変更した場合にも、変更後の株主名簿管理人に特別口座を移管することができませんでした。そのため、株主名簿管理人とは別の振替機関等に特別口座が残り、その管理について非効率な状態を続けざるを得ませんでした。そのような場合に、特別口座を変更後の株主名簿管理人である振替機関等に移管することができれば、このような非効率な状態を解消することができます。

3 このように、特別口座の移管を認める必要があるところ、特別口座は、振替口座を有していない株主等のために発行者の申出によって開設される口座であることから、そのような特別口座の加入者である株主等は、特別

口座がどの振替機関等に開設されるかについて特段の利害関係を有しないと考えられます。したがって、特別口座の移管を認めることとしても、特別口座の加入者の権利が害されるおそれはありません。

4　以上のことから、整備法では、振替株式に関する特別口座の移管の手続を設けることとしています（振替法第133条の2）^(注)。

また、振替社債、振替新株予約権および振替新株予約権付社債についても、同様の規律を設けることとしています（振替法第70条の3、第169条の2、第198条の2）。

（注）　本文で述べた特別口座の移管を認めることとする理由に照らして、改正後の規定は、整備法の施行日前に開設されていた特別口座についても適用する必要があります。そのため、これに関しては特段の経過措置は設けず、施行日前に開設されていた特別口座についても、移管をすることができることとしています。

Q233

特別口座を移管するためには、どのような手続を行う必要がありますか。

A

1 特別口座に記載または記録がされた振替株式の発行者が当該特別口座を移管する場合、当該発行者は、まず、特別口座を移管する前提として、当該特別口座を開設した振替機関等（移管元振替機関等）以外の振替機関等に対し、当該特別口座の加入者（特別口座に記載または記録がされた振替株式の株主等）のために当該振替株式の振替を行うための特別口座の開設の申出をします（振替法第133条の2第1項）。この申出は、原則として、移管元振替機関等が開設した当該振替株式の振替を行うための特別口座（移管元特別口座）の全ての加入者のために一括してしなければなりません（同条第2項）。「全ての加入者のために」しなければならないとしているのは、個々の加入者ごとに特別口座を移管するかどうかを区別する必要はないためです。もっとも、移管先振替機関等が移管元特別口座の加入者のために既に特別口座を開設している場合には、当該加入者について新たに特別口座を開設する必要はないため、当該加入者については、一括して申出をする必要はないとしています（同項ただし書）。

2 発行者は、移管元振替機関等に対し、移管元特別口座に記載または記録がされた振替株式の全てについて、移管先特別口座（発行者の上記の申出により開設された特別口座または移管先振替機関等において既に開設されていた特別口座）を振替先口座とする振替の申請をします（振替法第133条の2第3項）。ここで「振替株式の全て」を移管の対象としなければならないこととしているのは、特別口座の移管を認める趣旨に照らし、特別口座を開設する振替機関等を2以上に分けることを認める必要はなく、これを2以上に分けることを認めると、加入者が特別口座から自己の口座への振替の申請をするための手続的負担を増大させるおそれもあるため、相当でないからです。

3 そして、発行者は、移管先特別口座への振替の申請をした場合には、遅滞なく、移管元特別口座の加入者に対し、移管先特別口座を開設した振替機関等の氏名または名称および住所を通知しなければなりません（振替法第133条の2第4項）。これは、加入者が特別口座に記載または記録がされた振替株式について譲渡しようとする場合には、一旦自己の口座（特別口座では

ない一般の口座）を振替先口座とする振替の申請をする必要があり（振替法第133条第1項参照）、その前提として、加入者に、移管先特別口座を開設した振替機関等の名称等を知らせる必要があるためです。

4　また、振替社債、振替新株予約権および振替新株予約権付社債についても、振替株式と同様の特別口座の移管の手続を定めています（振替法第70条の3、第169条の2、第198条の2）。

8 金融商品取引法上の規制に違反した者による議決権行使の差止請求を設けなかった理由

Q234
金融商品取引法上の規制に違反した者による議決権行使の差止請求（要綱第3部第1）につき、改正法に規定を設けなかった理由は、何ですか。

A　法制審議会が取りまとめた要綱では、株主は、金融商品取引法上の規制に違反した者による議決権の行使の差止めを請求することができることとされていました（要綱第3部第1）。これは、公開買付規制のうち一定のもの[注]について違反が生ずると、他の株主の株式売却の機会が奪われ、会社支配の公正が害されるおそれがあることから、それにより不利益を受ける他の株主がその利益を確保するための制度として、要綱に盛り込まれたものでした。

しかし、政府部内での検討過程において、金融商品取引法における公開買付規制の違反という要件と、会社法における議決権行使の差止めという法的効果の結び付きが十分とはいえない（具体的には、公開買付規制の違反があっても、他の株主が損害賠償請求等では回復し得ない具体的な不利益を直ちに受けるとは限らず、損害賠償請求等での金銭による回復を超えて、会社法上の株主の基本的権利である議決権の行使について差止請求を認めるほどの不利益はないのではないか）との指摘を受けたため、改正法および整備法においては、これに関する規定を設けないこととしました。

（注）　要綱において議決権行使差止請求の対象とされていた金融商品取引法上の規制は、以下のとおりです。
① 公開買付けを強制する規制（金融商品取引法第27条の2第1項）のうち株券等所有割合が3分の1を超えることとなる株券等の買付け等に係るもの
② 公開買付者に全部買付義務（応募株券等の全部について買付け等に係る受渡しその他の決済を行う義務）を課す規制（金融商品取引法第27条の13第4項）
③ 公開買付者に強制的全部勧誘義務（買付け等をする株券等の発行者が発行する全ての株券等について買付け等の申込みまたは売付け等の申込みの勧誘を行う義務）を課す規制（金融商品取引法第27条の2第5項、金融商品取引法施行令第8条第5項第3号参照）

9 改正省令によるその他の改正事項

Q235

改正省令では、いわゆる内部統制システムの整備に関する規定について、監査を支える体制や監査役による使用人からの情報収集に関する体制に係る規定の充実・具体化等を図るために、どのような改正がされましたか。

A 　1　改正省令では、施行規則のいわゆる内部統制システムの整備に関する規定（施行規則第98条、第100条、第112条）について、(a)改正法により「当該株式会社及びその子会社から成る企業集団の業務の適正を確保するために必要な」体制の整備が会社法に規定されたことを受けた改正（Q141参照）のほか、(b)要綱において「監査を支える体制や監査役による使用人からの情報収集に関する体制に係る規定の充実・具体化を図る」こととされたこと（要綱第1部第1（第1の後注））および法制審議会会社法制部会における議論等を受けた改正をしています(注1)。

　2　このうち上記(b)の改正の概要を、施行規則第98条第4項の改正を例に取って説明すると、以下のとおりです。

① 　監査役がその職務を補助すべき使用人（補助使用人）を置くことを求めた場合における補助使用人に関する事項（施行規則第98条第4項第1号）および補助使用人の取締役からの独立性に関する事項（同項第2号）に加えて、補助使用人に対する監査役の指示の実効性の確保に関する事項を規定することとしています（同項第3号）。

② 　監査役への報告に関する体制の例示として、(i)改正前の当該体制の規定（改正前の施行規則第98条第4項第3号）を踏襲した当該監査役設置会社単体における監査役への報告の体制および(ii)当該監査役設置会社の子会社の役職員または当該役職員から報告を受けた者が当該監査役設置会社の監査役に報告をするための体制(注2)を規定することとしています（改正後の同項第4号）。

③ 　上記②の報告をした者が当該報告をしたことを理由として不利な取扱いを受けないことを確保するための体制を規定することとしています（施行規則第98条第4項第5号）。

④ 　当該監査役設置会社の監査役の職務の執行について生ずる費用または

債務の処理に係る方針に関する事項を規定し、その例示として、監査役の職務の執行について生ずる費用の前払または償還の手続を挙げることとしています（施行規則第98条第4項第6号）。

　3　また、施行規則第100条第3項および第112条第1項についても、以上と同様の改正をするとともに^(注3)、改正法により新設される監査等委員会設置会社における内部統制システムについても、これらと同様の規定を設けています（施行規則第110条の4第1項。Q36（注2）参照）。

　4　改正省令では、施行規則第98条第1項等の改正（Q141（注3）参照）と同様に、同条第4項等の改正についても、特段の経過措置を設けていません（改正省令附則参照）。このため、改正省令の施行日以後は、改正後のこれらの規定が適用されることとなります^(注4)。

　（注1）　このほか、改正省令では、要綱第1部第1（第1の後注）に基づき、内部統制システムの運用状況の概要を事業報告の記載事項に追加することとしています（施行規則第118条第2号。Q237参照）。

　（注2）　本文2の②(ii)の体制は、改正法により「当該株式会社及びその子会社から成る企業集団の業務の適正を確保するために必要な」体制の整備が会社法に規定されたことを受けた改正（本文1の(a)の改正）でもあります。

　（注3）　清算株式会社における内部統制システムの整備に係る規定である施行規則第140条第4項および第142条第3項についても、施行規則第98条第4項と同様の改正をすることとしています。もっとも、清算株式会社については、改正前においても企業集団における業務の適正を確保するための体制に関する事項が規定されておらず、また、改正法においても第482条第3項第4号および第489条第6項第6号に企業集団における業務の適正を確保するための体制を規定することとはされていないことから（Q141参照）、本文2の②(ii)の体制に相当する体制を規定することとはしていません（前掲（注2）参照。なお、同様の理由から、清算株式会社については、本文1の(a)の改正に相当する改正もしていません。）。

　（注4）　施行規則第98条第4項等の改正は、改正前の同項第4号等が「その他監査役の監査が実効的に行われることを確保するための体制」等といった包括的な体制を掲げていたことに鑑みれば、改正前の同項等の規定を具体化するものということができることや、内部統制システムを整備しないという決定も第348条第4項等に違反するわけではないと解されていること（Q141（注2）参照）等を踏まえると、改正前において、改正前の施行規則第98条第4項等の規定に基づく内部統制システムの整備についての決定を適切に行っている会社であれば、改正後も、第348条第4項等および施行規則第98条第4項

等に違反することはないと考えられます（**Q141**（注3）参照）。

　なお、清算株式会社においては、そもそも、大会社であるかどうかを問わず、内部統制システムの整備について決定することは義務付けられていないことから（第482条、第489条参照）、改正省令では、施行規則第140条第4項および第142条第3項の改正（前掲（注3）参照）についても、特段の経過措置を設けていません（改正省令附則参照）。

Q236 改正省令による株主総会参考書類記載事項の改正およびその経過措置の概要は、どのようなものですか。

A **1 株主総会参考書類記載事項の改正の概要**

　改正省令では、株主総会参考書類記載事項について、改正法による社外取締役および社外監査役の要件の改正（第2条第15号・第16号。Q63以下参照）ならびに監査等委員会設置会社制度の創設（第399条の2以下。Q11以下参照）等に伴う改正や、社外取締役の選任の促進に関する自由民主党政務調査会法務部会における議論（Q4、Q54参照）、法制審議会会社法制部会における議論等を踏まえた改正をすることとしています。その概要は、以下のとおりです。

① 取締役選任議案に関する記載事項（施行規則第74条）の改正（Q28（注）、Q63（注3）、Q64（注3）、Q76（注3）参照）

② 社外取締役を置いていない場合等の特則（施行規則第74条の2）の新設（Q53～Q57、Q59～Q61参照）

③ 監査等委員である取締役の選任議案に関する記載事項（施行規則第74条の3）の新設（Q22（注1）参照）

④ 会計参与選任議案に関する記載事項（施行規則第75条）の改正（Q76（注3）参照）

⑤ 監査役選任議案に関する記載事項（施行規則第76条）の改正（Q63（注3）、Q64（注3）、Q76（注3）参照）

⑥ 会計監査人選任議案に関する記載事項（施行規則第77条）の改正（Q64（注3）、Q76（注3）、Q81（注1）参照）

⑦ 取締役解任議案に関する記載事項（施行規則第78条）の改正（Q28（注）参照）

⑧ 監査等委員である取締役の解任議案に関する記載事項（施行規則第78条の2）の新設（Q22（注2）参照）

⑨ 会計監査人解任・不再任議案に関する記載事項（施行規則第81条）の改正（Q81（注1）参照）

⑩ 取締役の報酬議案に関する記載事項（施行規則第82条）の改正（Q28（注）参照）

⑪　監査等委員である取締役の報酬議案に関する記載事項（施行規則第82条の2）の新設（Q22（注3）参照）

⑫　責任免除を受けた役員等への退職慰労金支給議案等に関する記載事項（施行規則第84条の2）の改正（Q76（注3）参照）

⑬　全部取得条項付種類株式取得議案に関する記載事項（施行規則第85条の2）の新設（Q176（注3）参照）

⑭　株式併合議案に関する記載事項（施行規則第85条の3）の新設（Q182（注3）参照）

⑮　新設合併契約承認議案および株式移転計画承認議案に関する記載事項（施行規則第89条、第91条）の改正（Q49（注2）参照）

⑯　株主提出議案に関する記載事項（施行規則第93条）の改正（Q22（注1）、Q176（注3）、Q182（注3）参照）

2　株主総会参考書類記載事項の改正に係る経過措置

改正省令では、上記1の株主総会参考書類記載事項に係る改正について、概要、以下のとおりの経過措置を設けています。

(1)　経過措置の原則

改正省令の施行日前に招集の手続が開始された株主総会または種類株主総会^(注1)に係る株主総会参考書類の記載については、なお従前の例による（改正前の規律による）こととしています（改正省令附則第2条第5項）^(注2)。これは、改正省令の施行日前に改正前の施行規則の株主総会参考書類記載事項に係る規律を前提に株主総会または種類株主総会の招集手続が開始された場合にまで、改正後の新たな規律を適用すると、改めて招集手続をやり直すことが必要になる等、無用な混乱やコストを生じさせることになることから、そのような事態が生じないようにしたものです。

ここで、「招集の手続が開始された」とは、そのような招集手続のやり直しが必要になってしまう時点、すなわち、株主総会参考書類記載事項を含めて第298条第1項各号に掲げる事項が取締役（取締役会設置会社においては、取締役会の決議）によって決定された時点を指します（第298条第1項・第4項、施行規則第63条参照）。

(2)　「他の者」の業務執行者等に係る記載の経過措置

改正省令の施行日以後にその末日が到来する事業年度のうち最初のものに

係る定時株主総会より前に開催される株主総会または種類株主総会に係る株主総会参考書類の記載については、改正後の施行規則第74条第3項、第76条第3項および第77条第8号の規定（種類株主総会の株主総会参考書類について、施行規則第95条第3号により準用される場合を含みます。）にかかわらず、なお従前の例による（改正前の規律による）こととしています（改正省令附則第2条第2項）。

この経過措置により改正前の規律によることとなるのは、改正後の施行規則第74条第3項、第76条第3項および第77条第8号の規定との関係に限られ、これらの規定以外の株主総会参考書類記載事項に係る規定は、この経過措置の対象ではありません。これらの規定の改正は、「他の会社の子会社」とあるのを「他の者の子会社等」と改めること等を内容とするものです。そして、これらの規定の改正により、当該株式会社の経営を支配する者が会社以外の者（例えば、自然人）である場合にも、候補者の企業集団内における業務執行者としての兼任状況等の記載をすることが求められることになることから（Q64（注3）参照）、自然人の支配株主が存する株式会社等においては、その記載のために企業集団内の調査等を行うのに一定の時間を要すると考えられます。そこで、この経過措置を設けています。

また、監査等委員である取締役の選任議案に関する株主総会参考書類記載事項を定める施行規則第74条の3（Q22（注1）参照）についても、実質的に同様の経過措置を設けています（改正省令附則第2条第3項）。

(3) 特定関係事業者に係る記載に関する経過措置

改正省令の施行日以後にその末日が到来する事業年度のうち最初のものに係る定時株主総会より前に開催される株主総会等に係る株主総会参考書類の記載に係る「特定関係事業者」については、改正後の施行規則第2条第3項第19号の規定にかかわらず、なお従前の例による（改正前の規律による）こととしています（改正省令附則第2条第4項）。

これにより、このような株主総会等に係る株主総会参考書類を作成するに当たっての「特定関係事業者」の意義（例えば、施行規則第74条第4項第6号ハにより、候補者が現在または過去5年間においてその業務執行者等であったことを記載しなければならない「特定関係事業者」の範囲）は、改正後の施行規則第2条第3項第19号ではなく、改正前の同号によることとなります

（Q64（注4）参照）。同号の改正により実質的に株主総会参考書類の記載事項が増加することとなる自然人の支配株主が存する株式会社等においては、改正省令附則第2条第2項および第3項の場合（上記(2)参照）と同様に、企業集団内の調査等を行うのに一定の時間を要すると考えられることから、この経過措置を設けたものです。

（注1）　種類株主総会の株主総会参考書類については、株主総会参考書類に関する規定（施行規則第65条および第2編第4章第1節第2款（第73条～第94条））が準用されるので（施行規則第95条第3号）、株主総会参考書類記載事項の改正は、種類株主総会の株主総会参考書類にも及びます。

（注2）　改正省令では、設立時取締役選任議案に関する創立総会参考書類記載事項（施行規則第10条第1項第2号・第3号）についても改正をしています（Q49（注1）参照）。そして、創立総会参考書類記載事項の改正についても、改正省令の施行日前に招集の手続が開始された創立総会または種類創立総会に係る創立総会参考書類の記載については、なお従前の例によることとしているところ（改正省令附則第2条第1項）、その意義は、本文2(1)で述べた同条第5項の経過措置と同様です。

Q237 改正省令による事業報告およびその附属明細書の記載事項の改正およびその経過措置の概要は、どのようなものですか。

A **1 事業報告およびその附属明細書の記載事項の改正の概要**

改正省令は、事業報告およびその附属明細書の記載事項について、改正法による監査等委員会設置会社制度の創設（第399条の2以下。Q11以下参照）および多重代表訴訟制度の創設（第847条の3。Q100以下参照）、社外取締役の選任の促進に関する自由民主党政務調査会法務部会における議論（Q4、Q54参照）、要綱の内容および法制審議会会社法制部会における議論等を踏まえた改正を行うこととしています。その概要は、以下のとおりです。

① 内部統制システムに関する記載事項（施行規則第118条第2号）の改正（Q36（注2）、Q235（注1）参照）

② 特定完全子会社に関する記載事項（施行規則第118条第4号）の新設（Q109（注4）参照）

③ 親会社等との利益相反取引に関する記載事項（施行規則第118条第5号、第128条第3項）の新設（Q148参照）

④ 公開会社の会社役員に関する記載事項（施行規則第121条）の改正（Q22（注2）（注3）、Q26（注）、Q27（注1）、Q28（注）、Q76（注3）参照）

⑤ 公開会社の新株予約権等に関する記載事項（施行規則第123条）の改正（Q22（注3）参照）

⑥ 公開会社の社外役員等に関する特則（施行規則第124条）の改正（「社外取締役を置くことが相当でない理由」の記載の新設を含みます。Q27（注1）、Q53〜Q57、Q59〜Q61、Q63（注3）、Q64（注3）、Q76（注3）参照）

⑦ 会計監査人設置会社における記載事項（施行規則第126条）の改正（Q81（注1）参照）

2 事業報告およびその附属明細書の記載事項の改正に係る経過措置

改正省令では、上記1の事業報告およびその附属明細書の記載事項に係る改正について、概要、以下のとおりの経過措置を設けています。

9　改正省令によるその他の改正事項　Q237　387

(1)　経過措置の原則

　改正省令の施行日前にその末日が到来した事業年度のうち最終のものに係る株式会社の事業報告およびその附属明細書の記載等については、なお従前の例による（改正前の規律による）こととしています（改正省令附則第2条第6項本文）。これは、(a)特定の事業年度について作成されるという事業報告およびその附属明細書の性質（第435条第2項参照）からすれば、対象となる事業年度が改正省令の施行日前に終了しているのであれば、改正前の規律に従って事業報告およびその附属明細書を作成するのが自然であり、また、そのことによる特段の不都合もない（例えば、監査等委員である取締役の報酬等とそれ以外の取締役の報酬等とを区別して開示することとしなくても（上記1④（Q22（注3））の施行規則第121条第4号の改正参照）、施行日前に終了する事業年度中に監査等委員である取締役がいることはないから、問題はない）と考えられること、(b)改正省令による事業報告およびその附属明細書の記載事項に関する規定の改正は、それに対応した記載をするために一定の時間を要すると考えられる改正が相当数含まれていること（例えば、上記1①〜③の施行規則第118条の改正）等を踏まえたものです。

(2)　「社外取締役を置くことが相当でない理由」の記載についての経過措置

　上記(1)の経過措置の例外として、改正省令の施行日以後に監査役の監査を受ける事業報告については、施行規則第124条第2項および第3項の規定を適用し、「社外取締役を置くことが相当でない理由」の記載を求めることとしています（改正省令附則第2条第6項ただし書）。これは、改正法において、同じく当該事業年度の末日における「社外取締役を置くことが相当でない理由」の説明を求める第327条の2の規定につき特段の経過措置が設けられていないこと（改正法附則参照。Q62参照）や、改正法案の国会提出に先立つ自由民主党政務調査会法務部会における議論等において、社外取締役の選任を促進するための措置を早期に講ずるべきであるとの指摘が強くされたこと（Q4、Q54参照）を踏まえたものです。

　施行規則第124条第2項および第3項の規律の対象である監査役会設置会社（Q55参照）においては、特定取締役（施行規則第132条第4項）が監査役会の監査報告の内容の通知を受けた日に、監査役の監査を受けたものとすることとされているため（同条第2項）、施行日以後に特定取締役が監査役会の

監査報告の内容の通知を受ける事業報告について、施行規則第124条第2項および第3項の規定が適用されることとなります。

(3) 内部統制システムの運用状況の開示についての経過措置

改正後の施行規則第118条第2号において新たに求められることとなる内部統制システムの運用状況の概要の開示（上記1①（Q235（注1））参照）については、事業報告において当該開示を行うこととなることを前提として内部統制システムの運用状況を記録・検証していくことが必要となると考えられることから、その年度途中に改正省令の施行日を迎えることとなる事業年度に係る事業報告においては、施行日以後の運用状況に限って開示すればよいこととしています（改正省令附則第2条第7項）。

(4) 親会社等との利益相反取引に関する開示についての経過措置

改正後の施行規則第118条第5号および第128条第3項において新たに求められることとなる親会社等との利益相反取引に関する開示（上記1③参照）については、事業報告またはその附属明細書において当該開示を行うこととなることを前提として親会社等との利益相反取引を行っていくことが必要となると考えられることから、その年度途中に改正省令の施行日を迎えることとなる事業年度に係る事業報告については、施行日以後にされた親会社等との利益相反取引に限って、取締役の判断およびその理由等を開示すればよいこととしています（改正省令附則第2条第8項）。

Q238

ウェブ開示によるみなし提供事項の拡大に係る改正の概要は、どのようなものですか。

A 1 内閣に置かれた高度情報通信ネットワーク社会推進戦略本部（IT 総合戦略本部）で 2013 年 12 月 20 日に決定された「IT 利活用の裾野拡大のための規制制度改革集中アクションプラン」において、「法務省は、事業報告等の記載事項の中でインターネットでの開示の対象となる事項について拡大する方向で検討し、必要に応じて平成 26 年度中に予定されている会社法施行規則及び会社計算規則の改正の際に見直しを行う。」とされたことを受けて、改正省令では、いわゆるウェブ開示を行うことにより株主に提供されたものとみなされる事項（みなし提供事項）を拡大するため、みなし提供事項の範囲の見直し等を行っています（施行規則第 94 条、第 133 条、計算規則第 133 条）。

改正省令によるみなし提供事項の範囲の見直しの概要を整理すると、図表のとおりとなります。

2 まず、事業報告記載事項については、改正前の施行規則の下でみなし提供事項とされていなかった事業報告の記載事項のうち、当該記載事項の内容、記載事項とされる趣旨等に照らして、類型的に株主の関心が特に高いと考えられる事項や、実際の株主総会においても口頭で説明されることが多いと考えられる事項等は、株主に対して現に書面等により提供される必要性が高いと考えられることから、改正前の施行規則の規律を維持することとしつつ、それ以外の事項についてはみなし提供事項とするとともに、改正省令により新たに事業報告の記載事項とされたものも、原則としてみなし提供事項としています（施行規則第 133 条第 3 項第 1 号参照）。ただし、改正省令により新たに事業報告の記載事項とされたもののうち、「社外取締役を置くことが相当でない理由」（施行規則第 124 条第 2 項。Q54 参照）については、株主の関心も特に高いと考えられること、会社法上、取締役は、定時株主総会において、口頭で同様の理由を説明しなければならないとされていること（第 327 条の 2）等に鑑み、みなし提供事項には含めていません（施行規則第 133 条第 3 項第 1 号）。

3 そして、株主総会参考書類記載事項については、施行規則上、事業報

告の内容を株主総会参考書類に記載することも可能であり（施行規則第73条第4項参照）、その際にウェブ開示を行うことにより株主に提供されたものとみなされるという効果が認められない事項は共通することから（施行規則第94条第1項第3号（改正前の同項第2号）参照）、その意味で、上記2の事業報告の記載事項におけるみなし提供事項の拡大は、株主総会参考書類の記載事項におけるみなし提供事項の拡大にも及ぶこととなります。

　もっとも、改正省令により新たに株主総会参考書類の記載事項とされたもののうち、「社外取締役を置くことが相当でない理由」（施行規則第74条の2。Q54参照）については、上記2の事業報告における「社外取締役を置くことが相当でない理由」（施行規則第124条第2項）と同様、みなし提供事項には含めていません（施行規則第94条第1項第2号）[注1]。

　4　さらに、計算規則上、提供計算書類（計算規則第133条第1項参照）のうちみなし提供事項となるものに、株主資本等変動計算書を追加することとしています（同条第4項）。

　5　このほか、ウェブ開示に関しては、実務上、注記表の範囲でこれを利用する会社が多いといわれています[注2]。そして、ウェブ開示を利用する会社のウェブサイトにおいては、みなし提供事項でない事項に係る情報は、そもそも掲載していないか、掲載していてもみなし提供事項と別々のファイルになっていることが多いともいわれています。しかし、情報の提供を受ける株主としては、これらの事項が、インターネット上に単一のファイルにより掲載され、当該ファイルのみを見れば、全ての情報を入手することができることが便宜であり、運用上改善の余地があるとの指摘がされていました。そこで、改正省令では、みなし提供事項でない事項に係る情報についても、（当該事項に関しては株主に提供されたものとみなされるという効果は生じないものの）インターネット上に掲載することは妨げられず、その際、当該情報をみなし提供事項と一体として（単一のファイルにより）インターネット上に掲載することも可能であることを確認するための規定を設けています（施行規則第94条第3項、第133条第7項、計算規則第133条第8項）。

　6　なお、改正省令では、これらの改正について特に経過措置を設けていません。したがって、改正後の各規定は、改正省令の施行日から適用されます[注3]。

（注1）　このほか、改正省令では、改正前の施行規則第94条第1項第4号に関して、議案は、みなし提供事項に含まれず（同項第1号）、同項の措置をとることについて監査役等が異議を述べる余地はないことから、監査役等が異議を述べる対象に議案が含まれないことを明確にすることとしています（改正後の同項第5号）。

（注2）　商事法務研究会編「株主総会白書 2014年版」旬刊商事法務2051号62頁（2014年）参照。

（注3）　改正省令における株主総会参考書類についての経過措置（改正省令附則第2条第5項。Q236参照）および事業報告についての経過措置（同条第6項本文。Q237参照）は、いずれもその記載等に関する規定であり、施行規則第94条および第133条はいずれも株主に対する提供に関する規定であるため、これらの経過措置は適用されません。

[図表 Q238] ウェブ開示によるみなし提供事項の範囲の見直しの概要

開示書類	記載事項	改正前	改正後
株主総会参考書類	議案（施73 I ①）	×	×
	提案の理由（施73 I ②）	○	○
	監査役による調査の結果の概要（施73 I ③）	○	○
	株主の議決権の行使について参考となると認める事項（施73 II）	○	○
	社外取締役を置くことが相当でない理由（施74の2）	—	×
	みなし提供事項でない事業報告に表示すべき事項（施94 I ③（改正前の施94 I ②））	×	×
	ウェブ開示を行う URL（施94 I ④（改正前の施94 I ③）、II）	×	×
	監査役等が異議を述べている事項（施94 I ⑤（改正前の施94 I ④））	×	×
事業報告	株式会社の状況に関する重要な事項（施118①）	○	○
	内部統制システムの整備についての決議等の内容の概要等（施118②）	○	○
	会社を支配する者の在り方に関する基本方針に係る事項（施118③）	○	○
	特定完全子会社に関する事項（施118④）	—	○
	親会社等との利益相反取引に関する事項（施118⑤）	—	○
	【公開会社のみ】株式会社の現況に関する事項（施119①）		
	主要な事業内容（施120 I ①）	×	○
	主要な営業所および工場ならびに使用人の状況（施120 I ②）	×	○
	主要な借入先および借入額（施120 I ③）	×	○
	事業の経過およびその成果（施120 I ④）	×	×
	重要な資金調達、設備投資、組織再編等についての状況（施120 I ⑤）	×	×
	直前3事業年度の財産および損益の状況（施120 I ⑥）	×	○
	重要な親会社および子会社の状況（施120 I ⑦）	×	×
	対処すべき課題（施120 I ⑧）	×	×
	その他当該株式会社の現況に関する重要な事項（施120 I ⑨）	○	○
	【公開会社のみ】株式会社の会社役員に関する事項（施119②）		
	会社役員の氏名（施121①）	×	×
	会社役員の地位および担当（施121②）	×	×
	責任限定契約の内容の概要（施121③（改正前の施124⑤））	○	○
	会社役員の報酬等に関する事項（施121④～⑥（改正前の施121③～⑤））	×	×

9　改正省令によるその他の改正事項　Q238　393

開示書類	記載事項	改正前	改正後
	辞任し、または解任された会社役員に関する事項（施121⑦（改正前の施121⑥））	○	○
	重要な兼職の状況（施121⑧（改正前の施121⑦））	○	○
	監査役等の財務および会計に関する知見（施121⑨（改正前の施121⑧））	×	○
	常勤の監査等委員または監査委員に関する事項（施121⑩）	—	○
	その他会社役員に関する重要な事項（施121⑪（改正前の施121⑨））	○	○
	社外役員に関する事項（施124Ⅰ①〜⑧（改正前の施124①〜④・⑥〜⑨））	○	○
	社外取締役を置くことが相当でない理由（施124Ⅱ）	—	×
	【公開会社のみ】株式会社の株式に関する事項（施119③）		
	上位10名の株主の氏名等（施122①）	×	○
	その他株式に関する重要な事項（施122②）	○	○
	【公開会社のみ】株式会社の新株予約権等に関する事項（施119④）		
	会社役員の有する新株予約権等に関する事項（施123①）	×	○
	使用人等に交付した新株予約権等に関する事項（施123②）	×	○
	その他新株予約権等に関する重要な事項（施123③）	○	○
	【会計参与設置会社のみ】会計参与との間の責任限定契約の内容の概要（施125）	○	○
	【会計監査人設置会社のみ】会計監査人に関する事項（施126①〜⑩）	○	○
	監査役等が異議を述べている事項（施133Ⅲ②）	×	×
	ウェブ開示を行うURL（施133Ⅳ）	×	×
計算書類	貸借対照表（435Ⅱ）	×	×
	損益計算書（435Ⅱ）	×	×
	株主資本等変動計算書（計59Ⅰ）	×	○
	個別注記表（計59Ⅰ）	○	○
	ウェブ開示を行うURL（計133Ⅴ）	×	×
連結計算書類（444Ⅰ、計61①〜③）		○	○
	ウェブ開示を行うURL（計134Ⅴ）	×	×

※　上記の図表において、「○」はウェブ開示により株主に提供したものとみなされる事項、「×」はウェブ開示によっても株主に提供したものとはみなされない事項を指します。また、「施73Ⅰ①」は施行規則第73条第1項第1号を、「計59Ⅰ」は計算規則第59条第1項を意味し、その他の引用条文も同様の例によります。

Q239 企業結合に関する会計基準等の改正に伴う改正省令による計算規則の規定の整備の概要は、どのようなものですか。

A 1　2013 年 9 月 13 日、企業会計基準委員会（ASBJ）により、改正企業会計基準第 21 号「企業結合に関する会計基準」（企業結合会計基準）、改正企業会計基準第 22 号「連結財務諸表に関する会計基準」（連結会計基準）をはじめとする改正会計基準および改正企業会計基準適用指針第 10 号「企業結合会計基準及び事業分離等会計基準に関する適用指針」等の改正適用指針が公表されました（注1）。これらの改正会計基準等における改正に伴い、改正省令では、計算規則について必要となる整備をしています。

2　改正会計基準等において、連結貸借対照表における「少数株主持分」が「非支配株主持分」に変更されたこと（連結会計基準第 26 項）を受けて、改正省令では、連結貸借対照表の純資産の部の区分について規定する計算規則第 76 条第 1 項第 2 号において「少数株主持分」を「非支配株主持分」とする改正をしています（同号ニ）。また、連結株主資本等変動計算書の区分等について規定する計算規則第 96 条第 2 項等についても、同様に、「少数株主持分」を「非支配株主持分」とする改正をしています（同項第 2 号ニ・第 8 項）。

3　改正会計基準等では、当期純利益には非支配株主に帰属する部分も含めることとされ、従前の連結損益計算書における「少数株主損益調整前当期純利益」が「当期純利益」とされました。他方で、従前の連結損益計算書における「当期純利益」は「親会社株主に帰属する当期純利益」と変更され、区分して内訳表示または付記することとされました（連結会計基準第 39 項）。これを受けて、改正前の計算規則第 93 条第 1 項第 3 号により表示される項目であった少数株主損益調整前当期純損益を改正後の当期純損益として表示するため、改正前の計算規則第 93 条第 1 項第 3 号から第 5 号までを削除し、計算規則第 94 条第 1 項を改正した上で（注2）、非支配株主に帰属する当期純損益および親会社株主に帰属する当期純損益を表示するため、同条第 3 項および第 4 項を新設しています（注3）。

4　改正会計基準等により、連結財務諸表の注記事項の 1 つとして挙げられていた「会計処理の原則及び手続等」が「会計方針等」に変更されたこと

（連結会計基準第43項）を受け、これと同趣旨の注記について規定する計算規則第102条第1項第3号においても、「会計処理基準」という用語を「会計方針」（計算規則第2条第3項第58号）に改めることとしています。もっとも、注記の具体的な内容について変更するものではありません。

5　企業結合会計基準において、受け入れた資産および引き受けた負債への取得原価の配分は、企業結合日以後1年以内に行い（企業結合会計基準第28項）、企業結合日以後の決算において配分が完了していなかった場合には、暫定的な会計処理を行うこととされているところ、改正会計基準等において、暫定的な会計処理の確定が企業結合年度の翌年度に行われた場合には、企業結合年度に当該確定が行われたかのように会計処理を行うこととされました（企業結合会計基準（注6））。また、企業結合年度の翌年度のみの表示が行われる場合には、株主資本等変動計算書において、期首残高に対する影響額を区分表示するとともに、当該影響額の反映後の期首残高を記載することとされました（企業会計基準第6号「株主資本等変動計算書に関する会計基準」第5-3項）。会社法の計算書類では企業結合年度の翌年度のみの表示が行われることから（いわゆる単年度開示）、改正省令では、当該事業年度の前事業年度における企業結合に係る暫定的な会計処理の確定をした場合には、遡及適用または誤謬の訂正の場合と同様、株主資本等変動計算書等において、当期首残高およびこれに対する影響額を明らかにすることとしています（計算規則第96条第7項第1号）^(注4)。

（注1）　改正会計基準等の概要については、新井武広「企業結合に関する会計基準等の改正概要」旬刊商事法務2014号4頁以下（2013年）参照。

（注2）　計算規則第94条第1項は、改正前の計算規則第93条第1項第3号から第5号までの削除を受け、計算規則第94条第1項第1号の金額（税引前当期純損益金額。連結損益計算書にあっては、税金等調整前当期純利益金額または税金等調整前当期純損失金額。計算規則第92条第1項・第2項参照）から改正後の計算規則第94条第1項第3号（すなわち、計算規則第93条第1項第1号・第2号）の金額を減じて改正後の当期純利益を得ることとしています。なお、還付税額または納付税額がある場合には、これらも加減した上で当期純利益を算出するという点については、改正前の計算規則の規律を維持しています（改正後の計算規則第94条第1項第2号・第4号）。

（注3）　改正企業会計基準第2号「1株当たり当期純利益に関する会計基準」では、連

結損益計算書上の1株当たり当期純利益または1株当たり当期純損失については、従前と同様に親会社株主に帰属する当期純利益または親会社株主に帰属する当期純損失を基礎として算定することとされているため（同会計基準第12項）、改正省令においてもこれを明確化する改正をしています（計算規則第113条第2号括弧書）。

　（注4）「企業結合」という用語については、一般に公正妥当と認められる企業会計の基準その他の企業会計の慣行（計算規則第3条）をしん酌すれば、その意義は明らかですから（企業結合会計基準第5項参照）、計算規則においては、特に定義規定を設けていません。

Q240

企業結合に関する会計基準等の改正に伴う計算規則の規定の整備についての経過措置の内容は、どのようなものですか。

A 1 企業結合に関する会計基準等の改正に伴う規定の整備（Q239参照）については、改正省令の公布の日に施行することとした上で（改正省令附則第1条第1号。Q8（注3）参照）、改正後の会計基準等の具体的な適用時期に合わせた経過措置を設けています。

2 連結計算書類における表示に関する整備等（Q239の2～4参照）については、改正後の会計基準等において、2015年4月1日以後開始する連結会計年度の期首から適用することとされていること（連結財務諸表に関する会計基準第44-5項）等を受けて、改正後の計算規則第76条第1項、第93条第1項、第94条第1項・第3項～第5項、第96条第2項・第8項、第102条第1項および第113条の規定は、2015年4月1日以後に開始する事業年度に係る連結計算書類について適用し、同日前に開始する事業年度に係るものについては、なお従前の例によることとしています（改正省令附則第3条第1項）^(注)。

3 株主資本等変動計算書等における暫定的な会計処理の確定に関する改正（Q239の5参照）については、改正後の会計基準等において、2015年4月1日以後開始する事業年度の期首以後実施される企業結合から適用することを原則としつつ、2014年4月1日以後開始する事業年度の期首以後実施される企業結合からの早期適用が認められていること（企業結合に関する会計基準第58-2項）を受けて、また、会社法の計算書類はいわゆる単年度開示であり、暫定的な会計処理の確定がされるのは企業結合が実施された事業年度の翌年度に係る計算書類および連結計算書類となることを踏まえて、改正後の計算規則第96条第7項の規定は、2016年4月1日以後に開始する事業年度に係る計算書類および連結計算書類について適用し、同日前に開始する事業年度に係るものについては、なお従前の例によることとしつつ（改正省令附則第3条第2項本文）、2015年4月1日以後に開始する事業年度に係るものについては、改正後の計算規則第96条第7項の規定を適用することができることとしています（改正省令附則第3条第2項ただし書）。

（注）　「会計処理基準」との用語を「会計方針」と改める改正（計算規則第 102 条第 1 項第 3 号。Q239 の 4 参照）については、当該規定は連結計算書類に表記すべき項目の名称まで定めるものではないこと、また、当該改正は注記の具体的な内容を変更するものではないことから、2015 年 4 月 1 日よりも前に開始する事業年度に係る連結計算書類において「会計方針」との表記を用いることも妨げられません。

資料　会社法制の見直しに関する要綱　　399

資料　会社法制の見直しに関する要綱

第1部　企業統治の在り方

第1　取締役会の監督機能

1　監査・監督委員会設置会社制度（仮称）

株式会社の機関設計として，「監査・監督委員会設置会社（仮称）」を新設するものとする。

(1) 監査・監督委員会の設置

① 株式会社は，定款の定めによって，監査・監督委員会を置くことができるものとする（監査・監督委員会を置く株式会社を，以下「監査・監督委員会設置会社」という。）。

② 監査・監督委員会設置会社には，取締役会及び会計監査人を置かなければならないものとする。

③ 監査・監督委員会設置会社は，監査役を置いてはならないものとする。

④ 委員会設置会社は，監査・監督委員会を置いてはならないものとする。

⑤ 第363条第1項各号に掲げる取締役が監査・監督委員会設置会社の業務を執行するものとする。

(2) 監査・監督委員の選任・解任及び報酬等の決定の手続等

① 監査・監督委員会の委員（以下「監査・監督委員」という。）である取締役は，それ以外の取締役とは区別して，株主総会の決議によって選任するものとする。

② 取締役は，監査・監督委員会がある場合において，監査・監督委員である取締役の選任に関する議案を株主総会に提出するには，監査・監督委員会の同意を得なければならないものとする。

③ 監査・監督委員会は，取締役に対し，監査・監督委員である取締役の選任を株主総会の目的とすること又は監査・監督委員である取締役の選任に関する議案を株主総会に提出することを請求することができるものとする。

④ 監査・監督委員である取締役の解任は，株主総会の特別決議によるものとする。

⑤ 各監査・監督委員は，株主総会において，監査・監督委員である取

1

締役の選任若しくは解任又は辞任について意見を述べることができる
ものとする。

⑥　監査・監督委員である取締役を辞任した者は，辞任後最初に招集さ
れる株主総会に出席して，辞任した旨及びその理由を述べることがで
きるものとする。

⑦　監査・監督委員である取締役の任期は，選任後2年以内に終了する
事業年度のうち最終のものに関する定時株主総会の終結の時までとす
るものとし，定款又は株主総会の決議によって，その任期を短縮する
ことはできないものとする。監査・監督委員以外の取締役の任期は，
選任後1年以内に終了する事業年度のうち最終のものに関する定時株
主総会の終結の時までとするものとし，定款又は株主総会の決議に
よって，その任期を短縮することは妨げないものとする。

⑧　監査・監督委員である取締役の報酬等は，それ以外の取締役の報酬
等とは区別して，定款又は株主総会の決議によって定めるものとし，
監査・監督委員である取締役の個人別の報酬等について定款の定め又
は株主総会の決議がないときは，当該報酬等は，定款又は株主総会の
決議によって定められた報酬等の総額の範囲内において，監査・監督
委員である取締役の協議によって定めるものとする。また，各監査・
監督委員は，株主総会において，監査・監督委員である取締役の報酬
等について意見を述べることができるものとする。

(3) 監査・監督委員会の構成

①　監査・監督委員会は，監査・監督委員3人以上で組織するものとす
る。

②　監査・監督委員は，取締役でなければならず，かつ，その過半数は，
社外取締役でなければならないものとする。

③　監査・監督委員は，監査・監督委員会設置会社若しくはその子会社
の業務執行取締役若しくは支配人その他の使用人又は当該子会社の会
計参与若しくは執行役を兼ねることができないものとする。

(4) 監査・監督委員会の権限

①　監査・監督委員会は，次に掲げる職務を行うものとする。

ア　取締役及び会計参与の職務の執行の監査及び監査報告の作成

イ　株主総会に提出する会計監査人の選任及び解任並びに会計監査人
を再任しないことに関する議案の内容の決定

②　監査・監督委員会が選定する監査・監督委員は，いつでも，取締役

資料　会社法制の見直しに関する要綱　401

及び会計参与並びに支配人その他の使用人に対し，その職務の執行に関する事項の報告を求め，又は監査・監督委員会設置会社の業務及び財産の状況の調査をすることができるものとする。当該監査・監督委員は，当該報告の徴収又は調査に関する事項についての監査・監督委員会の決議があるときは，これに従わなければならないものとする。

③　監査・監督委員は，取締役による法令違反等があると認めるときは，遅滞なく，その旨を取締役会に報告しなければならないものとする。

④　監査・監督委員は，取締役が株主総会に提出しようとする議案，書類その他法務省令で定めるものについて法令違反等があると認めるときは，その旨を株主総会に報告しなければならないものとする。

⑤　監査・監督委員は，取締役が法令違反等の行為をする場合等において，当該行為によって当該監査・監督委員会設置会社に著しい損害が生ずるおそれがあるときは，当該取締役に対し，当該行為をやめることを請求することができるものとする。

⑥　①から⑤までに掲げるもののほか，監査・監督委員会及び各監査・監督委員は，それぞれ，委員会設置会社の監査委員会及び各監査委員が有する権限と同様の権限を有するものとする。

⑦　監査・監督委員会が選定する監査・監督委員は，株主総会において，監査・監督委員である取締役以外の取締役の選任若しくは解任又は辞任について監査・監督委員会の意見を述べることができるものとする。

⑧　監査・監督委員会が選定する監査・監督委員は，株主総会において，監査・監督委員である取締役以外の取締役の報酬等について監査・監督委員会の意見を述べることができるものとする。

⑨　取締役（監査・監督委員である取締役を除く。）との利益相反取引について，監査・監督委員会が事前に承認した場合には，取締役の任務懈怠の推定規定（第４２３条第３項）を適用しないものとする。

(5) 監査・監督委員会の運営等

①　監査・監督委員会は，各監査・監督委員が招集するものとする。

②　監査・監督委員会の決議は，議決に加わることができる監査・監督委員の過半数が出席し，その過半数をもって行うものとする。

③　②の決議について特別の利害関係を有する監査・監督委員は，議決に加わることができないものとする。

④　取締役及び会計参与は，監査・監督委員会の要求があったときは，監査・監督委員会に出席し，監査・監督委員会が求めた事項について説明をしなければならないものとする。

3

⑤　監査・監督委員会設置会社においては，第３６６条第１項ただし書の規定により取締役会を招集する取締役が定められた場合であっても，監査・監督委員会が選定する監査・監督委員は，取締役会を招集することができるものとする。

（注）　上記のほか，監査・監督委員会の運営等について，所要の規定を整備するものとする。

(6) 監査・監督委員会設置会社の取締役会の権限

①　監査・監督委員会設置会社の取締役会は，第３６２条の規定にかかわらず，次に掲げる職務を行うものとする。

　ア　次に掲げる事項その他監査・監督委員会設置会社の業務執行の決定

　　(ｱ) 経営の基本方針

　　(ｲ) 監査・監督委員会の職務の執行のため必要なものとして法務省令で定める事項

　　(ｳ) 取締役の職務の執行が法令及び定款に適合することを確保するための体制その他株式会社の業務の適正を確保するために必要なものとして法務省令で定める体制の整備

　イ　取締役の職務の執行の監督

　ウ　代表取締役の選定及び解職

②　監査・監督委員会設置会社の取締役会は，①ア(ｱ)から(ｳ)までに掲げる事項を決定しなければならないものとする。

③　監査・監督委員会設置会社の取締役会は，取締役（監査・監督委員である取締役を除く。）の中から代表取締役を選定しなければならないものとする。

④　監査・監督委員会設置会社の取締役会は，第３６２条第４項各号に掲げる事項その他の重要な業務執行の決定を取締役に委任することができないものとする。

⑤　④にかかわらず，監査・監督委員会設置会社の取締役の過半数が社外取締役である場合には，当該監査・監督委員会設置会社の取締役会は，その決議によって，重要な業務執行（委員会設置会社において，執行役に決定の委任をすることができないものとされている事項を除く。）の決定を取締役に委任することができるものとする。

⑥　④及び⑤にかかわらず，監査・監督委員会設置会社は，取締役会の決議によって重要な業務執行（委員会設置会社において，執行役に決定の委任をすることができないものとされている事項を除く。）の全部

又は一部の決定を取締役に委任することができる旨を定款で定めることができるものとする。

(7) 監査・監督委員会設置会社の登記

監査・監督委員会設置会社は，次に掲げる事項を登記しなければならないものとする。

① 監査・監督委員会設置会社である旨
② 監査・監督委員である取締役及びそれ以外の取締役の氏名
③ 取締役のうち社外取締役であるものについて，社外取締役である旨
④ (6)⑥による重要な業務執行の決定の取締役への委任についての定款の定めがあるときは，その旨

2 社外取締役及び社外監査役に関する規律

（前注） 監査役会設置会社（公開会社であり，かつ，大会社であるものに限る。）のうち，金融商品取引法第２４条第１項の規定によりその発行する株式について有価証券報告書を提出しなければならない株式会社において，社外取締役が存しない場合には，社外取締役を置くことが相当でない理由を事業報告の内容とするものとする。

(1) 社外取締役等の要件における親会社等の関係者等の取扱い

① 親会社等の関係者の取扱い

ア 社外取締役の要件に，株式会社の親会社等又はその取締役若しくは執行役若しくは支配人その他の使用人でないことを追加するものとする。

イ 社外監査役の要件に，株式会社の親会社等又はその取締役，監査役若しくは執行役若しくは支配人その他の使用人でないことを追加するものとする。

（注） 本要綱において，「親会社等」とは，株式会社の親会社その他の当該株式会社の経営を支配している者として法務省令で定めるものをいうものとする。

② 兄弟会社の関係者の取扱い

社外取締役及び社外監査役の要件に，それぞれ，株式会社の親会社等の子会社等（当該株式会社及びその子会社を除く。）の業務執行取締役若しくは執行役又は支配人その他の使用人でないことを追加するものとする。

（注）　本要綱において，「子会社等」とは，ある者がその総株主の議決権の過半数を有する株式会社その他の当該者がその経営を支配している法人として法務省令で定めるものをいうものとする。

③　株式会社の関係者の近親者の取扱い
ア　社外取締役の要件に，株式会社の取締役若しくは執行役若しくは支配人その他の重要な使用人又は親会社等（自然人であるものに限る。）の配偶者又は２親等内の親族でないことを追加するものとする。
イ　社外監査役の要件に，株式会社の取締役若しくは支配人その他の重要な使用人又は親会社等（自然人であるものに限る。）の配偶者又は２親等内の親族でないことを追加するものとする。

(2)　社外取締役等の要件に係る対象期間の限定
①　社外取締役の要件に係る対象期間についての規律を，次のとおり改めるものとする。
ア　その就任の前１０年間株式会社又はその子会社の業務執行取締役若しくは執行役又は支配人その他の使用人であったことがないことを要するものとする。
イ　その就任の前１０年内のいずれかの時において，株式会社又はその子会社の取締役（業務執行取締役若しくは執行役又は支配人その他の使用人であるものを除く。），会計参与又は監査役であったことがあるものにあっては，当該取締役，会計参与又は監査役への就任の前１０年間当該株式会社又はその子会社の業務執行取締役若しくは執行役又は支配人その他の使用人であったことがないことを要するものとする。
②　社外監査役の要件に係る対象期間についての規律を，次のとおり改めるものとする。
ア　その就任の前１０年間株式会社又はその子会社の取締役，会計参与若しくは執行役又は支配人その他の使用人であったことがないことを要するものとする。
イ　その就任の前１０年内のいずれかの時において，株式会社又はその子会社の監査役であったことがあるものにあっては，当該監査役への就任の前１０年間当該株式会社又はその子会社の取締役，会計参与若しくは執行役又は支配人その他の使用人であったことがないことを要するものとする。

(3) 取締役及び監査役の責任の一部免除

① 株式会社は，取締役（業務執行取締役若しくは執行役又は支配人その他の使用人であるものを除く。），会計参与，監査役又は会計監査人との間で，第４２７条第１項に定める契約（責任限定契約）を締結することができるものとする。

② 最低責任限度額（第４２５条第１項）の算定に際して，職務執行の対価として受ける財産上の利益の額に乗ずべき数は，次のアからウまでに掲げる役員等の区分に応じ，当該アからウまでに定める数とするものとする（同項第１号参照）。

ア　代表取締役又は代表執行役　6

イ　代表取締役以外の取締役（業務執行取締役若しくは執行役又は支配人その他の使用人であるものに限る。）又は代表執行役以外の執行役　4

ウ　取締役（ア又はイに掲げるものを除く。），会計参与，監査役又は会計監査人　2

③ 第９１１条第３項第２５号及び第２６号を削除するものとする。

（第1の後注）　株式会社の業務の適正を確保するために必要な体制について，監査を支える体制や監査役による使用人からの情報収集に関する体制に係る規定の充実・具体化を図るとともに，その運用状況の概要を事業報告の内容に追加するものとする。

第2　会計監査人の選解任等に関する議案の内容の決定

監査役（監査役会設置会社にあっては，監査役会）は，株主総会に提出する会計監査人の選任及び解任並びに会計監査人を再任しないことに関する議案の内容についての決定権を有するものとする。

第3　資金調達の場面における企業統治の在り方
1　支配株主の異動を伴う募集株式の発行等
(1) 公開会社における募集株式の割当て等の特則

① 公開会社は，募集株式の引受人について，アに掲げる数のイに掲げる数に対する割合が２分の１を超える場合には，第１９９条第１項第４号の期日（同号の期間を定めた場合にあっては，その期間の初日）の２週間前までに，株主に対し，当該引受人（以下(1)において「特定

406　資料　会社法制の見直しに関する要綱

引受人」という。）の氏名又は名称及び住所，当該特定引受人について
のアに掲げる数その他の法務省令で定める事項を通知しなければなら
ないものとする。ただし，当該特定引受人が当該公開会社の親会社等
である場合又は第２０２条の規定により株主に株式の割当てを受ける
権利を与えた場合は，この限りでないものとする。

　ア　次に掲げる数の合計数
　　(ｱ)　当該引受人がその引き受けた募集株式の株主となった場合に有
　　　することとなる議決権の数
　　(ｲ)　当該引受人の子会社等が有する議決権の数
　イ　当該募集株式の引受人の全員がその引き受けた募集株式の株主と
　　なった場合における総株主の議決権の数

②　①による通知は，公告をもってこれに代えることができるものとす
る。

③　①にかかわらず，公開会社が①の事項について①の期日の２週間前
までに金融商品取引法第４条第１項から第３項までの届出をしている
場合その他の株主の保護に欠けるおそれがないものとして法務省令で
定める場合には，①による通知は，することを要しないものとする。

④　総株主（④の株主総会において議決権を行使することができない株
主を除く。）の議決権の１０分の１（これを下回る割合を定款で定めた
場合にあっては，その割合）以上の議決権を有する株主が①による通
知の日又は②の公告の日（③の場合にあっては，法務省令で定める日）
から２週間以内に特定引受人による募集株式の引受けに反対する旨を
公開会社に対し通知したときは，当該公開会社は，①の期日の前日まで
に，株主総会の決議によって，当該特定引受人に対する募集株式の
割当て又は当該特定引受人との間の第２０５条の契約の承認を受けな
ければならないものとする。ただし，当該公開会社の財産の状況が著
しく悪化している場合において，当該公開会社の存立を維持するため
緊急の必要があるときは，この限りでないものとする。

⑤　第３０９条第１項の規定にかかわらず，④の株主総会の決議は，議
決権を行使することができる株主の議決権の過半数（３分の１以上の
割合を定款で定めた場合にあっては，その割合以上）を有する株主が
出席し，出席した当該株主の議決権の過半数（これを上回る割合を定
款で定めた場合にあっては，その割合以上）をもって行わなければな
らないものとする。

(2)　**公開会社における募集新株予約権の割当て等の特則**
　①　公開会社は，募集新株予約権の割当てを受けた申込者又は第２４４

8

条第１項の契約により募集新株予約権の総数を引き受けた者（以下①において「引受人」という。）について，アに掲げる数のイに掲げる数に対する割合が２分の１を超える場合には，割当日の２週間前までに，株主に対し，当該引受人（以下(2)において「特定引受人」という。）の氏名又は名称及び住所，当該特定引受人についてのアに掲げる数その他の法務省令で定める事項を通知しなければならないものとする。ただし，当該特定引受人が当該公開会社の親会社等である場合又は第２４１条の規定により株主に新株予約権の割当てを受ける権利を与えた場合は，この限りでないものとする。

 ア 次に掲げる数の合計数

  (ｱ) 当該引受人がその引き受けた募集新株予約権に係る交付株式の株主となった場合に有することとなる議決権の数のうち最も多い数

  (ｲ) 当該引受人の子会社等が有する議決権の数

 イ ア(ｱ)の場合における総株主の議決権の数のうち最も多い数

② ①の「交付株式」とは，募集新株予約権の目的である株式，募集新株予約権の内容として第２３６条第１項第７号ニに掲げる事項についての定めがある場合における同号ニの株式その他募集新株予約権の新株予約権者が交付を受ける株式として法務省令で定める株式をいうものとする。

③ ①による通知は，公告をもってこれに代えることができるものとする。

④ ①にかかわらず，公開会社が①の事項について割当日の２週間前までに金融商品取引法第４条第１項から第３項までの届出をしている場合その他の株主の保護に欠けるおそれがないものとして法務省令で定める場合には，①による通知は，することを要しないものとする。

⑤ 総株主（⑤の株主総会において議決権を行使することができない株主を除く。）の議決権の１０分の１（これを下回る割合を定款で定めた場合にあっては，その割合）以上の議決権を有する株主が①による通知の日又は③の公告の日（④の場合にあっては，法務省令で定める日）から２週間以内に特定引受人による募集新株予約権の引受けに反対する旨を公開会社に対し通知したときは，当該公開会社は，割当日の前日までに，株主総会の決議によって，当該特定引受人に対する募集新株予約権の割当て又は当該特定引受人との間の第２４４条第１項の契約の承認を受けなければならないものとする。ただし，当該公開会社の財産の状況が著しく悪化している場合において，当該公開会社の存

408　資料　会社法制の見直しに関する要綱

立を維持するため緊急の必要があるときは，この限りでないものとする。

⑥　第３０９条第１項の規定にかかわらず，⑤の株主総会の決議は，議決権を行使することができる株主の議決権の過半数（３分の１以上の割合を定款で定めた場合にあっては，その割合以上）を有する株主が出席し，出席した当該株主の議決権の過半数（これを上回る割合を定款で定めた場合にあっては，その割合以上）をもって行わなければならないものとする。

2　仮装払込みによる募集株式の発行等

①　募集株式の引受人は，次のア又はイに掲げる場合には，株式会社に対し，当該ア又はイに定める行為をしなければならないものとする。

ア　募集株式の払込金額の払込みを仮装した場合　払込みを仮装した払込金額の全額の支払

イ　現物出資財産の給付を仮装した場合　当該現物出資財産の給付（株式会社が当該給付に代えて当該現物出資財産の価額に相当する金銭の支払を請求した場合にあっては，当該金銭の全額の支払）

（注）　①の義務は，第８４７条第１項の責任追及等の訴えの対象とするものとする。

②　①により募集株式の引受人の負う義務は，総株主の同意がなければ，免除することができないものとする。

③　①ア又はイに掲げる場合には，出資の履行を仮装することに関与した取締役（委員会設置会社にあっては，執行役を含む。）として法務省令で定める者は，株式会社に対し，①アの払込金額又は同イの金銭の全額に相当する金額を支払う義務を負うものとする。ただし，その者（当該出資の履行を仮装したものを除く。）がその職務を行うについて注意を怠らなかったことを証明した場合は，この限りでないものとする。

④　募集株式の引受人は，①ア又はイに掲げる場合には，①の支払若しくは給付又は③による支払がされた後でなければ，出資の履行を仮装した募集株式について，株主の権利を行使することができないものとする。

⑤　④の募集株式を譲り受けた者は，当該募集株式についての株主の権利を行使することができるものとする。ただし，その者に悪意又は重大な過失があるときは，この限りでないものとする。

（注）　発起人が設立時発行株式についての出資の履行を仮装した場合，設立時募集株式の引受人が払込金額の払込みを仮装した場合並びに募集新株予約権の払込金額の払込み（当該払込みに代えてする金銭以外の財産の給付を含む。）が仮装された場合及び新株予約権の行使に際してする金銭の払込み又は金銭以外の財産

10

の給付が仮装された場合についても，同様の規律を設けるものとする。

3　新株予約権無償割当てに関する割当通知

　株式会社は，第２７８条第１項第３号の日後遅滞なく，かつ，同項第１号の新株予約権についての第２３６条第１項第４号の期間の末日の２週間前までに，株主（種類株式発行会社にあっては，第２７８条第１項第４号の種類の種類株主）及びその登録株式質権者に対し，当該株主が割当てを受けた新株予約権の内容及び数（第２７８条第１項第２号に規定する場合にあっては，当該株主が割当てを受けた社債の種類及び各社債の金額の合計額を含む。）を通知しなければならないものとする。

第2部　親子会社に関する規律

第1　親会社株主の保護等

1　多重代表訴訟

①　株式会社の最終完全親会社の総株主の議決権の１００分の１以上の議決権又は当該最終完全親会社の発行済株式の１００分の１以上の数の株式を有する株主は，当該株式会社に対し，発起人，設立時取締役，設立時監査役，取締役，会計参与，監査役，執行役，会計監査人又は清算人（以下「取締役等」という。）の責任を追及する訴えの提起を請求することができるものとする。ただし，次に掲げる場合は，この限りでないものとする。

　ア　当該訴えが当該株主若しくは第三者の不正な利益を図り又は当該株式会社若しくは当該最終完全親会社に損害を加えることを目的とする場合

　イ　当該訴えに係る責任の原因となった事実によって当該最終完全親会社に損害が生じていない場合

②　①の最終完全親会社とは，株式会社の完全親法人である株式会社であって，その完全親法人（株式会社であるものに限る。）がないものをいうものとする。

　（注）　完全親法人には，株式会社の発行済株式の全部を直接有する法人のみならず，これを間接的に有する法人も含まれるものとする。

③　最終完全親会社が公開会社である場合には，①による請求をすることができる当該最終完全親会社の株主は，６か月前から引き続き①に定める割合以上の当該最終完全親会社の議決権又は株式を有するものに限る

410　資料　会社法制の見直しに関する要綱

ものとする。
④　株式会社の取締役等の責任は，その原因となった事実が生じた日において，当該株式会社の最終完全親会社が有する当該株式会社の株式の帳簿価額（当該最終完全親会社の完全子法人が有する当該株式会社の株式の帳簿価額を含む。）が当該最終完全親会社の総資産額の５分の１を超える場合に限り，①による請求の対象とすることができるものとする。

　　（注）　完全子法人には，最終完全親会社がその株式又は持分の全部を直接有する法人のみならず，これを間接的に有する法人も含まれるものとする。

⑤　株式会社が①による請求の日から６０日以内に①の訴えを提起しないときは，当該請求をしたその最終完全親会社の株主は，当該株式会社のために，①の訴えを提起することができるものとする。

⑥　株式会社に最終完全親会社がある場合には，当該株式会社の取締役等の責任（①による請求の対象とすることができるものに限る。）は，当該最終完全親会社の総株主の同意がなければ，免除することができないものとする。

　　（注）　株式会社に最終完全親会社がある場合における当該株式会社の取締役等の責任（①による請求の対象とすることができるものに限る。）の一部免除に関する規律（第４２５条等参照）についても，所要の規定を整備するものとする。

⑦　株式会社に最終完全親会社がある場合には，当該株式会社又はその株主のほか，当該最終完全親会社の株主は，共同訴訟人として，又は当事者の一方を補助するため，①の訴えに係る訴訟に参加することができるものとし，また，当該最終完全親会社は，当事者の一方を補助するため，当該訴訟に参加することができるものとする。また，その機会を確保するため，次のような仕組みを設けるものとする。

　　ア　株式会社の最終完全親会社の株主は，①の訴えを提起したときは，遅滞なく，当該株式会社に対し，訴訟告知をしなければならないものとする。

　　イ　株式会社は，①の訴えを提起したとき，又はアの訴訟告知を受けたときは，遅滞なく，その旨をその最終完全親会社に通知しなければならないものとする。

　　ウ　イによる通知を受けた最終完全親会社は，遅滞なく，その旨を公告し，又は当該最終完全親会社の株主に通知しなければならないものとする。

　　（注）　上記のほか，不提訴理由通知，担保提供，和解，費用等の請求，再審の訴え等の訴訟手続等に係る事項について，所要の規定を整備するものとする。

12

資料　会社法制の見直しに関する要綱　4II

（1の後注）　株式会社の業務の適正を確保するために必要なものとして法務省令で
定める体制（第362条第4項第6号等）の内容に，当該株式会社及び
その子会社から成る企業集団における業務の適正を確保するための体制
が含まれる旨を会社法に定めるものとする。

2　株式会社が株式交換等をした場合における株主代表訴訟

①　株主は，株式会社の株主でなくなった場合であっても，次に掲げると
きは，第847条第1項の責任追及等の訴えの提起を請求することがで
きるものとする。

ア　当該株式会社の株式交換又は株式移転により当該株式会社の完全親
会社の株式を取得し，引き続き当該株式を有するとき。

イ　当該株式会社が吸収合併により消滅する会社となる吸収合併により，
吸収合併後存続する株式会社の完全親会社の株式を取得し，引き続き
当該株式を有するとき。

②　①による請求は，次に掲げる株式会社（以下「株式交換完全子会社等」
という。）に対して行うものとする。

ア　①アの株式交換又は株式移転の場合　株式交換完全子会社又は株式
移転完全子会社

イ　①イの吸収合併の場合　吸収合併存続株式会社

③　①アの株式交換若しくは株式移転又は同イの吸収合併（以下「株式交
換等」という。）の効力が生じた日において株式会社が公開会社である場
合にあっては，①による請求をすることができる①の株主は，当該日の
6か月前から当該日まで当該株式会社の株式を有するものに限るものと
する。

④　①による請求は，株式交換等がその効力を生じた時までにその原因と
なった事実が生じたものに係る責任追及等の訴えに限り，その対象とす
ることができるものとする。

⑤　株式交換完全子会社等が①による請求の日から60日以内に①の責任
追及等の訴えを提起しないときは，当該請求をした①の株主は，当該株
式交換完全子会社等のために，当該訴えを提起することができるものと
する。

⑥　①の株主がある場合には，①による請求の対象とすることができる責
任（その免除について総株主の同意が必要とされているものに限る。）は，
株式交換完全子会社等の総株主の同意に加えて，①の株主の全員の同意
がなければ，免除することができないものとする。

⑦　①の株主は，共同訴訟人として，又は当事者の一方を補助するため，

13

412　資料　会社法制の見直しに関する要綱

①の責任追及等の訴えに係る訴訟に参加することができるものとし，また，①ア及びイの完全親会社は，当事者の一方を補助するため，当該訴訟に参加することができるものとする。

(注)　上記のほか，不提訴理由通知，担保提供，訴訟告知（⑦による参加の機会を確保するための仕組みを含む。），和解，費用等の請求，再審の訴え等の訴訟手続等に係る事項について，所要の規定を整備するものとする。

3　親会社による子会社の株式等の譲渡

株式会社は，その子会社の株式又は持分の全部又は一部の譲渡をする場合であって，次のいずれにも該当しないときは，当該譲渡がその効力を生ずる日（以下3において「効力発生日」という。）の前日までに，株主総会の特別決議によって，当該譲渡に係る契約の承認を受けなければならないものとする。

① 当該譲渡により譲り渡す株式又は持分の帳簿価額が当該株式会社の総資産額として法務省令で定める方法により算定される額の5分の1（これを下回る割合を定款で定めた場合にあっては，その割合）を超えないとき。

② 当該株式会社が，効力発生日に，当該子会社の議決権の総数の過半数の議決権を有するとき。

(注)　本文の場合には，上記のほか，事業譲渡等に関する規律（第467条から第470条まで）の適用があるものとする。

(第1の後注)　子会社少数株主の保護の観点から，個別注記表等に表示された親会社等との利益相反取引に関し，株式会社の利益を害さないように留意した事項，当該取引が株式会社の利益を害さないかどうかについての取締役（会）の判断及びその理由等を事業報告の内容とし，これらについての意見を監査役（会）等の監査報告の内容とするものとする。

第2　キャッシュ・アウト
1　特別支配株主の株式等売渡請求
(1)　株式等売渡請求の内容

① 株式会社の特別支配株主は，当該株式会社の株主（当該株式会社及び当該特別支配株主を除く。）の全員に対し，その有する当該株式会社の株式の全部を当該特別支配株主に売り渡すことを請求することができるものとする。

14

(注)　　本要綱において，「特別支配株主」とは，ある株式会社の総株主の議決
　　　　権の１０分の９（これを上回る割合を当該株式会社の定款で定めた場合に
　　　　あっては，その割合）以上をある者及び当該者が発行済株式の全部を有す
　　　　る株式会社その他これに準ずるものとして法務省令で定める法人（以下
　　　　「特別支配株主完全子法人」という。）が有している場合における当該者
　　　　をいうものとする。
　②　特別支配株主は，①による請求（以下「株式売渡請求」という。）を
　　するときは，併せて，①の株式会社（以下「対象会社」という。）の新
　　株予約権の新株予約権者（対象会社及び当該特別支配株主を除く。）の
　　全員に対し，その有する対象会社の新株予約権の全部を当該特別支配
　　株主に売り渡すことを請求することができるものとする。
　③　特別支配株主は，新株予約権付社債に付された新株予約権について
　　新株予約権売渡請求（②による請求をいう。以下同じ。）をするときは，
　　併せて，新株予約権付社債についての社債の全部を当該特別支配株主
　　に売り渡すことを請求しなければならないものとする。ただし，当該
　　新株予約権付社債に付された新株予約権について別段の定めがある場
　　合は，この限りでないものとする。
　(注)　　特別支配株主は，特別支配株主完全子法人に対して株式売渡請求又は新株
　　　　予約権売渡請求をしないこととすることができるものとする。

(2) 株式等売渡請求の手続等
　①　株式売渡請求は，次に掲げる事項を明らかにしてしなければならな
　　いものとする。
　　ア　特別支配株主完全子法人に対して株式売渡請求をしないこととす
　　　るときは，その旨及び当該特別支配株主完全子法人の名称
　　イ　対象会社の株主（対象会社，特別支配株主及びアの特別支配株主
　　　完全子法人を除く。以下「売渡株主」という。）に対して，その有す
　　　る対象会社の株式（以下「売渡株式」という。）に代えて交付する金
　　　銭の額又はその算定方法
　　ウ　売渡株主に対するイの金銭の割当てに関する事項
　　エ　株式売渡請求に併せて新株予約権売渡請求（(1)③による請求を含
　　　む。以下同じ。）をするときは，その旨及び次に掲げる事項
　　　(ｱ)　特別支配株主完全子法人に対して新株予約権売渡請求をしな
　　　　いこととするときは，その旨及び当該特別支配株主完全子法人の
　　　　名称
　　　(ｲ)　対象会社の新株予約権者（対象会社，特別支配株主及び(ｱ)の

特別支配株主完全子法人を除く。以下「売渡新株予約権者」という。）に対して，その有する対象会社の新株予約権（（1）③による請求をするときは，新株予約権付社債についての社債を含む。以下「売渡新株予約権」という。）に代えて交付する金銭の額又はその算定方法

(ｳ)　売渡新株予約権者に対する(ｲ)の金銭の割当てに関する事項
オ　特別支配株主が売渡株式及び売渡新株予約権を取得する日（以下1において「取得日」という。）
カ　アからオまでに掲げるもののほか，法務省令で定める事項
(注)　ウに掲げる事項についての定めは，売渡株主の有する売渡株式の数（売渡株式の種類ごとに異なる取扱いを行う旨の定めがある場合にあっては，各種類の売渡株式の数）に応じて金銭を交付することを内容とするものでなければならないものとする。

②　特別支配株主は，株式売渡請求（株式売渡請求に併せて新株予約権売渡請求をするときは，株式売渡請求及び新株予約権売渡請求。以下「株式等売渡請求」という。）をしようとするときは，対象会社に対し，その旨及び①アからカまでに掲げる事項を通知し，対象会社の承認を受けなければならないものとする。
(注1)　対象会社は，株式売渡請求に併せて新株予約権売渡請求がされたときは，新株予約権売渡請求のみを承認することはできないものとする。
(注2)　取締役会設置会社が②の承認をするか否かの決定をするには，取締役会の決議によらなければならないものとする。
(注3)　対象会社が②の承認をする場合において，ある種類の株式の種類株主に損害を及ぼすおそれがあるときは，②の承認は，当該種類の株式の種類株主を構成員とする種類株主総会の決議がなければ，その効力を生じないものとする（第322条第1項参照）。

③　対象会社は，②の承認をしたときは，取得日の20日前までに，次のア及びイに掲げる者に対し，当該ア及びイに定める事項を通知しなければならないものとする。
ア　売渡株主及び売渡新株予約権者（以下「売渡株主等」という。）　当該承認をした旨，特別支配株主の氏名又は名称及び住所，①アからオまでに掲げる事項その他法務省令で定める事項
イ　売渡株式の登録株式質権者及び売渡新株予約権の登録新株予約権質権者　当該承認をした旨
(注1)　③による通知（売渡株主に対してするものを除く。）は，公告をもってこれに代えることができるものとする。

（注2）　振替株式を発行している対象会社は，振替株式である売渡株式の株主又はその登録株式質権者に対する③による通知に代えて，当該通知をすべき事項を公告しなければならないものとする（社債，株式等の振替に関する法律第161条第2項参照）。

（注3）　上記の通知又は公告の費用は，特別支配株主の負担とするものとする。

④　対象会社が③の通知又は公告をしたときは，特別支配株主から売渡株主等に対し，株式等売渡請求がされたものとみなすものとする。

⑤　対象会社は，③の通知（売渡株主等に対するものに限る。）又は公告の日のいずれか早い日から取得日後6か月（対象会社が公開会社でない場合にあっては，取得日後1年）を経過する日までの間，次に掲げる事項を記載し，又は記録した書面又は電磁的記録をその本店に備え置かなければならないものとする。売渡株主等は，対象会社に対して，その営業時間内は，いつでも，当該書面等の閲覧等の請求をすることができるものとする。

ア　②の承認をした旨

イ　特別支配株主の氏名又は名称及び住所

ウ　①アからカまでに掲げる事項

エ　アからウまでに掲げるもののほか，法務省令で定める事項

⑥　特別支配株主は，②の承認を受けた後は，取得日の前日までに対象会社の承諾を得た場合に限り，株式等売渡請求を撤回することができるものとする。

（注1）　取締役会設置会社が⑥の承諾をするか否かの決定をするには，取締役会の決議によらなければならないものとする。

（注2）　対象会社は，⑥の承諾をしたときは，遅滞なく，当該承諾をした旨を売渡株主等に対して通知し，又は公告しなければならないものとする。当該通知又は公告の費用は，特別支配株主の負担とするものとする。

（注3）　株式売渡請求に併せて新株予約権売渡請求がされた場合には，株式売渡請求のみを撤回することはできないものとする。また，新株予約権売渡請求のみを撤回する場合については，上記と同様の規律を設けるものとする。

⑦　株式等売渡請求をした特別支配株主は，取得日に，売渡株式等の全部を取得するものとする。

⑧　対象会社は，取得日後遅滞なく，株式等売渡請求により特別支配株主が取得した売渡株式等の数その他の株式等売渡請求による売渡株式等の取得に関する事項として法務省令で定める事項を記載し，又は記録した書面又は電磁的記録を作成し，取得日から6か月間（対象会社

が公開会社でない場合にあっては，取得日から１年間），当該書面等を
その本店に備え置かなければならないものとする。取得日に売渡株主
等であった者は，対象会社に対して，その営業時間内は，いつでも，
当該書面等の閲覧等の請求をすることができるものとする。

（注）　上記のほか，株式の質入れの効果（第１５１条等），株券の提出に関する手
続（第２１９条等）その他株式等売渡請求に関する手続等について，所要の
規定を整備するものとする。

(3) 売渡株主等による差止請求等
① 　次に掲げる場合において，売渡株主が不利益を受けるおそれがある
ときは，売渡株主は，特別支配株主に対し，株式等売渡請求による売
渡株式等の全部の取得をやめることを請求することができるものとす
る。
ア　株式売渡請求が法令に違反する場合
イ　対象会社が(2)③（売渡株主に対する通知に係る部分に限る。）又
は同⑤に違反した場合
ウ　(2)①イ又はウに掲げる事項が対象会社の財産の状況その他の事
情に照らして著しく不当である場合
（注）　売渡新株予約権者についても，同様の規律を設けるものとする。
② 　株式等売渡請求があった場合には，売渡株主等は，取得日の２０日
前の日から取得日の前日までの間に，裁判所に対し，その有する売渡
株式等（(2)①エ(イ)又は(ウ)に掲げる事項についての定めが新株予約権
の内容として定められた条件に合致する売渡新株予約権を除く。）の売
買価格の決定の申立てをすることができるものとする。
（注１）　特別支配株主は，裁判所の決定した売買価格に対する取得日後の年６
分の利率により算定した利息をも支払わなければならないものとする。
（注２）　特別支配株主は，売渡株主等に対し，売渡株式等の売買価格の決定が
される前に，当該特別支配株主が公正な売買価格と認める額を支払うこ
とができるものとする。
③ 　株式等売渡請求による売渡株式等の全部の取得の無効は，取得日か
ら６か月以内（対象会社が公開会社でない場合にあっては，取得日か
ら１年以内）に，訴えをもってのみ主張することができるものとする。
④ 　③の訴え（以下「売渡株式等の取得の無効の訴え」という。）は，次
に掲げる者に限り，提起することができるものとする。
ア　取得日において売渡株主又は売渡新株予約権者であった者
イ　取得日において対象会社の取締役，監査役若しくは執行役であっ

資料　会社法制の見直しに関する要綱　417

た者又は対象会社の取締役，監査役，執行役若しくは清算人

⑤　売渡株式等の取得の無効の訴えについては，特別支配株主を被告とするものとする。

⑥　売渡株式等の取得の無効の訴えは，対象会社の本店の所在地を管轄する地方裁判所の管轄に専属するものとする。

⑦　売渡株式等の取得の無効の訴えに係る請求を認容する判決が確定したときは，株式等売渡請求による売渡株式等の全部の取得は，将来に向かってその効力を失うものとする。当該判決は，第三者に対してもその効力を有するものとする。

（注）　上記のほか，売渡株式等の売買価格の決定の申立て及び売渡株式等の取得の無効の訴えの手続等について，所要の規定を整備するものとする。

2　全部取得条項付種類株式の取得

①　全部取得条項付種類株式を取得する株式会社は，次に掲げる日のいずれか早い日から取得日後６か月を経過する日までの間，第１７１条第１項各号に掲げる事項その他法務省令で定める事項を記載し，又は記録した書面又は電磁的記録をその本店に備え置かなければならないものとする。当該株式会社の株主は，当該株式会社に対して，その営業時間内は，いつでも，当該書面等の閲覧等の請求をすることができるものとする。

ア　第１７１条第１項の株主総会の日の２週間前の日

イ　③の通知又は公告の日のいずれか早い日

②　全部取得条項付種類株式の取得が法令又は定款に違反する場合において，株主が不利益を受けるおそれがあるときは，株主は，株式会社に対し，当該全部取得条項付種類株式の取得をやめることを請求することができるものとする。

③　株式会社は，取得日の２０日前までに，全部取得条項付種類株式の株主に対し，当該全部取得条項付種類株式の全部を取得する旨を通知しなければならないものとする。当該通知は，公告をもってこれに代えることができるものとする。

④　全部取得条項付種類株式の取得の価格の決定の申立ては，取得日の２０日前の日から取得日の前日までの間にしなければならないものとする。

⑤　④の申立てをした株主は，第１７１条第１項の株主総会の決議により定められた取得対価の交付を受けないものとする。

（注）　株式会社は，株主に対し，全部取得条項付種類株式の取得の価格の決定がされる前に，当該株式会社が公正な価格と認める額を支払うことができるものとする。

19

⑥　株式会社は，取得日後遅滞なく，株式会社が取得した全部取得条項付種類株式の数その他の全部取得条項付種類株式の取得に関する事項として法務省令で定める事項を記載し，又は記録した書面又は電磁的記録を作成し，取得日から6か月間，当該書面等をその本店に備え置かなければならないものとする。当該株式会社の株主又は取得日に全部取得条項付種類株式の株主であった者は，当該株式会社に対して，その営業時間内は，いつでも，当該書面等の閲覧等の請求をすることができるものとする。

3　株式の併合により端数となる株式の買取請求

①　株式の併合（単元株式数を定款で定めている場合にあっては，当該単元株式数に併合の割合を乗じて得た数が整数となるものを除く。以下第2部において同じ。）をする株式会社は，次に掲げる日のいずれか早い日から株式の併合がその効力を生ずる日（以下3において「効力発生日」という。）後6か月を経過する日までの間，第180条第2項各号に掲げる事項その他法務省令で定める事項を記載し，又は記録した書面又は電磁的記録をその本店に備え置かなければならないものとする。当該株式会社の株主は，当該株式会社に対して，その営業時間内は，いつでも，当該書面等の閲覧等の請求をすることができるものとする。

ア　第180条第2項の株主総会の日の2週間前の日

イ　④の通知又は公告の日のいずれか早い日

②　株式の併合が法令又は定款に違反する場合において，株主が不利益を受けるおそれがあるときは，株主は，株式会社に対し，当該株式の併合をやめることを請求することができるものとする。

③　株式会社が株式の併合をすることにより株式の数に一株に満たない端数が生ずる場合には，反対株主は，当該株式会社に対し，自己の有する株式のうち一株に満たない端数となるものの全部を公正な価格で買い取ることを請求することができるものとする。

　　（注）　「反対株主」とは，次に掲げる株主をいうものとする。

　　　　ア　第180条第2項の株主総会に先立って当該株式の併合に反対する旨を当該株式会社に対し通知し，かつ，当該株主総会において当該株式の併合に反対した株主（当該株主総会において議決権を行使することができるものに限る。）

　　　　イ　当該株主総会において議決権を行使することができない株主

④　株式の併合をしようとする株式会社は，効力発生日の20日前までに，その株主に対し，株式の併合をする旨を通知しなければならないものと

する。当該通知は，公告をもってこれに代えることができるものとする。

⑤　③による請求（以下３において「株式買取請求」という。）は，効力発生日の２０日前の日から効力発生日の前日までの間に，その株式買取請求に係る株式の数を明らかにしてしなければならないものとする。

⑥　株式買取請求をした株主は，株式会社の承諾を得た場合に限り，その株式買取請求を撤回することができるものとする。

⑦　株式買取請求があった場合において，株式の価格の決定について，株主と株式会社との間に協議が調ったときは，株式会社は，効力発生日から６０日以内にその支払をしなければならないものとする。

⑧　株式の価格の決定について，効力発生日から３０日以内に協議が調わないときは，株主又は株式会社は，その期間の満了の日後３０日以内に，裁判所に対し，価格の決定の申立てをすることができるものとする。

（注１）　株式会社は，裁判所の決定した価格に対する⑦の期間の満了の日後の年６分の利率により算定した利息をも支払わなければならないものとする。

（注２）　株式会社は，株主に対し，株式の価格の決定がされる前に，当該株式会社が公正な価格と認める額を支払うことができるものとする。

⑨　株式買取請求に係る株式の買取りは，効力発生日に，その効力を生ずるものとする。

⑩　株式の併合をした株式会社は，効力発生日後遅滞なく，株式の併合が効力を生じた時における発行済株式の総数その他の株式の併合に関する事項として法務省令で定める事項を記載し，又は記録した書面又は電磁的記録を作成し，効力発生日から６か月間，当該書面又は電磁的記録をその本店に備え置かなければならないものとする。当該株式会社の株主及び効力発生日に当該株式会社の株主であった者は，当該株式会社に対して，その営業時間内は，いつでも，当該書面等の閲覧等の請求をすることができるものとする。

⑪　株式会社が株式買取請求に応じて株式を取得する場合には，自己株式の取得財源に関する規制（第４６１条第１項）は適用されないものとする。この場合において，当該請求をした株主に対して支払った金銭の額が当該支払の日における分配可能額を超えるときは，当該株式の取得に関する職務を行った業務執行者は，当該株式会社に対し，連帯して，その超過額を支払う義務を負うものとする。ただし，その者がその職務を行うについて注意を怠らなかったことを証明した場合は，この限りでないものとする。

（注）　上記のほか，株式の併合に関する手続等について，所要の規定を整備するものとする。

420　資料　会社法制の見直しに関する要綱

4　株主総会等の決議の取消しの訴えの原告適格

　　株主総会等の決議の取消しにより株主となる者も，訴えをもって当該決議の取消しを請求することができるものとする。

第3　組織再編における株式買取請求等

1　買取口座の創設

① 　振替株式の発行者は，第１１６条第１項各号の行為，株式の併合，事業譲渡等又は組織再編（吸収合併等又は新設合併等をいう。以下同じ。）をしようとする場合には，振替機関等に対して，株式買取請求に係る振替株式の振替を行うための口座（以下「買取口座」という。）の開設の申出をしなければならないものとする。

② 　発行者が，社債，株式等の振替に関する法律第１６１条第２項の規定による公告をするときは，併せて，買取口座を公告しなければならないものとする。

③ 　振替株式の株主が株式買取請求をしようとする場合には，当該株主は，当該振替株式について買取口座を振替先口座とする振替の申請をしなければならないものとする。

④ 　発行者は，第１１６条第１項各号の行為，株式の併合，事業譲渡等又は組織再編がその効力を生ずる日までは，③の申請により買取口座に記載され，又は記録された振替株式について，自己の口座を振替先口座とする振替の申請をすることができないものとする。

⑤ 　発行者は，③の申請をした株主による株式買取請求の撤回を承諾したときは，遅滞なく，③の申請により買取口座に記載され，又は記録された振替株式について，当該株主の口座を振替先口座とする振替の申請をしなければならないものとする。

（注１）　上記のほか，買取口座に係る事項等について，所要の規定を整備するものとする。

（注２）　新株予約権買取請求についても，同様の規律を設けるものとする。

2　株式等の買取りの効力が生ずる時

① 　第１１６条第１項各号の行為をする株式会社，事業譲渡等をする株式会社，存続株式会社等，吸収分割株式会社又は新設分割株式会社に対する株式買取請求についても，当該請求に係る株式の買取りは，これらの行為がその効力を生ずる日に，その効力を生ずるものとする。

② 　株券が発行されている株式について株式買取請求をしようとするとき

22

資料　会社法制の見直しに関する要綱　421

は，株主は，株券発行会社に対し，当該株式に係る株券の提出をしなければならないものとする。

③　第133条の規定は，株式買取請求に係る株式については，適用しないものとする。

（注）　新株予約権買取請求についても，同様の規律を設けるものとする。

3　株式買取請求に係る株式等に係る価格決定前の支払制度

第116条第1項各号の行為をする株式会社，全部取得条項付種類株式を取得する株式会社，株式売渡請求をする特別支配株主，株式の併合をする株式会社，事業譲渡等をする株式会社，消滅株式会社等又は存続株式会社等は，株式買取請求又は価格決定の申立てをした株主に対し，株式の価格の決定がされる前に，公正な価格と認める額を支払うことができるものとする。

（注）　新株予約権買取請求等についても，同様の規律を設けるものとする。

4　簡易組織再編，略式組織再編等における株式買取請求

①　存続株式会社等において簡易組織再編の要件を満たす場合及び譲受会社において簡易事業譲渡の要件を満たす場合には，反対株主は，株式買取請求権を有しないものとする。

②　略式組織再編又は略式事業譲渡の要件を満たす場合には，特別支配会社は，株式買取請求権を有しないものとし，株式買取請求に関する通知の対象である株主から特別支配会社を除くものとする。

第4　組織再編等の差止請求

次に掲げる行為が法令又は定款に違反する場合において，株主が不利益を受けるおそれがあるときは，株主は，株式会社に対し，当該行為をやめることを請求することができるものとする。

①　全部取得条項付種類株式の取得

②　株式の併合

③　略式組織再編以外の組織再編（簡易組織再編の要件を満たす場合を除く。）

（注）　略式組織再編の差止請求（第784条第2項及び第796条第2項）については，現行法の規律を維持するものとする。

23

422　資料　会社法制の見直しに関する要綱

第5　会社分割等における債権者の保護
1　詐害的な会社分割等における債権者の保護
　①　吸収分割会社又は新設分割会社（以下「分割会社」という。）が吸収分割承継会社又は新設分割設立会社（以下「承継会社等」という。）に承継されない債務の債権者（以下「残存債権者」という。）を害することを知って会社分割をした場合には，残存債権者は，承継会社等に対して，承継した財産の価額を限度として，当該債務の履行を請求することができるものとする。ただし，吸収分割の場合であって，吸収分割承継会社が吸収分割の効力が生じた時において残存債権者を害すべき事実を知らなかったときは，この限りでないものとする。

　　（注）　株式会社である分割会社が吸収分割の効力が生ずる日又は新設分割設立会社の成立の日に全部取得条項付種類株式の取得又は剰余金の配当（取得対価又は配当財産が承継会社等の株式又は持分のみであるものに限る。）をする場合（第７５８条第８号等）には，上記の規律を適用しないものとする。

　②　①の債務を履行する責任は，分割会社が残存債権者を害することを知って会社分割をしたことを知った時から２年以内に請求又は請求の予告をしない残存債権者に対しては，その期間を経過した時に消滅するものとする。会社分割の効力が生じた日から２０年を経過したときも，同様とするものとする。

　　（注１）　①の請求権は，分割会社について破産手続開始の決定，再生手続開始の決定又は更生手続開始の決定がされたときは，行使することができないものとする。

　　（注２）　事業譲渡及び営業譲渡（商法第１６条以下参照）についても，上記と同様の規律を設けるものとする。

2　分割会社に知れていない債権者の保護
　①　会社分割に異議を述べることができる分割会社の債権者であって，各別の催告（第７８９条第２項等）を受けなかったもの（分割会社が官報公告に加え日刊新聞紙に掲載する方法又は電子公告による公告を行う場合（第７８９条第３項等）にあっては，不法行為によって生じた債務の債権者であるものに限る。②において同じ。）は，吸収分割契約又は新設分割計画において会社分割後に分割会社に対して債務の履行を請求することができないものとされているときであっても，分割会社に対して，分割会社が会社分割の効力が生じた日に有していた財産の価額を限度として，当該債務の履行を請求することができるものとする。

　②　会社分割に異議を述べることができる分割会社の債権者であって，各

24

資料　会社法制の見直しに関する要綱　　423

　　別の催告を受けなかったものは，吸収分割契約又は新設分割計画におい
　　て会社分割後に承継会社等に対して債務の履行を請求することができな
　　いものとされているときであっても，承継会社等に対して，承継した財
　　産の価額を限度として，当該債務の履行を請求することができるものと
　　する。

第3部　その他

第1　金融商品取引法上の規制に違反した者による議決権行使の差止請求

　① 　株主は，他の株主が次に掲げる規制に違反した場合において，その違
　　反する事実が重大であるときは，当該他の株主に対し，これにより取得
　　した株式について議決権の行使をやめることを請求することができるも
　　のとする。
　　ア 　公開買付けを強制する規制（金融商品取引法第２７条の２第１項）
　　　のうち株券等所有割合が３分の１を超えることとなる株券等の買付け
　　　等に係るもの
　　イ 　公開買付者に全部買付義務（応募株券等の全部について買付け等に
　　　係る受渡しその他の決済を行う義務）を課す規制（同法第２７条の１
　　　３第４項）
　　ウ 　公開買付者に強制的全部勧誘義務（買付け等をする株券等の発行者
　　　が発行する全ての株券等について買付け等の申込み又は売付け等の申
　　　込みの勧誘を行う義務）を課す規制（同法第２７条の２第５項，金融
　　　商品取引法施行令第８条第５項第３号参照）
　② 　①による請求は，①の事実が生じた日から１年以内に，その理由を明
　　らかにしてしなければならないものとする。
　③ 　株主は，①による請求をするときは，併せて，株式会社に対してその
　　旨及びその理由を通知しなければならないものとする。
　④ 　①の他の株主は，①による請求を受けたときは，①の株式について議
　　決権を行使することができないものとする。
　⑤ 　④にかかわらず，株式会社は，①の他の株主が③による通知の日から
　　２週間以内の日を株主総会の日とする株主総会において議決権を行使す
　　ることを認めることができるものとする。
　（注）　種類株主総会における議決権の行使についても，上記と同様の差止請求を認
　　　めるものとする。

25

424　資料　会社法制の見直しに関する要綱

第2　株主名簿等の閲覧等の請求の拒絶事由
　　　第125条第3項第3号及び第252条第3項第3号を削るものとする。

第3　その他
1　募集株式が譲渡制限株式である場合等の総数引受契約
　　　募集株式を引き受けようとする者がその総数の引受けを行う契約を締結する場合（第205条）であって，当該募集株式が譲渡制限株式であるときは，株式会社は，株主総会の特別決議（取締役会設置会社にあっては，取締役会の決議）によって，当該契約の承認を受けなければならないものとする。ただし，定款に別段の定めがある場合は，この限りでないものとする。
　（注）　募集新株予約権を引き受けようとする者がその総数の引受けを行う契約を締
　　　　結する場合（第244条第1項）であって，当該募集新株予約権が譲渡制限新
　　　　株予約権であるとき等についても，同様の規律を設けるものとする。

2　監査役の監査の範囲に関する登記
　　　監査役の監査の範囲を会計に関するものに限定する旨の定款の定めがある株式会社について，当該定款の定めを登記事項に追加するものとする。

3　いわゆる人的分割における準備金の計上
　　　吸収分割株式会社又は新設分割株式会社が吸収分割の効力が生ずる日又は新設分割設立会社の成立の日に剰余金の配当(配当財産が吸収分割承継会社又は新設分割設立会社の株式又は持分のみであるものに限る。）をする場合には,第445条第4項の規定による準備金の計上は要しないものとする。

4　発行可能株式総数に関する規律
　①　株式の併合をする場合における発行可能株式総数についての規律を，次のとおり改めるものとする。
　　ア　株式会社が株式の併合をしようとするときに株主総会の決議によって定めなければならない事項（第180条第2項）に，株式の併合がその効力を生ずる日（以下「効力発生日」という。）における発行可能株式総数を追加するものとする。
　　イ　アの発行可能株式総数は，効力発生日における発行済株式の総数の4倍を超えることができないものとする。ただし，株式会社が公開会社でない場合は，この限りでないものとする。

26

ウ　株式の併合をする株式会社は，効力発生日に，アによる定めに従い，発行可能株式総数に係る定款の変更をしたものとみなすものとする。

②　公開会社でない株式会社が定款を変更して公開会社となる場合には，当該定款の変更後の発行可能株式総数は，当該定款の変更が効力を生じた時における発行済株式の総数の4倍を超えることができないものとする。

③　新設合併等における設立株式会社（第814条第1項）の設立時発行株式の総数は，発行可能株式総数の4分の1を下ることができないものとする。ただし，設立株式会社が公開会社でない場合は，この限りでないものとする。

5　特別口座の移管

①　特別口座に記載又は記録がされた振替株式について，当該振替株式の発行者は，一括して，当該特別口座を開設した振替機関等以外の振替機関等に当該特別口座の加入者のために開設された当該振替株式の振替を行うための口座（以下「移管先特別口座」という。）を振替先口座とする振替の申請をすることができるものとする。

②　①の申請をした発行者は，特別口座の加入者に対し，移管先特別口座を開設した振替機関等の氏名又は名称及び住所を通知しなければならないものとする。

（注1）　上記のほか，移管先特別口座に係る事項等について，所要の規定を整備するものとする。

（注2）　振替社債，振替新株予約権及び振替新株予約権付社債についても，同様の規律を設けるものとする。

426　資料　会社法制の見直しに関する要綱

附 帯 決 議

1　社外取締役に関する規律については，これまでの議論及び社外取締役の選任に係る現状等に照らし，現時点における対応として，本要綱に定めるもののほか，金融商品取引所の規則において，上場会社は取締役である独立役員を一人以上確保するよう努める旨の規律を設ける必要がある。

2　1の規律の円滑かつ迅速な制定のための金融商品取引所での手続において，関係各界の真摯な協力がされることを要望する。

事項索引　　427

●事項索引

◆ あ行

ウェブ開示 ································ 389
売渡株式 ································ 264
売渡株式等 ····························· 265
　──の取得の無効の訴え ·········· 289
　──の売買価格の決定の申立て ····· 287
売渡株主 ································ 264
売渡株主等 ····························· 265
売渡新株予約権 ························· 265
売渡新株予約権者 ······················ 264
親会社等 ···················· 108, 115, 144

◆ か行

会計監査人 ·················· 26, 40, 136
会計基準 ·························· 394, 397
会社更生法 ····························· 242
買取口座 ·························· 311, 314
過去要件 ····················· 110, 111, 112
仮装払込み ····························· 153
株式移転の無効の訴え ··················· 368
株式売渡請求 ··························· 250
株式買取請求 ······· 305, 311, 329, 331, 333
株式交換等完全親会社 ·············· 215, 222
株式交換等完全子会社 ··················· 200
株式等売渡請求 ························· 250
　──の撤回 ····················· 277, 278
株式の併合 ············· 300, 336, 337, 361
株主総会参考書類 ·················· 382, 389
株主提案 ································ 383
株主名簿 ····················· 280, 328, 364
仮払 ···································· 331
簡易組織再編 ······················ 333, 337
監査等委員会 ··············· 16, 21, 36, 47
　──の独立性 ·························· 30
　──の取締役の選解任等および報酬
　　等についての意見陳述権 ············· 42
監査等委員会設置会社 ··················· 16
　──における重要な業務執行の決定
··· 59

　──への移行 ························· 74
監査等委員である取締役 ················ 36
　──の解任 ··························· 30
　──の選任 ··························· 30
　──の任期 ··························· 33
　──の報酬等 ························· 31
監査と監督 ····························· 22
監査役の監査の範囲 ··················· 370
完全親会社 ······················ 179, 200
完全親会社等 ··························· 179
完全子会社等 ······················ 179, 187
関連当事者との取引に関する注記 ········· 248
企業集団 ································ 235
キャッシュ・アウト ········· 250, 292, 302
旧株主 ································· 200
業務執行取締役等 ··················· 102, 128
金融商品取引法 ····················· 87, 378
形成権 ································· 254
原告適格 ······················ 201, 310, 368
検討条項 ································ 13
公開会社 ······· 86, 141, 149, 203, 256, 360
　──である株式会社 ··················· 180
公開買付規制 ··························· 378
交付株式 ································ 149
効力発生日 ····························· 329
コーポレート・ガバナンス ······· 2, 3, 13, 84
子会社等 ························ 106, 117, 143
子会社の株式等の譲渡 ··················· 241
個別株主通知 ·············· 182, 261, 316, 318

◆ さ行

最終完全親会社等 ······················ 177
最低責任限度額 ····················· 128, 134
詐害行為取消権 ····················· 344, 356
詐害的な会社分割 ······················ 344
差止請求 ···················· 285, 292, 300, 337
事業報告 ··························· 386, 389
事後開示手続 ·············· 267, 293, 302, 338
事前開示手続 ·············· 267, 293, 302
執行役員 ································ 17

428　事項索引

支配株主の異動 ……………………… 141
指名委員会等 ……………… 23, 47, 49, 51, 79
指名委員会等設置会社 …………… 23, 79
社外監査役 ………………… 18, 91, 101
　——の要件 ……………………… 101
社外監査役候補者の要件 ………… 102, 130
社外取締役 ………………… 18, 81, 101
　——の要件 ……………………… 101
　——を置くことが相当でない理由 …… 83,
　　　　　　　　　　　　　　　　 91, 389
社外取締役候補者の要件 …………… 37, 85,
　　　　　　　　　　　　 102, 128, 130
社外役員の要件 ………… 36, 85, 128, 130
重要な使用人 ……………………… 121
重要な取引先の関係者 ……………… 123
取得日 ……………………… 266, 296
常勤の監査等委員 …………………… 38
新株予約権 ………………… 164, 168, 262
新株予約権売渡請求 ………………… 262
新株予約権無償割当て ……………… 168
人的分割 ……………… 348, 350, 367
清算株式会社 ……………… 257, 380
責任限定契約 ……………… 129, 199
責任追及等の訴え ……………… 187, 200
設立時監査等委員 …………………… 76
全部取得条項付種類株式 ……… 252, 292
　——の取得の価格の決定の申立て …… 296
総株主通知 ……………………… 318
総株主の同意 ……………… 155, 161,
　　　　　　 165, 193, 212, 227, 231
総資産額の算定方法 ……………… 187, 243
贈収賄罪 ……………………… 232
総数引受契約 ……………… 141, 365
創立総会参考書類 …………………… 385
訴権の濫用 ……………… 183, 207
その他資本剰余金 …………………… 156
その他利益剰余金 …………………… 156

◆ た行

大会社 ……………… 26, 55, 86
対象会社 ……………… 250, 256, 271, 272

代表訴訟 ……………… 134, 155, 157, 176
多重代表訴訟 ……………………… 174
単元未満株式 ……………… 281, 322
適格旧株主 ……………………… 212
登録免許税 ……………………… 373
特定関係事業者 ……………… 107, 384
特定監査役会設置会社 ……………… 89
特定完全子会社 …………………… 187
特定責任 ……………………… 186
特定責任追及の訴え …………………… 174
特定引受人 ……………………… 143
特別口座 ……………………… 374
特別支配会社 …………………… 334
特別支配株主 ……………… 250, 258
特別支配株主完全子法人 ……… 258, 264
特別取締役による取締役会の決議の制
　度 ……………………………… 60

◆ な行

内部統制システム ……… 38, 55, 235, 379
任務懈怠の推定規定 ………………… 45

◆ は行

発行可能株式総数 ……… 360, 361, 362
非業務執行取締役等 ………………… 130
振替株式 …… 146, 150, 266, 275, 277, 311, 374
募集株式 ……………… 141, 153, 365
募集新株予約権 ……… 149, 164, 366
発起人等 ……………… 175, 201

◆ ま行

民事再生法 ……………………… 242

◆ や行

有価証券報告書 …………………… 86, 88

◆ ら行

ライツ・オファリング ……………… 168
利益供与 ……………………… 230
利益相反取引 ……………… 45, 247, 388
略式組織再編 ……………… 333, 337

一問一答　平成26年改正会社法〔第 2 版〕

2014年12月10日　初　版第 1 刷発行
2015年 8 月25日　第 2 版第 1 刷発行

編 著 者　　坂　本　三　郎

発 行 者　　塚　原　秀　夫

発 行 所　　株式
　　　　　　会社　商 事 法 務
　　　　　〒103-0025 東京都中央区日本橋茅場町 3-9-10
　　　　　TEL 03-5614-5643・FAX 03-3664-8844〔営業部〕
　　　　　TEL 03-5614-5649〔書籍出版部〕
　　　　　http://www.shojihomu.co.jp/

落丁・乱丁本はお取り替えいたします。　　　　印刷／広研印刷㈱
© 2015 Saburo Sakamoto　　　　　　　　Printed in Japan
　　　　　　　　　　　Shojihomu Co., Ltd.
　　　　　ISBN978-4-7857-2318-7
　　　　　＊定価はカバーに表示してあります。